고조선의 강역을 밝힌다

윤내현·박선희·하문식 지음

지식산업사

고조선의 강역을 밝힌다

초판 제1쇄 발행 2006. 1. 10.
초판 제6쇄 발행 2015. 4. 30.

지은이   윤내현·박선희·하문식
펴낸이   김경희
펴낸곳   (주)지식산업사
         본사 ◉ 413-832, 경기도 파주시 광인사길 53(문발동 520-12)
              전화 (031)955-4226~7 팩스 (031)955-4228
         서울사무소 ◉ 110-040, 서울시 종로구 자하문로6길 18-7(통의동 35-18)
              전화 (02)734-1978 팩스 (02)720-7900
         한글문패 지식산업사
         영문문패 www.jisik.co.kr
         전자우편 jsp@jisik.co.kr
         등록번호 1-363
         등록날짜 1969. 5. 8.

책값은 뒤표지에 있습니다

ISBN 89-423-1089-3 93910

이 책을 읽고 저자에게 문의하고자 하는 이는
지식산업사 전자우편으로 연락 바랍니다.

책머리에

또 '고조선의 강역인가'라는 말을 하는 사람이 있을지 모른다. 그러나 어쩌겠는가. 필요하면 몇 번이고 반복해서 말할 수밖에!

길을 잃으면 출발점으로 되돌아가서 생각하라는 말이 있다. 이 말은 지금 우리가 곱씹어야 할 말인 듯싶다. 우리 고대사는 계속해서 논쟁에 휘말려 있으니, 이 문제를 풀기 위해서는 그 출발점인 고조선을 다시 볼 수밖에 없다.

지금 우리는 일본 그리고 중국과 역사전쟁의 한가운데 있다. 지난날 일본은 터무니없는 '임나일본부설(任那日本府說)'과 '남선경영설(南鮮經營說)'을 만들어 한반도를 강점하는 논리로 이용하더니, 이제는 중국이 '동북공정(東北工程)'이라는 이름으로 부여·고구려·발해 등의 역사를 자신들의 역사에 편입하려 하고 있다.

중국의 동북공정 작업은 단순히 학술논쟁에 그치는 것이 아니다. 현재와 미래에 대한 정치적 포석이기도 한 것이다. 첫째로는 중국 동북지역에 거주하는 조선족을 포함한 소수민족으로 하여금 그들이 고대부터 중국에 속해 있었던 것으로 인식하도록 하여 중화민족으로서의 단결을 공고히 하기 위한 것이며, 둘째는 이 지역에서 일어날 미래의 상황에 대비해서 연고권을 미리 확보해 두자는 것이다.

중국의 연고권 주장은 만주에서 그치는 것이 아니다. 고구려가 진출했던 한강 유역까지 중국의 영토였다고 주장할 가능성이 있다. 미래에 한반도에 예기치 않았던 상황이 일어날 경우, 중국은 한반도가 예로부터 그들의 땅이었다고 주장하면서 영향력을 행사하려 들지 않는다는 보장이 없다.

중국과 일본이 내세우는 한국에 대한 역사논리에 제대로 맞서기 위해서는 우리 역사를 바로 세우는 일부터 해야 한다. 우리 역사가 올바르지 못하면 그들에 대한 대응논리도 잘못될 수밖에 없기 때문이다.

우리 역사 바로 세우기의 출발점은 고조선이다. 그리고 그 중심에 고조선의 강역을 규명하는 연구가 이루어져야 한다. 강역이 밝혀져야만 어느 지역 거주민까지를 한민족으로 볼 수 있는지가 확인되고, 고조선의 뒤를 이어 건국된 부여·고구려·읍루·발해 등 만주와 연해주에 있었던 나라들이 한민족의 나라인지 아닌지가 분명해진다.

일본과 중국은 역사의 중요성을 너무나 잘 알고 있다. 그래서 그들은 역사를 과거에만 머무르게 하지 않고 현재와 미래에서도 작동하도록 이용한다. 그것이 지나쳐 역사왜곡까지 하고 있는 것이다.

그러나 우리는 우리 역사를 바르게 세우는 일마저 게을리 하고 있지 않나 싶다. 상고사에 대해서는 더욱 그렇다. 상고사는 결코 먼 옛날이야기만이 아니다. 상고사는 동시에 현대사이고 미래사인 것이다.

우리 역사는 역사학자들만의 전유물이 아니다. 우리 민족 모두의 공유물이다. 따라서 일반 대중이 역사에 관심을 가지고 이야기해야 한다.

그래서 필자들은 이 책을 쉽게 풀어 쓰기로 했다.

이 책의 필자들은 전공분야가 다르기 때문에 서로 다른 자료를 이용해 검토했는데도 '고조선의 강역'에 대해 같은 결론에 이르렀다는 점을 독자들은 분명히 알아주기 바란다.

이 책은 민족의 뿌리를 밝히는 작업의 일환으로 집필되었는데 그 중요성을 강조하면서, 출판을 맡아 주신 지식산업사 김경희 사장님과 좋은 책을 만들기 위해 애써 주신 편집부 여러분께 감사드린다.

서기 2005년 12월

윤 내 현

차 례

제2편 복식으로 본 고조선의 강역/박 선 희

제1편

고조선의 강역을 밝힌다

윤 내 현

Ⅰ. 고조선은 어느 나라를 말하는가

1. 고조선은 단군조선만을 일컬어야 한다

우리가 어떤 문제에 대해 말하고자 할 때, 가장 먼저 밝혀야 할 점은 말하려는 대상에 대한 명칭과 그 개념을 분명히 하는 것이다. 같은 명칭에 대해 사람마다 다른 개념을 갖는다면 논의가 바르게 이루어질 수 없다. 따라서 이 글에서는 먼저 논의의 주제인 고조선이라는 명칭에 대한 개념을 분명히 할 필요가 있다. 새삼스럽게 고조선이라는 명칭에 대해 말하려는 것은 그것이 바르게 인식되지 못하고 있는 우리의 현실 때문이다.

현존하는 문헌 가운데 고조선이라는 명칭이 맨 먼저 등장한 책은 《삼국유사(三國遺事)》이다. 《삼국유사》에는 '고조선(古朝鮮)'조가 있으며 고조선에 대해 저자는 '왕검조선(王儉朝鮮)'이라는 주석을 달아 놓았다.[1] '고조선'조의 내용은 고조선을 건국한 단군왕검이 출생하기 이전의 상황을 전하는 이른바 단군신화(檀君神話)와 단군왕검이 건국한 단군조선(檀君朝鮮)에 관한 두 부분으로 이루어져 있다.[2] 《삼국유사》의 저자인 일연(一然)은 단군조선의 국명은 조선이었다고 기록하고 있는 것으로 보아, 고조선이란 옛날에 있었던 조선 즉 고대 조선이라는 뜻이었음을 알 수 있다. 이를 왕검조선이라 부르는 것도 가능하다고 생

---

1) 《三國遺事》 '古朝鮮'條 참조.
2) 《三國遺事》 '古朝鮮'條에는 단군왕검이 출생하기 전 桓因과 桓雄 그리고 熊女에 관한 내용이 있고 그 뒤를 이어 단군왕검이 건국한 고조선에 대해 간략하게 서술되어 있다. 따라서 필자는 《三國遺事》의 '古朝鮮'條 내용을 그 성격에 따라 두 부분으로 나누고자 한다.

각하였던 듯한데 왕검조선이란 왕검이 세운 조선이라는 뜻일 것이다.

오늘날 일부 학자들은 고조선을 이와는 다른 의미로 사용하고 있다. 단군조선과 위만조선(衛滿朝鮮)을 합하여 고조선이라 부르는 것이다. 위만조선도 옛날에 있었던 조선이므로 고조선에 포함시켜도 괜찮을 것으로 생각하기 쉽다. 그러나 그렇지 않다.《삼국유사》에서는 '위만조선' 조를 독립시켜 놓았다.3) 그럴 만한 이유가 있기 때문인 것이다.

단군조선과 위만조선은 그 성격이 전혀 다른 나라이다. 단군조선은 한민족(韓民族)이 그들의 지도자인 왕검을 내세워 최고 통치자인 단군으로 모시고 세운 나라이다. 그러나 위만조선은 중국 서한(西漢)의 망명객인 위만이 세운 나라이다. 이렇게 건국자와 지배층의 민족 성격과 혈통이 다른 왕조를 같은 왕조에 포함시키는 것은 옳지 않다. 이는 두 개의 다른 왕조를 같은 혈통의 왕조로 잘못 이해할 수 있기 때문이다.

일부 학자들은 위만은 중국에 살고 있었던 조선계였을 것이라고 주장하지만, 그 근거는 충분하지 않다. 하지만 이를 받아들인다 하더라도 단군조선과 위만조선은 건국과정이나 통치자의 계보가 전혀 다르다. 따라서 단군조선과 위만조선은 다른 왕조로 구별하여 서술하는 것이 옳다. 다시 말하면 고조선은 단군조선만을 일컬어야 하는 것이다.

위만조선을 고조선에 포함시켜 서술할 경우 성격이 다른 두 개의 왕조를 동일한 혈통의 왕조로 혼동할 수 있다는 점 외에 아주 중요한 문제가 발생한다. 한국 고대사의 체계에 큰 오류가 발생할 뿐만 아니라 한민족은 고대부터 중국인의 지배를 받은 미개한 사람들이 되고 마는 것이다.

오늘날 한국사개설서나 국사교과서에는 고조선에 단군조선과 위만조선이 포함되어 있는데, 위만조선은 단군조선을 계승해서 동일한 곳에 있었으며 위만조선이 멸망하자 그곳에는 한사군(漢四郡)이 설치되

---

3)《三國遺事》〈魏(衛)滿朝鮮〉條 참조.

어 있었던 것으로 서술되어 있다.[4] 한사군은 낙랑군(樂浪郡)·임둔군(臨屯郡)·진번군(眞番郡)·현도군(玄菟郡) 등 서한(西漢)의 행정구역을 말한다. 이러한 현행 상고사 체계는 사실과 다르다. 위만조선은 단군조선을 계승하지도 않았고 단군조선과 동일한 곳에 있지도 않았다.

중국의 고대 기록에 따르면, 위만은 기자(箕子)의 후손인 준왕(準王)의 정권을 빼앗아 위만조선을 건국하였다.[5] 그런데 한국사개설서나 국사교과서에는 준왕이 기자의 후손이라는 사실을 말하지 않고 단군조선의 마지막 왕이었던 것처럼 서술되어 있다. 그 결과 위만은 단군조선의 정권을 빼앗아 위만조선을 건국한 것이 되어 사실과 전혀 다른 고대사 체계를 이루고 있는 것이다.

기자는 중국에서 상(商)나라와 주(周)나라가 교체되던 시기의 인물로서 주나라 초기인 서기전 1100년 무렵에 조선으로 망명하였다.[6] 기자가 망명했던 곳은 고조선(단군조선)의 서부 변경인 지금의 난하(灤河) 유역으로 갈석산(碣石山)에서 그리 멀지 않은 곳이었다.[7] 기자는 그곳에 자리를 잡고 고조선의 거수국(渠帥國, 중국식으로는 제후국)이 되었는데 그의 40여 대 후손인 준왕은 서기전 190년 무렵 위만에게 정권을 빼앗겼다.[8] 그러므로 위만조선은 난하 동부 유역에 있었다.

---

4) 한국사개설서나 국사교과서에서 대개 한사군의 성격을 자세하게 설명하고 있지 않으므로 독자들은 가볍게 지나치기 쉽다. 그런데 한사군은 서한이 위만조선을 멸망시켜 그 지역을 그들의 영토로 삼아 그곳에 4개의 군을 설치한 것이다. 그러므로 한사군이 한반도에 있었다면 한반도는 서한에 합병된 것이 된다.

5) 《後漢書》〈東夷列傳〉 '濊傳';《三國志》〈烏丸鮮卑東夷傳〉 '濊傳';《三國志》〈烏丸鮮卑東夷傳〉 '韓傳'에 주석으로 실린 《魏略》.

6) 《尚書大傳》〈殷傳〉 '鴻範條';《史記》〈宋微子世家〉.

7) 윤내현,〈기자국·위만조선·한사군의 위치〉,《고조선 연구》, 일지사, 1994.

8) 위만조선의 건국 연대는 기록에 나타나지 않는다. 그러나 《史記》에 따르면 위만이 기자국으로 망명한 것은 서기전 195년이었다. 그리고 서기전 180년에는 위만조선이 이미 건국되어 있었던 것으로 나타난다. 그러므로 대략 서기전 190년 전후에 건국되었을 것으로 추정된다.

2. 위만조선은 고조선에 포함될 수 없다

《삼국유사》 '고조선'조에는 기자가 고조선으로 망명해 온 뒤 고조선은 도읍을 장당경(藏唐京)과 아사달(阿斯達)로 두 번 옮겼다고 말하고 있다.[9] 이것은 기자국이 고조선의 서부에 자리했고, 고조선은 그 동쪽에 계속 존재하면서 도읍을 옮겼음을 말하는 것이다. 따라서 기자국의 정권을 빼앗은 위만조선은 고조선의 서쪽에 있어야 하는 것이다.

위만조선은 건국 후 동쪽으로 고조선을 침략하여 지금의 대릉하(大凌河)까지 그 영토를 확장하였다. 서기전 108년에 서한 무제(武帝)는 위만조선을 멸망시킨 후 그곳에 낙랑군(樂浪郡)·임둔군(臨屯郡)·진번군(眞番郡) 등 3개의 군을 설치한 뒤 여세를 몰아 동쪽으로 고조선의 서부를 침략하여 지금의 요하(遼河)까지 빼앗아 대릉하와 요하 사이에 현도군(玄菟郡)을 설치하였다. 이렇게 되어 지금의 난하와 요하 사이에 한사군이 설치되었던 것이다.[10]

그러므로 기자국과 위만조선의 흥망, 한사군의 설치 등은 고조선의 서부 변경 지대에서 일어난 사건이었으며, 고조선은 한사군이 설치된 이후까지도 요하 동쪽에 그대로 존속하고 있었다. 기자국과 위만조선 그리고 한사군은 그 성격을 달리하고 있다. 기자국은 고조선의 거수국이었으며 위만조선은 서한의 외신(外臣)으로서 고조선과는 대립관계에 있었고 한사군은 서한의 영토에 편입된 행정구역이었다.

일부 학자들은 기자국과 위만조선 그리고 한사군에 대해서 크게 잘못 이해하고 있다. 기자가 망명한 곳은 고조선의 중심부인 지금의 평양이었고 기자는 단군의 뒤를 이어 고조선 전체를 통치했다고 믿고 있다.

---

9) 《三國遺事》 '古朝鮮條에는 "나라를 다스린 지 1500년 되던 주나라 무왕이 즉위한 기묘년에 기자를 조선에 봉하니 단군은 곧 장당경으로 옮겼다가 후에 아사달로 돌아와 은거하다가 산신이 되었다"고 기록되어 있다.
10) 윤내현, 〈위만조선과 한사군의 위치〉, 앞의 책, 1994, 358~395쪽.

《제왕운기(帝王韻紀)》에는 《삼국유사》의 기록과 달리 고조선이 망한 후 기자가 그곳에 와서 새로 나라를 세운 것처럼 기록되어 있다. 이것은 모화사상에서 나온 것인데 중국 문헌의 기록들과도 맞지 않는다.

　대부분의 조선시대 학자들은 불교 승려 일연의 《삼국유사》 기록보다는 유학자 이승휴(李承休)의 《제왕운기》 기록을 따랐다. 기자가 지금의 평양에서 고조선 전체를 통치했다면, 위만은 그곳에서 기자의 후손인 준왕의 정권을 빼앗아 위만조선을 세운 것이 되어, 단군조선과 기자국 그리고 위만조선은 같은 곳에 있었다는 것이 된다. 그리고 위만조선이 망한 후 그곳에 한사군이 설치되었으므로, 한사군도 만주와 한반도 북부에 있었다는 것이다.

　이 체계가 현행 국사개설서와 국사교과서에 고대사 체계로 반영되어 있는데, 그 가운데 기자는 삭제되고 기자의 후손인 준왕이 단군조선의 마지막 왕으로 서술되어 있는 것이다. 중국계인 준왕이 한민족의 혈통으로 둔갑되어 있는 것이다. 이러한 현행 한국 고대사 체계는 매우 큰 문제를 일으킨다. 즉, 한민족은 고대부터 이민족의 지배를 받은, 능력이 없는 민족이 되고 마는 것이다. 중국에서 망명해 온 기자와 위만 일족의 지배를 받다가 결국은 한사군의 설치로 중국에 통합되고 마는 것이다. 그 기간이 무려 1400여 년이나 된다. 역사는 사실대로 기술되어야 하기 때문에 그것이 사실이라면 그대로 서술되어야 한다. 그러나 그렇지 않다는 데 문제가 있다.

　이러한 고대사 체계가 옳다면, 한민족의 역사는 이민족의 식민지로부터 시작되기 때문에 외래문화인 불교나 유학이 들어오기 전 한국에는 독자적인 문화라고 할 만한 것이 없었다는 것이 된다. 사람에 따라서는 불교나 유학을 한민족의 문화로 생각하고 있다. 이것들이 한민족 전통문화의 일부를 형성하고 있는 것은 사실이다. 그러나 이것들은 한민족의 문화처럼 된 외래문화이지 한민족의 고유문화는 아니다.

　이러한 모든 문제들은 현재 통용되는 고대사 체계가 사실과 다른 데서 말미암는다. 기자국·위만조선·한사군은 고조선의 서부 국경지대에 있었으며 이것들이 존재하던 시기에도, 고조선은 그 동쪽에 존속하고 있었다. 그리고 한민족은 고조선의 붕괴로 비록 동부여(東扶餘)·읍루(挹婁)·고구려(高句麗)·동옥저(東沃沮)·동예(東濊)·최씨낙랑(崔氏樂浪)·한(韓, 三韓) 등의 여러 나라로 분열되기는 했지만, 이들 나라는 모두 고조선을 계승한 한민족의 나라였다.

그러므로 고대에 한민족은 이민족의 지배를 받은 적이 없는 것이다. 그런데도 한국고대사 체계는 1400여 년 동안 이민족의 지배를 받은 것처럼 서술되어 있다. 그 결과 위에서 지적한 바와 같은 많은 문제점을 낳고 있다. 따라서 한국고대사 체계는 반드시 바로 잡아야 할 것이다. 그리고 이러한 점에서 고조선의 명칭은 위만조선이나 한사군을 포함하지 않은 단군조선만을 의미하는 것으로 사용되어야 한다.

3. 왜 고조선의 영토 문제가 중요한가

중학교와 고등학교 국사교과서에는 고조선은 한민족이 세운 최초의 국가라고 서술되어 있다. 고조선의 나라 이름은 조선이었다. 고조선에서는 통치자를 단군이라 불렀는데, 고조선의 첫 번째 단군은 왕검이었다. 따라서 한민족은 단군왕검을 건국시조 또는 건국조(建國祖)라 부른다.

어느 언론 매체의 조사에 따르면, 한국 국민 가운데 단군의 존재를 인정하는 사람과 인정하지 않은 사람의 비율이 거의 비슷하였고, 잘 모르겠다는 사람이 약간 있는 것으로 나타났다. 단군은 고조선의 통치자였기 때문에 고조선이라는 나라가 있었다면, 당연히 단군은 존재했어야 한다. 단군의 존재를 인정하지 않거나 단군에 대해 잘 모른다는 것은, 고조선의 존재를 인정하지 않거나 고조선에 대해 잘 모른다는 뜻이 된다.

이것이 한국 국민의 고조선에 대한 인식 수준이다. 자신들의 조상이 첫 번째로 세운 나라인 고조선에 대해 그것이 존재했었다는 사실조차 모르다니, 그러한 역사지식을 가지고 문화민족이 될 수 있겠으며, 민족 정체성이 있는 국제사회의 일원이 될 수 있겠는지 심히 걱정스럽다. 그 렇게 된 데에는 역사학자들의 책임도 있다. 고조선은 오래된 나라여서 그것에 관한 기록이나 자료가 충분하게 남아 있지 않다. 그래서 고조선 에 대해 학자에 따라 서로 견해를 달리하는 부분이 있으며, 그것들이 가끔 논쟁거리가 되기도 한다. 이 때문에 많은 사람들이 고조선을 그 실체가 불확실한 나라로 잘못 인식하고 있다.

특히 국사개설서나 국사교과서에는 고조선에 위만조선과 한사군을 포함하고 있다. 그리고 단군조선에 대해서는 매우 간략하게 서술한 반 면 위만조선에 관해서는 비교적 충실하게 서술하고 있다. 그렇기 때문 에 고조선이라고 하면, 위만조선이 중심이 되는 것으로 오해하게 된다.

그런데 앞에서도 말했지만, 고조선(단군조선)은 한민족이 세운 나라이 고 위만조선은 중국의 망명객인 위만이 세운 나라이다. 통치자의 민족 성격이 다르다. 한국사개설서와 국사교과서에는 위만조선이 고조선을 계승한 것으로 되어 있지만, 실은 위만조선은 고조선의 서부 변경 즉 중 국과의 국경 지역에 있었던 나라로 한국 역사에 편입될 수 없는 것이다.

역사가 긴 나라의 고대사에 대해서는 학자들 사이에 견해의 차이가 있기 마련이다. 그렇다고 하여 그 존재까지 부인되는 것은 아니다. 중 국 상(商)나라의 경우, 그 당시 사람들이 남긴 기록인 갑골문(甲骨文)이 출토됨으로써 그 나라의 존재는 의심할 여지가 없게 되었지만, 건국 연 대나 멸망 연대 그리고 그 영역 등에 대해서는 아직도 논쟁이 계속되고 있다. 이와 마찬가지로 고조선에 대해 부분적으로 의문점이 있다고 하 여, 그것이 고조선의 존재를 부정하는 근거가 될 수는 없는 것이다.

고조선에 대한 논쟁 가운데 중요한 것은, 고조선의 위치와 영토, 건 국 연대와 붕괴 연대, 사회와 문화 수준, 고대사의 체계 등이 있다. 그런 데 여기서 특별히 영토문제를 주제로 삼은 것은 그것이 고조선 자체뿐만 아니라 그 후의 한국 역사를 이해하는 데도 매우 중요하기 때문이다.

한국인들은 막연히 부여나 고구려, 발해 등이 한국 역사에 속한다고 생각한다. 그러나 중국인들의 생각은 다르다. 이 나라들은 한국의 역사에 포함될 수 없다고 생각한다. 오히려 중국 역사에 포함되어야 한다고 주장한다. 왜냐하면 그 나라들이 있었던 만주는 지금 중국 영토이기 때문이다. 그리고 그들은 말한다. 그 나라들이 있었던 만주를 한민족이 통치한 적이 있느냐고.

지난날 고조선에 대한 연구가 충분하지 못했던 시기에, 한국 학자들은 고조선을 지금의 대동강 유역에 있었던 작은 나라로 보았다. 지금도 고조선의 영토를 청천강 이남의 대동강 유역으로 보는 학자들이 있다. 그렇다면 한민족은 만주를 지배한 적이 없다. 고구려와 백제를 병합한 신라는 대동강을 북쪽의 경계로 하였을 뿐이고 그 뒤를 이은 고려나 근세조선도 만주를 지배한 적은 없다. 그렇다면 만주의 거주민들을 한민족이라 할 수 있으며 그 나라들을 한국 역사에 포함할 수 있겠는가. 오히려 부여나 고구려, 발해 등을 중국 역사에 포함하려는 중국인들의 주장은 설득력을 갖게 된다.

4. 만주 지역 역사 연구에 눈을 돌려야 한다

고조선의 위치와 영토에 대한 연구가 진전되면서, 일부 학자들은 고조선이 만주나 요동 지역에 있었으며, 그 남쪽 경계가 압록강이나 청천강이라는 견해를 제시했다. 사실이 그렇다면 부여, 고구려, 발해뿐만 아니라 고조선까지도 한국의 역사에 포함될 수 없다는 논리가 성립된다. 만주는 한국 땅이었던 때가 없기 때문이다.

위의 견해들이 옳다면 한국의 역사는 한반도에 있었던 나라 중심으로 서술되어야 한다. 지난날 일부 학자들이 한국 역사의 정통성은 고조선이 아니라 한(삼한)에서 찾아야 한다고 주장한 바 있는데, 이러한 주장은 바로 위와 같은 고조선 인식에서 비롯된 것이다. 그러나 만일 고조선이 한반도와 만주 전 지역을 통치했다면, 당시에 이 지역에 살았던 모든 사람은 고조선의 국민으로서 하나의 정치공동체와 문화공동체를 이루어 한민족을 형성했을 것이므로 한반도와 만주 전 지역이 한민족의 활동무대가 된다. 그리고 고조선의 뒤를 이은 부여와 고구려 그리고 발해 등은 당연히 한국 역사에 포함되어야 한다. 즉, 한국 역사의 지리적 범위가 한반도뿐만 아니라 만주까지로 확대되는 것이다.

그렇게 되면 사료의 이용도 달라진다. 지난날 학자들은 대체로 한국의 고대문화를 한반도 중심으로만 이해하였다. 그러나 만주가 고조선의 영토에 포함되어 있었다면, 만주의 고대 자료도 한반도의 자료와 똑같이 한국의 고대 역사와 문화를 연구하는 자료로 다루어져야 한다.

특히 고고학 자료의 경우 만주는 현재 중국의 영토가 되어 있고 그 지역의 유적은 중국인들이 발굴, 연구하고 있으므로, 그것을 중국의 것으로 생각하고 한국 고대사 연구의 관심 밖에 있는 경우가 많다. 그러나 그것은 잘못이다. 만주에 있는 유적이나 유물에 대해서는 고조선시대뿐만 아니라 그 이전이나 이후 시대의 것에 대해서도 한국 역사와 연관하여 깊이 연구할 필요가 있다. 그 문화가 기초가 되어 고조선이 출현했기 때문이다.

이와 같이 고조선의 위치와 영토에 관한 문제는 고조선 자체에만 국한되는 문제가 아니라 한국 역사 전체의 체계와 관계된 문제이다. 그러므로 고조선의 영역을 밝히지 않고는 한국 역사의 연구가 한 걸음도 올바르게 나갈 수 없다. 이러한 점에서 고조선의 영토를 밝히는 문제는 매우 중요하다.

어떤 학자는 역사지리를 연구하는 문제는 국제학계에서는 이미 유행이 지났다고 말한다. 아직도 고조선의 영토나 국경을 논하고 있을 필요가 있느냐는 것이다. 그러한 생각은 아주 잘못된 것이다. 학문은 유행

을 따라 하는 것이 아니다. 밝혀지지 않은 문제를 밝히거나 잘못 인식
된 문제를 바로잡기 위해 하는 것이다. 국제 학계에서 논의되는 것들은
그 문제가 아직 해결되지 않았기 때문이며, 의문이 풀리면 더 이상 연
구할 필요가 없기 때문에 다른 문제로 넘어가게 되는 것이다. 단순히
유행을 따르는 것이 아니다.

　오늘날 국제학계는 서양학계가 중심이 되어 있는데, 그들이 역사지
리를 별로 논하지 않는 것은 서양사의 경우 그 분야에 대해 이미 많은
연구가 축적되어 더 이상 연구할 것이 거의 없기 때문이다. 한국 역사
연구에서, 역사 연구의 기초 가운데 하나인 역사지리에 아직도 매달려
있는 것은 한국 역사 연구가 그만큼 뒤처져 있다는 것을 말한다. 우선
영토 문제가 해결되지 않으면 그로 말미암아 여러 가지 문제가 파생되
기 마련이다. 따라서 필자들은 고조선 연구에서 우선 그 영토를 확인하
는 작업이 시급하다고 생각하여 문헌 기록, 고고학 자료, 복식 자료 등
여러 측면에서 이를 검토하려고 하는 것이다.

II. 광복 후의 고조선 영토에 관한 연구는 어떠했나

1. 민족주의 사학자들은 남한 학계에서 외면당했다

고조선의 영토에 관한 연구는 광복 후에 본격화했다. 고려시대에는
《삼국유사》와 《제왕운기》에서 고조선의 위치를 언급하였을 뿐이고, 조
선시대에는 고조선의 중심지를 권람은 만주로, 박지원(朴趾源)과 이규
경(李圭景) 등은 요동으로 보았으며, 이익(李瀷)과 안정복(安鼎福)은 그
영역에 대해 초기에는 지금의 요동까지였다가 대동강 유역으로 좁혀졌
을 것으로 보았다. 그러나 주류를 이루었던 견해는 지금의 평양을 중심
으로 한 대동강 유역으로 보는 것이었다.

조선시대에 고조선의 영역을 비교적 구체적으로 말한 학자는 한백겸
(韓百謙)과 정약용(丁若鏞)이었다. 이들은 고조선의 남쪽 경계를 한강
으로 보고 고조선과 중국의 국경에 대해서는 한백겸은 청천강, 정약용
은 압록강으로 보았다. 이들은 한강을 경계로 하여 그 이북에는 고조선,
그 이남에는 한(삼한)이라는 두 개의 정치세력이 있었던 것으로 인식하
였다. 이것은 그 타당성 여부를 떠나, 일찍이 고조선의 영역을 구체적
으로 말하고자 했다는 점에서 의미가 있다. 그런데 여기서 유의해야 할
것은, 조선시대 학자들 가운데는 단군조선이 아닌 기자조선을 고조선
으로 잘못 인식한 학자들이 많았다는 점이다. 이것은 모화사상에서 말
미암은 현상이었다.

일제의 한국 강점기에는 일본인들이 한국의 역사를 왜곡하기 위해
고조선과 단군의 존재를 부인하였기에, 그에 대한 연구가 강단사학계
에서는 침체를 면하기 어려웠다. 그러나 오히려 대학 강단에 몸을 담고
있지 않았던 신채호·장도빈·정인보 등의 민족주의 역사학자들은 고

조선을 포함한 고대사 연구를 비교적 깊이 있게 진행하였다. 고조선의 서쪽 경계를 신채호는 헌우락(䦒芋濼),[11] 장도빈은 난하(灤河),[12] 정인보는 고려하(高麗河)[13] 등으로 다르게 보고 있으므로 그들의 견해가 구체적인 부분까지 모두 같지는 않지만, 고조선의 영역을 만주까지 확대해 보려고 했다는 점에서는 일치한다.

특히 고조선의 서쪽 국경을 난하로 본 장도빈의 견해는, 비록 그 근거를 제시하지는 않았지만, 필자들이 이 책에서 얻어낼 결론과 거의 일치한다. 그런데 신채호·장도빈·정인보 등의 연구에서 아쉬운 점은 그들의 주장에 대한 구체적인 근거를 제시하지 않았다는 점이다. 그렇기 때문에 이들의 주장에 대한 사료의 검증은 쉽지 않다. 그래서 이들의 주장은 그간 강단사학계에서 크게 관심을 끌지 못하였다.

광복 후 한국사를 체계화하면서 일본인들이 부정하였던 고조선(단군조선)을 복원하였는데, 고조선의 위치와 영역에 대해서 남한 역사학계에는 크게 두 가지 견해가 있었다. 하나는 이병도가 주장한 것으로 대동강 유역에 있었다는 견해인데, 그는 고조선과 중국의 국경을 청천강으로 보았다.[14] 다른 하나는 신채호·장도빈·정인보 등의 견해로 고조선은 만주 지역을 포괄하고 있었고, 고조선과 중국의 국경은 위에서 말한 바와 같이 헌우락·난하·고려하 등 서로 다르게 보았다. 이 가운데 강단사학계에서 통용된 것은 대동강 유역으로 본 이병도의 견해였다. 민족주의 역사학자로 불리어진 신채호·장도빈·정인보 등의 견해는 강단사학계의 관심을 별로 끌지 못하였다.

고조선의 위치를 대동강 유역으로 본 견해가 통설이 된 것은 다음과

---

11) 신채호, 〈平壤浿水考〉, 《朝鮮史硏究草》, 조선도서주식회사, 1929 ; 신채호 지음, 이만열 주석, 《朝鮮上古史》上, 형설출판사, 1983, 143~144쪽.
12) 장도빈, 〈國史〉, 《汕耘 張道斌全集》卷一, 汕耘紀念事業會, 1981, 28쪽.
13) 정인보, 《朝鮮史硏究》上卷, 서울신문사출판국, 1946, 97~99쪽.
14) 이병도, 〈浿水考〉, 《靑丘學叢》第13號, 昭和 8(1933), 120쪽.

같은 이유에서였다고 본다. 첫째, 《삼국유사》가 씌어진 고려시대 이래 주류를 이루어 온 견해였기 때문에 많은 사람들로부터 쉽게 공감을 불러일으켰다. 둘째, 이병도는 형식을 제대로 갖춘 논문으로 그의 주장을 발표하여 나름대로 근거를 제시함으로써 설득력을 지니고 있었다. 셋째, 이병도는 국립 서울대학교 사학과의 교수로 오랜 기간 재직하여 많은 제자들을 양성하였으며, 이들이 한국 역사학계의 주류를 형성했다.

반면에 고조선의 영역을 만주까지 확대해 보고자 했던 견해가 강단사학계로부터 외면당했던 것은 다음과 같은 이유 때문이었다고 생각된다. 첫째, 고조선의 존재가 일제로 말미암아 부정되었다가 이제 겨우 그 존재를 인정받으려는 상황에서, 충분한 연구 결과도 없이 그 영역을 만주까지 확대해 본다는 것은 무리라는 생각이 지배적이었다. 둘째, 신채호·장도빈·정인보 등이 발표한 저서나 글은 논문의 형식을 갖추지 못했을 뿐만 아니라, 그들의 주장을 뒷받침하는 근거를 제시하지 않아서 설득력이 부족하였다. 셋째, 신채호는 광복 전에 사망하였고 장도빈과 정인보 등은 광복 후 사립대학 강단에 서기는 했으나 장도빈은 일찍 강단을 떠났고, 정인보는 6·25 때 납북되어 제자를 양성하지 못하였다.

그 결과 고조선의 위치와 영역을 대동강 유역으로 본 견해는 광복 후 한국 역사학계의 통설로 자리 잡은 반면, 만주까지 확대해 본 견해는 대학 강단 밖에서 지지자들을 얻어, 이른바 재야사학자 그룹의 주장으로 자리 잡았다. 전자는 강단사학계로부터 학술적인 학설로 인정받은 반면, 후자는 그것을 주장한 사람들이 대개 조국 광복운동에 참여했거나 이를 따르는 사람들이었기 때문에 학술적인 것이기보다는 민족운동의 일환으로 인식되었다. 그리고 전자는 역사 연구를 전업으로 하는 학자들이 계승하여 그들의 주장을 나름대로 체계화하는 작업을 계속하면서 제자들에게 전수하였으나, 후자는 역사 전문 연구자라기보다는 조국의 역사에 피 끓는 애정을 가진 사람들이 계승하였기에, 합리적으로 발전시키기보다는 강한 의욕만 앞서는 경향이 있었다.

2. 북한 학계는 고조선에 대한 연구가 비교적 활발했다

한편 북한 역사학계에서는, 1960년대 초까지만 하더라도 남한 학계의 통설과 같이, 고조선의 위치를 대동강 유역으로 보는 견해가 정설로 자리잡고 있었다. 그런데 1963년 리지린이 《고조선 연구》를 발표하면서[15] 상황은 달라졌다. 그는 고조선이 만주 지역에 있었다고 주장하면서, 고조선 초기의 서쪽 국경은 지금의 난하였으나 중국의 전국시대에 연(燕)나라 진개(秦開)의 침략을 받아 지금의 요서 지역을 빼앗겨 대릉하(大凌河)를 경계로 삼게 되었으므로, 고조선과 중국의 국경은 지금의 대릉하로 보아야 한다고 주장하였다. 그리고 고조선의 남쪽 국경은 압록강이라고 하였다. 즉, 고조선은 만주에 있었던 나라였다는 것이다.

이는 종래의 통설에 충격을 주는 것이었다. 이를 출발점으로 하여, 북한에서는 고조선에 대한 연구가 매우 활발하게 진행되어 여러 차례에 걸친 학술회의가 개최되었다. 그 결과 고조선의 서쪽 국경에 대해서는 대릉하였다는 리지린의 견해를 수용하면서, 남쪽 국경에 대해서는 압록강에서 청천강으로 수정되었다가, 다시 예성강으로 수정되어 지금까지 정설로 자리를 잡고 있다.[16]

북한에서 최근에 출판된 《조선전사》에는 고조선의 영역이 그 말기에 요하 하류 동쪽 지역을 중심으로 대릉하 하류 개원·관전, 평안북도 동쪽 부전령 산줄기, 함경남북도 경계선의 바닷가, 강원도 중부 해안지대, 예성강을 연결하는 광활한 지역을 차지하였으며 기원전 3세기 초 이전 시기에는 서쪽으로 난하 중류 계선의 넓은 지역을 차지한 큰 나라였다고 기술되어 있다.[17]

여기서 주목해야 할 것은 오늘날 북한 역사학계가 정설로 채택한 것

---

15) 리지린, 《고조선 연구》, 과학원출판사, 1963.
16) 사회과학원 력사연구소, 《조선전사》 2(고대편), 과학백과사전출판사, 1979, 101쪽.
17) 사회과학원 력사연구소, 《조선전사》 2(고대편), 과학백과사전출판사, 1991년판, 58쪽.

은 지난날 민족주의 역사학자들에 따라 주장되었던 것과 많은 부분이 비슷하다는 점이다. 고조선과 중국의 국경 그리고 고조선의 남쪽 국경에 대해서는 다소 차이가 있기는 하지만, 그동안 고조선의 위치와 영역을 대동강 유역으로 보았던 남한 학계의 통설에 견주어 볼 때, 고조선이 만주 지역을 포괄하고 있었다고 본 점은 민족주의 역사학자들의 견해와 기본적으로 시각을 같이 하고 있다고 보아야 할 것이다.

북한 역사학계에서는 고조선에 대한 이러한 시각 변화와 더불어 한사군의 낙랑군에 대해서도 종래의 통설을 부인하기 시작하였다. 광복 직후에는 북한 학계에서도 남한 학계와 마찬가지로 낙랑군이 대동강 유역에 있었다는 일본인들의 주장을 따르고 있었다. 그러나 1960년대 이후 이는 일본인들이 조작한 것이기에, 인정할 수 없다는 견해를 정설로 채택하였다.18) 그러나 낙랑군이 어디에 있었는지에 대해서는 분명하게 말하지 않았다. 그들은 일본인들이 대동강 유역에서 출토되었다고 증거로 제시한 낙랑군 유물들을 대부분 위조품으로 보았다. 이러한 주장은 일찍이 정인보가 제기한 바 있다.19) 북한 학계의 고조선과 한사군에 대한 견해는 그 기본 골격이 정인보의 주장을 많이 따른 것으로 보인다.

북한 역사학계에서 통설로 채택하지는 않았지만, 통설과 다른 주장으로 박진욱의 견해가 있다. 그는 그사이 축적된 고조선시대의 고고학 자료를 근거로, 1980년대 후반에 고조선의 영역에 관한 그의 견해를 발표하였다. 그는 1960년대부터 학자들이 관심을 가지고 연구해 온 미송리형 질그릇을 고조선의 전형적인 질그릇으로 보고, 그 출토 지역을 고조선의 영역으로 보았다. 즉, 한반도 서북 지역과 요령성(遼寧省) 동부를 경계로 한 지금의 요동 지역이 고조선의 영토였다는 것이다. 여기서

---

18) 사회과학원 고고연구소, 《고조선문제연구》, 사회과학원출판사, 1973, 139~164쪽.
19) 정인보, 《朝鮮史硏究》, 서울신문사, 1947, 196~214쪽.

유의해야 할 것은, 박 씨가 비파형동검이 출토되는 한반도와 만주 전 지역을 고대 한민족 전체의 문화권이었다고 주장하면서, 그 가운데 미 송리형 질그릇이 출토되는 한반도의 서북 지역과 지금의 요동 지역만 을 고조선의 영역으로 보고 있다는 점이다.[20]

북한에서는 1993년에 단군릉을 발굴하고 이를 대대적으로 개축한 뒤 부터 다시 고조선에 관한 연구를 매우 활발히 전개하고 있다. 단군릉 주변에서 고조선 건국 전이나 그 초기에 해당하는 것으로 보이는 성터 와 청동기문화 유적들이 발굴되었다고 보고하고 있다.[21] 아직 고조선 의 영토에 관한 종래의 통설을 변경하지는 않았지만, 앞으로 변경된 견 해를 내놓을 여지를 충분히 남겨 두고 있다고 보아야 할 것이다.

3. 1980년대에 남한 학계에도 새로운 주장이 대두되었다

이렇게 북한 역사학계에서 고조선의 위치와 영역에 대한 견해가 크 게 바뀌고 있는 동안, 남한 역사학계에서는 1970년대까지도 여전히 고 조선은 대동강 유역에 있었던 조그만 집단이었다는 견해가 통설로 자 리하고 있었다. 그런데 1980년대에 들어서면서 남한 역사학계에서도 변 화의 소용돌이가 일기 시작하였다. 그것은 필자가 하버드엔칭도서관 희귀본실에서 증선지(曾先之)의 《십구사략통고(十九史略通考)》에 실 린 지도를 발견하면서부터였다. 그 지도에는 고조선의 위치가 만주로 그려져 있다.

증선지의 지도를 발견한 뒤 필자는 고조선과 관계된 중국 문헌의 기 록을 조사하고, 그 지도와 중국 문헌의 기록을 근거로 하여 고조선의

---

20) 박진욱, 〈비파형단검문화의 발원지와 창조자에 대하여〉, 《비파형단검문화에 대한 연구》, 과학백과사전출판사, 1987, 5~92쪽.
21) 齋藤 忠, 《北朝鮮考古學の新發見》, 雄山閣, 1996, 7~50쪽.

영토가 한반도는 물론 만주를 포괄하고 있었다는 견해를 제출하였다. 그 국경에 대해서는 서쪽은 북경에서 가까운 난하와 갈석산으로 보았으며, 북쪽은 중국과 몽골의 국경인 얼어고납하(額爾古納河), 동북쪽은 중국과 러시아의 국경인 흑룡강(黑龍江) 유역으로 보았고, 남쪽 국경은 연구 초기에는 청천강으로 보았으나, 연구가 진전되면서 이를 수정하여 한반도 남부 해안으로 보게 되었다. 고조선 연구 초기에는 청천강이남에 자리했던 한(삼한)을 고조선과 분리하여 보았지만, 연구가 깊어지면서 한은 고조선의 거수국 가운데 하나였음을 확인하였다. 고조선은 만주와 한반도 전 지역을 그 영토로 하고 있었던 것이다.[22]

그리고 위만조선은 고조선의 서부 변경에 있었던 나라로서 난하로부터 대릉하까지를 그 영토로 하고 있었고, 위만조선이 멸망한 뒤 설치된 한사군은 난하로부터 지금의 요하까지를 그 영역으로 하고 있었다고 보았다. 따라서 고조선의 서쪽 국경은 원래 난하와 갈석산으로 형성되어 있었으나 위만조선시대인 서기전 190년대부터는 대릉하로 되었다가 한사군의 현도군이 설치된 서기전 107년부터는 지금의 요하로 바뀌었다고 주장하였다.[23]

이에 대한 일부 강단사학자들의 반발은 매우 컸다. 이들은 필자의 주장을 강단사학계와 대립해 있는, 이른바 재야사학자들을 대변하고 있는 것으로 오해하였다. 당시 강단사학자들과 재야사학자들은 학술적인 차원을 넘어 감정적으로 심하게 대립하고 있었다. 이러한 대립과 갈등 사이에 필자가 끼이게 되었던 것이다. 필자는 분명히 강단사학자임에도 불구하고 일부 강단사학자들은 필자를 재야사학자로 분류하면서 재야사학자들의 주장을 대변하는 것으로 보았던 것이다. 그러나 필자의

---

22) 윤내현은 《韓國古代史新論》(일지사, 1986), 15~80쪽에서 고조선의 남쪽 국경을 청천강으로 본 바 있다. 그러나 그 후 한반도 남부 해안선으로 수정하였다(윤내현, 〈고조선의 강역과 국경〉, 앞의 책, 1994, 170~306쪽).
23) 윤내현, 〈기자국·위만조선·한사군의 위치〉, 앞의 책, 1994, 368~378쪽, 393~395쪽.

주장은 한국과 중국의 고대 문헌 기록과 고고학 자료에 근거한 철저한 실증의 결과였다.

어떻든 이러한 자극은 남한의 역사학계도 크게 변하도록 만들었다. 이러한 자극과 더불어 고조선에 대한 북한 역사학계의 견해가 소개되면서 남한 역사학계에서도 고조선 문제를 더 이상 관심밖에 둘 수가 없었다. 종래의 통설을 그대로 유지하기가 어렵다는 점을 깨달은 것이다. 그에 따라 고조선에 관한 연구가 활발해지고 논쟁도 있게 되었다. 그 결과 새로운 견해들이 제출되었다.

첫째는 종래의 통설을 따라 고조선의 위치를 대동강 유역으로 보고, 중국과의 경계를 청천강 유역으로 보는 견해로서 아직도 일부 학자들이 고수하고 있기는 하지만, 문헌 사료를 활용한 연구가 깊어지고 새로운 고고학 자료의 증가로 말미암아 점차 그 세력을 잃고 있다. 둘째는 고조선은 한반도와 만주를 그 영역으로 하고 있었다는 견해인데, 요즈음에는 남한이나 북한 역사학계가 모두 고조선의 위치를 어떤 형식으로든 만주와 연관시켜 논하고 있다. 그러나 구체적으로 그 국경이 어디였는지에 대해서는 여러 다른 견해들이 제출되어 있어, 그 가운데 어느 것이 사실과 일치하는지를 밝히는 일이 남아 있다. 셋째는 고조선은 한반도와 만주를 그 영역으로 하고 있었다는 점은 위의 견해와 같지만, 고조선은 한반도의 평양에서 건국되어 만주로 그 영역을 넓혀 갔다는 견해로 고조선의 출발지는 지금의 평양이었다는 것이다.[24] 넷째는 고조선은 만주를 거쳐 대동강 유역으로 이동해 왔다는 견해로서,[25] 고조선의 위치가 만주였다는 견해가 제출되자 그간의 통설인 대동강 유역이었다는 견해를 살리기 위해 내놓은 절충안이라고 볼 수 있다.

고조선이 만주로부터 한반도로 이동해 왔다는 견해는 두 가지가 있

---

24) 윤내현, 〈고조선의 중심지 변천〉, 앞의 책, 1994, 331~357쪽.
25) 노태돈, 〈古朝鮮 중심지의 변천에 대한 연구〉, 《韓國史論》 23, 서울대학교 인문대학 국사학과, 1990, 3~55쪽.

다. 하나는 중국으로부터 만주를 거쳐 한반도로 이동해 왔다는 것이고 다른 하나는 단순히 만주로부터 한반도로 이동했다는 것인데, 뒤의 견해는 만주 이전에는 고조선이 어느 곳에 있었는지에 대해서 설명이 없다.

4. 고조선은 중국에서 한반도로 이동했을까

고조선이 중국으로부터 이동해 왔다는 견해는, 주(周)나라 초기에 기자(箕子)가 조선으로 망명했다는 중국 문헌의 기록과, 고대에 황하 유역이 한반도나 만주보다는 선진 지역이었을 것이라는 선입관에 근거를 둔 것이다. 기자가 조선으로 망명했다는 기록을 기자 개인이나 그 일족의 망명으로 해석하기보다는 기자라는 명칭을 가진 규모가 큰 정치집단의 이동을 의미하거나 상(商) 왕실(기자는 상 왕실의 후예였다)의 일족이 만주를 거쳐 한반도로 이동하였음을 의미하는 것으로 해석하고, 이들을 고조선의 건국세력으로 본 것이다.[26]

그런데 고조선이라는 나라가 이동했을 것이라는 견해는 고조선 사회를 너무 낮게 평가한 것이다. 고조선시대는 신석기시대를 지나 이미 청동기시대에 들어가 있었다. 당시 한반도와 만주의 거주민들은 농경을 하며 정착생활에 들어간 지 수천 년이 되었는데 그러한 정착사회에서 국가 규모의 정치집단이 특별한 이유 없이 이동을 할 필요가 있었겠는지, 그것이 가능했겠는지 생각해 볼 일이다. 더욱이 요즈음은 고조선의 영토를 한반도와 만주 전 지역으로 보고 있으므로 그러한 견해는 설득

---

26) 천관우는 기자라는 정치집단이 중국에서 이주하여 고조선을 세웠을 것으로 보았고, 이종욱은 단군신화에 나오는 환웅족과 호랑이족은 중국으로부터의 이주민이고 곰족은 토착인일 것으로 보면서 이들이 연합하여 고조선을 세웠을 것이라는 자의적인 해석을 하고 있다. 그러나 이것은 근거가 매우 빈약하다(천관우, 《古朝鮮史·三韓史研究》, 일조각, 1991, 10~137쪽 ; 이종욱, 《古朝鮮史研究》, 일조각, 1993, 67~73쪽).

력을 갖기 어렵다.

일부 학자들은 북한의 박진욱이 미송리형 질그릇이 출토된 지역을 고조선의 영역으로 본 것을 부분적으로 수용하기도 했다. 남한의 일부 학자들은 1990년대에 들어서면서 미송리형 질그릇에 관심을 가져 그것을 청동기시대 고조선의 전형적인 문화라고 언급하면서, 고조선의 중심부는 지금의 요동 지역으로부터 대동강 유역으로 이동해 왔다고 주장하였던 것이다. 새로운 고고학 자료에 의한 해석을 종래의 통설과 결합시킨 것이다.

근래에는 비파형동검이 미송리형 질그릇이나 팽이형 질그릇과 함께 많이 출토되고 지석묘와 석관묘가 발견되는 황해도 북부로부터 요하 동쪽의 요령성(遼寧省) 지역을 고조선 문화가 발달했던 지역으로 보면서, 이 지역이 고조선의 영역이었을 것으로 보는 견해도 제출되었다. 미송리형 질그릇과 팽이형 질그릇을 서로 밀접하게 영향을 주고받은 유사한 종족계통의 질그릇으로 보고 있는 것이다.[27]

그런데 질그릇을 기준으로 하여 고조선의 영토를 말하는 것은 문제가 있다고 생각된다. 질그릇은 어느 지역에서나 쉽게 만들 수 있는 것이다. 그렇기 때문에 같은 나라 안에서도 지역에 따라 그 형태나 특징에 차이가 있게 된다. 그러므로 영토를 논하는 데는 청동기와 같은 지배층의 독점물로서 국가단위의 특징을 보여 주는 유물을 기준으로 하는 것이 바람직할 것이다.

청동무기는 그 제작에 당시 최고의 과학 기술을 필요로 하였을 뿐만 아니라 매우 중요성을 지닌 것이어서 중앙정부의 관리 아래 만들어졌다고 보아야 한다. 따라서 같은 특징을 지닌 청동무기가 출현하는 지역을 고조선의 전체 영역으로 보아야 하고 미송리형 질그릇과 같이 지역적 특징을 지닌 질그릇이 출토되는 영역은 고조선 안의 각지에 존재했

---

27) 송호정, 〈古朝鮮 國家形成 過程 研究〉, 서울대학교 박사학위논문, 1999.

던 지역문화권 또는 생활문화권으로 보아야 할 것이다.

신석기시대의 문화를 논할 때는 질그릇의 특징을 기준으로 삼아 문화권을 구분하지만, 청동기시대에 이르면 동일한 특징을 지닌 청동기가 출토되는 범위를 그 정치세력권으로 보는 것이 고고학에서는 상식에 속한다. 중국의 경우도 상(商)나라나 주(周)나라의 영역을 말할 때 상문화나 주문화의 특징을 지닌 청동기가 출토되는 지역을 그 범위로 잡으며 그 범위 안에서 지역에 따라 각각 다른 특징을 지닌 질그릇이 출토된다 하더라도 이를 영토·범위를 결정하는 기준으로 삼지는 않는다.

잘 알려진 바와 같이 고조선시대의 한반도와 만주에서는 비파형동검이 출토된다. 이러한 고조선의 특징적인 청동무기가 한반도와 만주 전 지역에서 출토되는데, 이를 외면하고 굳이 일부 지역에서만 출토되는 질그릇을 기준으로 하여 그 지역만을 고조선 영토로 볼 수 있는지 생각해 볼 일이다.

요즈음은 남한 역사학계에서도 고조선을 만주와 연관시켜 논하는 것이 보편화되어 있다. 이러한 분위기는 그간의 여러 주장들이 논쟁을 거듭하면서 형성되었다. 따라서 그 서로 다른 주장들을 대립된 것으로 보기보다는 서로 보완하고 발전을 꾀하는 요소로 보아야 할 것이다.

고조선의 위치와 영역에 대해서는 남북한의 역사학계가 통일된 견해를 갖는 것이 옳다. 역사는 사실을 복원하는 것이므로 그것이 바르게 연구된다면 같은 결론에 도달해야 하기 때문이다. 학계에 아직도 서로 다른 견해가 있다는 것은 그 연구가 완결되지 못했음을 보여주는 것이다. 필자는 이 공동연구가 고조선의 위치와 영역에 대한 바른 결론에 도달하는 데 한 걸음 다가가는 작업이 되기를 기대한다.

5. 고조선은 도읍을 여러 번 옮길 정도로 영토가 넓었다

고조선의 영토와 관련하여 지나칠 수 없는 문제는 도읍에 관한 것이다. 광복 후 남한과 북한의 학계에서는 고조선의 위치를 다같이 대동강 유역으로 보았기 때문에 당연히 그 도읍지 또는 중심지를 지금의 평양 지역으로 보았다. 이병도는 고조선의 중심세력은 아사달족이었다고 보고 그들이 지금의 평양 지역에 아사달 사회를 형성했을 것으로 보았다.[28] 남한 학계에서는 고조선의 도읍의 위치는 이 견해를 따르면서도 도읍 명칭은 왕검성이라 하였다. 도읍 명칭을 왕검성이라 한 점은 북한 학계도 마찬가지다.

그런데 북한에서는 1960년대부터 고조선의 위치를 만주 지역으로 보게 됨으로써 그 도읍지를 만주의 요하 부근으로 상정하였다가, 1990년 대에 들어 평양 지역에서 단군릉이 발굴되자 다시 평양으로 보게 되었다. 근래에 남한 학계에서는 고조선의 위치와 영역에 대한 여러 견해가 제출되어 있는 상황이므로 그 도읍의 위치도 다시 검토해 볼 필요가 있다.

그런데 여기서 문제로 등장하는 것은 고조선의 도읍 명칭을 남북한 모두 왕검성으로 보고 있다는 점이다. 이 점에서는 견해가 통일되어 있으므로 더 이상 문제가 없는 것처럼 생각하기 쉽다. 그러나 그렇지 않다. 고조선의 도읍이 왕검성이었다는 기록은 어느 사료에서도 찾아볼 수 없다.

기본사료에 따르면, 왕검성은 위만조선의 도읍이었다.[29] 그런데 현재 통용되는 고대사 체계에서는 남한과 북한이 동일하게 위만조선은 고조선(단군조선)을 계승한 것으로 되어 있다. 위만조선이 고조선을 계

---

28) 이병도, 〈檀君說話의 解釋과 阿斯達問題〉, 《韓國古代史硏究》, 박영사, 1981.
29) 《史記》 〈朝鮮列傳〉과 《三國遺事》 '衛滿朝鮮條 참조.

승했다면 고조선의 도읍과 위만조선의 도읍은 같은 곳이라고 생각할 수 있다. 그 결과 위만조선의 도읍 명칭인 왕검성이 고조선의 도읍 명칭으로도 쓰이고 있는 것이다.

그런데 이러한 한국사 체계는 잘못된 것이라는 지적이 오래 전에 제출되었다.[30] 위만조선은 고조선을 계승하지 않았다. 사료에 따르면 기자국(箕子國)·위만조선·한사군은 같은 지역에 있었는데, 그곳은 고조선과 중국의 국경 지대로서 지금의 난하 유역이었다.[31] 따라서 고조선과 위만조선의 도읍은 동일한 곳일 수가 없는 것이다. 고조선의 도읍은 왕검성일 수가 없는 것이다.

《삼국유사》에는 고조선은 처음에 도읍을 아사달(阿斯達)로 정하였다가 평양성(平壤城), 백악산아사달(白岳山阿斯達), 장당경(藏唐京), 아사달 등으로 옮겼다고 기록되어 있다.[32] 그러므로 이들의 위치를 확인할 필요가 있다. 이에 대한 연구는 일찍이 필자가 진행하였는데 필자는 연구 초기에는 아사달, 평양성, 백악산아사달, 장당경, 아사달 등이 모두 만주에 있었던 것으로 보았다.[33] 그러나 연구가 진전되면서 고조선은 만주의 평양성에 도읍하기 전에 지금의 평양에 도읍하고 그곳을 아사달이라 불렀을 것으로 보게 되었다. 이곳은 고조선이 국가 단계에 진입하기 전의 도읍이었으며 고조선의 마지막 도읍인 아사달도 같은 곳

---

30) 윤내현, 〈箕子新考〉·〈위만조선의 재인식〉·〈한사군의 낙랑군과 평양의 낙랑〉, 《韓國古代史研究》, 일지사, 1986a 참조.
31) 윤내현, 〈위만조선과 한사군의 위치〉, 앞의 책, 1994, 358~395쪽.
32) 《三國遺事》 '古朝鮮'條에는 《魏書》에 '단군왕검은 아사달에 도읍하고 나라를 세워 이를 조선이라 했다'고 하였고, 《古記》에는 '평양성에 도읍하고 비로소 조선이라 하였으며 그 후 백악산아사달, 장당경으로 옮겼다가 아사달로 돌아왔다'고 하였다. 그러므로 고조선의 첫 도읍이 《魏書》에는 아사달, 《古記》에는 평양성이었던 것처럼 기록되어 있으나 《古記》에서 마지막 도읍인 아사달을 말하면서 "아사달로 돌아왔다"고 하였으므로 아사달은 그 이전에도 도읍을 했던 곳이어야 한다. 그런데 《古記》가 말한 고조선의 도읍 명칭에는 아사달이 포함되어 있지 않으므로 《古記》가 말한 도읍 명칭에 《魏略》이 말한 아사달을 추가해야 할 것으로 생각한다.
33) 윤내현, 〈古朝鮮의 都邑 遷移考〉, 《韓國古代史新論》, 일지사, 1986b, 81~116쪽.

일 것으로 보게 되었다.[34]

다시 말하면, 고조선은 지금의 평양 지역인 아사달에서 기반을 닦아 그 영토를 확장하면서 만주의 평양성으로 도읍을 옮겼는데 이 시기에 국가 단계의 사회로 진입했다는 것이다. 그 후 도읍을 백악산아사달, 장당경 등으로 옮겼다가 마지막에 다시 초기의 도읍이었던 아사달로 돌아온 것으로 보인다. 그렇다면, 지금의 평양은 고조선이 국가 건설의 기반을 닦은 곳이며 고조선이 붕괴된 곳이기도 한 것이다. 고조선의 도읍 변천은 고조선의 영토와 국력 변화를 알게 해 주는 것으로서 중요한 의미를 갖는다.

고조선의 영토와 도읍 이동을 논하면서 유의해야 할 점은 이것이 사실을 확인하는 작업이라는 것이다. 과거에 있었던 그대로를 복원하는 작업이다. 따라서 그 연구결과가 역사관이나 역사의식 또는 이념에 따라 달라질 수가 없고 달라져서도 안 된다. 흔히 우리 사회에서 논의되는 식민사관이라든가 민족주의사관 또는 사회경제사관 등을 들어 그것을 선입관으로 하여 특정학자의 연구 결과를 논하는 일이 있어서는 안된다. 그 학자가 가진 역사관이나 역사의식 또는 이념과는 상관없이 그 연구 결과가 당시의 사실과 일치하는지 그렇지 않은지를 논하는 것이 올바른 길인 것이다.

---

34) 윤내현, 〈고조선의 중심지 변천〉, 앞의 책, 1994, 331~357쪽.

Ⅲ. 문헌에 나타난 고조선의 영토를 확인한다

1. 《삼국유사》와 《제왕운기》에는 어떻게 기록되어 있나

고조선은 한민족이 세운 최초의 국가인 고대의 조선을 말한다. 바로 단군들이 통치하였던 조선인 것이다. 고조선에 관한 문제 가운데 그간 가장 관심을 끌어 온 것은 고조선은 어디에 있었으며 얼마나 큰 나라였는가 하는 점일 것이다. 그렇기 때문에 이 점은 고조선에 관한 문제 가운데 가장 많이 논의되었던 부분이기도 하다. 그러나 아직까지도 학계에서는 견해의 통일을 보지 못하고 있다. 당시의 영토를 총괄적으로 그리고 구체적으로 언급한 기록이 없기 때문이다.

이러한 어려움은 다른 나라의 역사에서도 마찬가지다. 비교적 충실한 역사 기록을 가지고 있는 중국에서도 하(夏)·상(商)·은(殷)·주(周)와 같은 고대국가의 경우 그 영토에 관한 구체적인 기록이 남아 있지 않다. 그러므로 단편적인 문헌의 기록과 고고학적인 발굴결과를 종합하여 그것을 추정하고 있을 뿐이다.

그러나 유의해야 할 점은, 고조선에 관한 문헌 자료와 고고학 자료가 증가하면서 요즈음은 이전보다 훨씬 더 구체적으로 확인하는 것이 가능해졌으며 앞으로 더욱 그러할 것이다. 그렇기 때문에 자료와 연구가 부족한 상황에서 제출된 지난날의 견해를 근래에 제출된 견해와 같은 위치에 놓고 비교하거나 논하는 것은 잘못이다.

잘 알고 있는 바와 같이, 고조선에 관한 가장 기초가 되는 국내의 문헌은 《삼국유사》 '고조선'조와 《제왕운기》 〈전조선기(前朝鮮紀)〉이다. 이 문헌들은 13세기 무렵에 편찬되었는데 지금까지 남아 있는 국내 문헌 가운데 고조선에 대해 언급한 가장 오랜 문헌이다.

〈지도 1〉 고조선 후기의 강역도

　이 두 문헌에는 고조선의 영토에 대한 자세한 언급은 없다. 그러나
《삼국유사》 '고조선'조에는 고조선이 도읍을 네 번 옮긴 것으로 기록되
어 있다.[35] 고조선이 네 번이나 도읍을 옮겼다면 그 영토는 상당히 넓
었을 것으로 추정할 수 있다.

　《삼국유사》의 저자 일연은, 고조선의 도읍 가운데 평양성에 대해서,

---

35)《三國遺事》 '古朝鮮'條 참조.

그가 살았던 당시의 서경(西京)이라고 주석을 달아 놓았는데,[36] 고려시대의 서경은 지금의 평양이다. 일연은 자신의 주석을 통해 고조선 초기의 중심지를 지금의 대동강 유역으로 보았음을 전하고 있다.

《제왕운기》〈전조선기〉에는, 요동에는 "중국과는 완연히 구별되는 세계가 있으니 그 가운데 사방 천리가 조선"이라는 표현이 있다.[37] 이 표현을 따르면 고조선은 요동 지역에 있었다는 것이 된다. 이것은 일연의 견해와는 다른 것처럼 보인다.

그간 고조선의 위치를 대동강 유역으로 보는 견해와 요동 지역으로 보는 견해가 대립되어 온 것의 기원을 위 두 기록의 차이에서 찾을 수 있다. 그런데 위 두 기록을 대립된 다른 견해로 볼 것이 아니라 종합하는 시각으로 해석한다면, 고조선의 영역은 대동강 유역과 요동 지역을 모두 포괄하고 있었다고 말할 수도 있을 것이다. 이 점을 밝히기 위해서는 다른 자료에 의한 고증이 필요하다.

위의 《제왕운기》 표현은 몇 가지 의문을 갖게 한다. 첫째는 위에서 말한 요동이 지금의 요동과 같은 곳인가 하는 점이고, 둘째는 위의 요동이 지금의 요동처럼 요하 동부 유역만을 말한 것인가 아니면 요하 동쪽의 만주와 한반도를 포괄하여 말한 것인가 하는 점이며, 셋째는 "그 가운데 사방 천리가 조선"이라는 표현이 있는데, 이 표현이 무엇을 뜻하는가 하는 점이다. 고대 중국에서는 천자의 직할지를 사방 천리, 제후의 봉지를 사방 백리라고 표현했는데 위의 사방 천리는 단군의 직할지를 말한 것인지 아니면 고조선 전체의 면적을 말한 것인지가 분명하지 않다. 연구 결과 고조선의 영토 면적이 사방 천리를 훨씬 넘은 것으로 확인된다면, 위의 "사방 천리"라는 표현은 단군의 직할지를 말한 것으로 이해되어야 할 것이다.

---

36) 주 35와 같음.
37) 《帝王韻紀》〈前朝鮮紀〉 참조.

《삼국유사》와 《제왕운기》의 고조선에 관한 기록은 그 위치와 영역을 구체적으로 전하고 있지는 않지만, 적어도 그 위치를 지금의 한반도와 만주 전 지역 또는 그 일부 지역에 관심을 갖도록 만들고 있다. 그런데 역사 지리에 관한 문헌 기록은 그 지명이 고대와 현재가 같지 않은 곳이 많아 고증하는 데 어려움이 크다. 따라서 여러 기록의 도움을 받아야 한다.

2. 고조선의 위치가 표시된 중국의 옛 지도가 있다

《삼국유사》와 《제왕운기》가 편찬된 시기의 중국 문헌에는 고조선의 위치를 비교적 구체적으로 알게 해 주는 지도가 있다. 그것은 중국의 증선지가 지은 《십구사략통고》에 실린 것으로 하버드-옌칭 도서관 희귀본실에 소장되어 있다. 《십팔사략(十八史略)》의 저자로 널리 알려진 증선지는 13세기 송(宋) 말부터 원(元) 초에 걸쳐 활동했으며 당시 중국을 대표하는 역사학자이다. 이 지도에는 조선이 발해의 북쪽 만주에 자리하고 있다. 그리고 진장성(秦長城, 만리장성)이 발해의 서북부에서 끝난 것으로 그려져 있다.

이 지도에도 의문점은 있다. 첫째는 이 지도에 보이는 조선은 근세의 조선이 아닌 것은 분명하지만 고조선(단군조선)인지 기자국인지 위만조선인지가 분명하지 않다는 점이다. 중국인들은 기자국이나 위만조선도 조선이라 불렀기 때문이다. 그러나 그것이 기자국이나 위만조선이라 하더라도 고조선의 위치가 크게 달라지지는 않는다. 기자국이나 위만조선은 고조선 영토의 서부 일부를 차지하고 있었기 때문이다.

둘째는 이 지도에는 한반도에 고려(고구려), 백제, 신라가 표시되어 있어 한반도가 조선에 속해 있었는지 그렇지 않았는지가 분명하지 않다는 점이다. 이 지도는 여러 시대를 한 장에 표시한 것이기 때문에 고

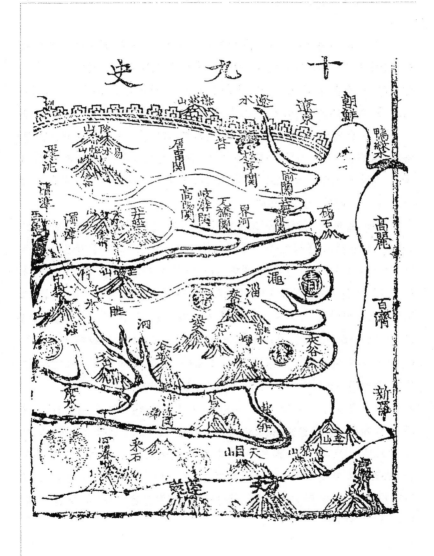

〈지도 2〉 증선지, 《십구사략통고》의 지도

조선시대보다 훨씬 후대의 상황인 삼국의 위치가 함께 그려져 있는 것이다.

셋째는 요수(遼水)의 위치와 방향이 지금의 요하와 일치하지 않는다는 점이다. 지금의 요하는 발해의 동북부에 있는데, 이 지도의 요수는 발해의 서북부에 있다. 이와 더불어 요동도 지금의 요동과 그 위치가 다르다. 이 지도에서 요동은 요수와 함께 발해의 서북부에 놓여 있다.

넷째는 갈석산이 산동성 지역에 자리한 점이다. 지금의 갈석산은 발해의 서북부 난하 하류 동부 유역에 있다. 갈석산은 고조선과 중국의 국경 지역에 있었던 산으로 지리 고증에 중요한 기준이 되기 때문에 이 점도 논란거리가 될 수 있다.

이상에 소개된 사료들은 고조선의 위치와 영역에 관한 중요한 정보를 제공하면서도 불확실한 점을 보여주기도 한다. 그렇기 때문에 아직도 고조선의 위치와 영역에 관해서는 여러 다른 견해가 있는 것이다. 우선 위에 소개한 《삼국유사》 '고조선'조와 《제왕운기》 〈전조선기〉 그리고 《십구사략통고》의 지도 등 세 가지의 기초 사료는 중요성을 지니고 있으면서도 13세기 무렵에 편찬되었으므로 고조선에 관한 사료로는 너무 후대의 것이라는 약점도 지니고 있다. 그렇기 때문에 고조선의 존재를 인정할 수 없다는 주장도 나오고 있는 것이다.

위의 사료들이 지니고 있는 약점과 문제점을 해결하기 위해서는 다른 사료에 의한 보완을 필요로 한다. 다행히도 고조선이 있었던 당시나 그로부터 오래 되지 않은 시기의 중국 문헌에는 단편적이기는 하지만, 고조선에 관한 기록이 적지 않게 남아 있다. 그러한 기록들을 정리하여 종합하면 위의 사료들이 전하지 못한 부분을 상당히 보완할 수 있다.

3. 고조선과 진제국의 국경은 갈석산 지역이었다

앞에서 말한 바와 같이 국내의 기본 사료에서는 고조선의 영역이나 국경에 대한 구체적인 기록을 찾아볼 수 없다. 그러나 다행히도 중국 문헌에서는 고조선이 있었던 당시의 기록이 남아 있어, 부분적이기는 하지만 구체적인 내용을 볼 수 있다. 그것은 대부분 고조선의 서쪽 국경과 관계된 기록인데, 중국인들이 그러한 기록을 남긴 것은 고조선에 관한 정보를 남기기 위해서가 아니라, 자신들의 동쪽 국경이나 동부의 상황을 말하기 위해서였다.

우선 그 내용이 분명한 것부터 살펴보자. 《사기(史記)》〈진시황본기(秦始皇本紀)〉에는 중국이 통일된 직후 진제국(秦帝國)과 고조선의 국경이 어느 곳이었는지에 대해 말한 기록이 보인다. 이것은 진제국의 영역을 말하는 과정에서 언급한 것이다. 중국은 진시황이 처음으로 통일하였으므로 그 전의 어느 시기보다도 이 시기에 가장 넓은 영토를 확보하고 있었다. 그러므로 이보다 앞선 시기에 중국의 국경이 이 시기보다 동쪽에 있었을 리는 없다.

《사기》〈진시황본기〉 26년조에는 중국을 통일한 진나라의 "영토가 동쪽은 바다에 이르고 조선에 미쳤다"[38]고 하였다. 그리고 이어서 진나라가 조선과 국경을 접한 지역을 요동이라 말하고 있다. 이것은 서기전 221년(秦始皇 26년)의 상황을 말한 것인데, 고조선의 서쪽 국경이 요동에 있었음을 뜻한다. 이 시기는 위만조선이 건국되기 전의 고조선시대이다. 고조선과 중국이 이전에도 국경을 접하고 있었다면 그곳은 이보다 동쪽에 있었을 리는 없다.

그런데 이 기록을 잘못 이해하면, 진나라의 국경이 지금의 요동에 있었던 것으로 믿게 된다. 일반적으로 고대의 요동과 지금의 요동을 같은

---

38) 《史記》〈秦始皇本紀〉 26年條.

곳으로 잘못 알고 있기 때문이다. 지금까지도 학자들 가운데는 고대에 한국과 중국의 국경을 지금의 요하 유역이나 압록강 유역으로 생각하고 있는 사람이 있는데 이것은 고대 요동의 위치를 잘못 인식한 것이다. 고대의 요동과 지금의 요동은 같은 곳이 아니었다.

그러한 사실은 여러 기록을 보아 알 수 있지만, 우선 《후한서(後漢書)》〈동이열전(東夷列傳)〉 '고구려'전과 《삼국지(三國志)》〈오환선비동이전(烏丸鮮卑東夷傳)〉 '고구려'전에 "고구려는 요동으로부터 동쪽으로 천리 떨어진 곳에 있다"[39]고 기록되어 있는 것에서 알 수 있다. 다 아는 바와 같이, 고구려는 지금의 요동 지역에 있었다. 그러므로 고대의 요동은 지금의 요동으로부터 서쪽으로 1천리 떨어진 곳에 있었음을 알 수 있다. 고조선과 진나라의 국경은 지금의 요동으로부터 서쪽으로 1천리 떨어진 곳에 있었던 것이다.

그렇다면 구체적으로 고대의 요동은 지금의 어느 곳이었을까? 고조선과 진나라의 국경이 요동에 있었다는 것은 《사기》의 기록에서 확인되므로, 당시의 요동이 어느 곳이었는지를 《사기》의 내용에서 확인하는 것이 바람직하다. 다른 책에서 말하는 요동은 《사기》에서 말하는 요동과 위치가 다를 수 있기 때문이다.

다행히도 《사기》〈진시황본기〉에 당시 요동의 위치를 구체적으로 확인할 수 있는 기록이 보인다. 진시황제가 사망하고 그 뒤를 이은 2세 황제는 신하들을 대동하고 동부 지역을 순행한 일이 있는데, 북쪽으로부터 갈석산을 거쳐 해안을 따라 남쪽으로 내려와 회계산(會稽山)에 이르렀다고 기록되어 있다. 이때 신하들은 진시황제가 만든 각석(刻石)에 자신들의 이름을 기념으로 새겨 놓았다.

순행을 마치고 도읍인 함양(咸陽)에 돌아온 2세 황제는 신하들을 꾸짖어 말하기를, 지금 우리는 시황제가 제정한 국호와 제도를 따르고 있

---

39) 《後漢書》〈東夷列傳〉과 《三國志》〈烏丸鮮卑東夷傳〉의 '高句麗'傳 참조.

으면서 시황제가 만든 각석에 시황제의 이름은 새겨 넣지 않고 자신들의 이름만을 새겨 놓았으니, 오랜 세월이 흐른 다음에 사람들은 시황제의 업적을 후세 황제들이 한 것으로 잘못 알고 시황제의 공덕을 칭송하지 않게 되지 않겠느냐고 하였다. 이에 신하들은 자신들이 한 일에 대해 잘못을 빌고 황제께서 지적한 바를 구체적으로 새겨 넣겠다고 말하고는 2세 황제의 허락을 받아 "요동에 다녀왔다"[40]고 《사기》〈진시황본기〉는 적고 있다. 2세 황제와 신하들이 함께 순행했던 곳 가운데 신하들이 다시 다녀온 곳이 요동이었다고 말하고 있는 것이다.

그러므로 당시의 요동은 다음 조건을 충족해야 한다. 첫째는 그곳이 2세 황제가 순행한 지역에 포함되어 있어야 하고, 둘째는 진시황제의 각석이 있는 곳이어야 하며, 셋째는 그곳은 중국의 동북 지역에 있어야 한다. 요동은 중국의 동북 지역에 있었기 때문이다. 이러한 조건을 충족하는 곳은 갈석산 지역밖에 없다.

4. 고대의 요동은 지금의 난하 유역이었다

기록에 따르면 2세 황제가 순행했던 곳 가운데 갈석산이 가장 북쪽에 있었고 해안을 따라 남쪽으로 내려와 회계산에 이르렀다고 했으므로, 여기서 말한 해안은 대체로 산동성·강소성(江蘇省)·절강성(浙江省)의 해안을 말하는데, 그 지역은 요동으로 불릴 수가 없다. 그리고 회계산은 절강성에 있는데 그곳은 너무 남쪽이어서 요동이 될 수가 없다. 그러므로 신하들이 다시 다녀온 요동은 갈석산 지역일 수밖에 없는 것이다.

여기서 참고해야 할 것은 《사기》에 따르면 진시황제는 순행을 하면

---

40) 《史記》〈秦始皇本紀〉二世皇帝 元年條.

서 그의 정치적 야망을 기록한 각석을 여섯 곳에 만들었는데, 한 곳은 갈석산이고 네 곳은 산동성에 있었으며 나머지 한 곳은 회계산이었다.[41) 신하들은 각석이 있는 곳에 가서 진시황제의 이름을 새겨 넣고 돌아왔으므로 이 여섯 곳 가운데 한 곳을 다녀왔어야 하는데, 앞에서 말한 바와 같이 산동성이나 회계산은 요동일 수가 없다. 따라서 갈석산 지역이 요동일 수밖에 없는 것이다.

그러면 위의 기록에서 말한 갈석산은 어디에 있었을까? 중국의 고대 문헌에는 갈석산이 가끔 등장하는데, 그 기록들에 따르면 갈석산이 여러 곳에 있었던 것처럼 보인다.[42) 앞의 《십구사략통고》의 지도에 갈석산이 산동성에 그려져 있는 것도 하나의 예이다. 그러므로 요동의 갈석산 위치도 《사기》에서 찾는 것이 바람직하다. 다른 책에는 이 갈석산과 다른 갈석산이 소개되어 있을 수 있기 때문이다.

다행히도 《사기》〈효무본기(孝武本紀)〉에 서한(西漢) 무제(武帝)가 태산(泰山)에서 봉선(封禪)을 지낸 기록과 관련하여 갈석산이 등장한다. 무제는 산동성의 태산에서 봉선을 지낸 뒤 그곳에서 해변을 따라 북쪽으로 이동하여 갈석산에 이르고 다시 요서를 거쳐 북쪽의 변경으로 이동한 것으로 기록되어 있다.[43) 이와 동일한 내용이 《한서》〈무제기(武帝紀)〉에도 실려 있다.[44)

이 기록은 갈석산이 산동성보다 북쪽에 자리해 있었음을 알려 준다. 그리고 요서는 요동과 접해 있었으므로 갈석산 지역이 요동이었음을 분명하게 해 준다. 서한 무제시대는 진시대로부터 오래되지 않은 시기이므로 그 사이에 갈석산의 위치가 바뀌었을 리 없다. 이 갈석산의 위치는 난하 하류 동부 유역에 있는 지금의 갈석산 위치와 일치한다.

---

41) 《史記》〈秦始皇本紀〉 참조.
42) 《中國古今地名大辭典》, 商務印書館, 1110~1111쪽.
43) 《史記》〈孝武本紀〉.
44) 《漢書》〈武帝紀〉.

그러므로 난하 하류 유역이 고대의 요동이었음을 알 수 있다. 고대의 요동은 지금의 요동보다 훨씬 서쪽에 있었음이 확인되는 것이다. 《십구사략통고》의 지도에 요동과 요수가 발해의 서북부에 자리한 것으로 표시되어 있는데, 이것은 바로 고대의 요동을 표시한 것으로서 매우 정확함을 알 수 있다.

《사기》〈진시황본기〉 26년조에 진나라와 조선의 국경이 있었던 지역을 요동이라고 했으므로, 고조선과 중국의 국경은 갈석산이 있는 지금의 난하 하류 유역이었음을 알 수 있다. 그리고 《십구사략통고》의 지도에 조선이 발해 북쪽에 위치하여 요동과 접하고 있는 것으로 그려져 있는 것이라든가 《제왕운기》에 조선은 요동 지역에 있었다고 말한 것은 정확한 것임을 알 수 있다. 다만 고조선의 북부와 동부 그리고 남부의 국경이 어느 지역이었는지가 문제로 남는다.

고조선과 중국의 국경이 고대의 요동이었다는 사실을 뒷받침해 주는 기록이 여러 곳에서 발견된다. 《사기》〈몽념열전(蒙恬列傳)〉에는 진시황제가 중국을 통일한 뒤 몽념(蒙恬) 장군을 시켜 진장성(만리장성)을 쌓았는데 임조(臨洮)에서 시작하여 요동에 이르렀으며, 그 길이가 만여 리나 되었다고 하였다.[45] 진장성의 서쪽은 임조에서 시작되어 동쪽은 요동에서 끝났다고 말하고 있는 것이다. 그리고 《진서(晉書)》〈당빈전(唐彬傳)〉에는 당빈이 옛 국경을 개척하여 진장성을 복구했는데 갈석산에 이르렀다고 하였다. 이러한 기록들은 진장성의 끝 부분(시작된 부분)이 요동의 갈석산 지역이었음을 알려 주는 것이다.

갈석산 지역이 요동이었다면 그곳을 흐르는 강은 요하나 요수로 불렸을 것이다. 《십구사략통고》의 지도에는 발해의 서북부에 위치한 요동의 서부에 요수가 있고 진장성이 서쪽으로부터 이를 관통하여 요동에 이른 것으로 되어 있다. 중국 서한시대에 편찬된 《회남자(淮南子)》

---

45) 《史記》〈蒙恬列傳〉.

〈추형훈(墜形訓)〉에는 중국의 6대 강 가운데 하나로 요수를 소개하고, 요수는 갈석산에서 나와 요동의 서남에서 바다로 들어간다고 설명하고 있다.[46] 이 지역에서 갈석산을 끼고 흐르는 큰 강은 난하 밖에 없다. 그러므로 고대의 요수는 지금의 난하였음을 알 수 있다.

5. 만리장성은 갈석산 지역에서 시작되었다

《사기》〈하본기(夏本紀)〉에 인용된 《사기색은(史記索隱)》에는, "《태강지리지(太康地理志)》에 말하기를 낙랑군 수성현(遂城縣)에 갈석산이 있는데 장성(長城, 만리장성)이 시작된 곳"이라고 하였다.[47] 《통전(通典)》〈주군(州郡)〉 '노룡현(盧龍縣)'조에는 "노룡현에 갈석산이 있는데, 《태강지리지》에 말하기를 진장성(만리장성)은 이 갈석산에서 시작되었다"[48]고 기록하고 있다. 《통전》이 편찬된 당(唐)시대의 노룡현은 지금의 난하 하류 유역이었다.[49] 그러므로 진장성이 시작된 갈석산은 난하 하류 유역에 있는 지금의 갈석산이었음을 알 수 있다.

여기서 한 가지 의문이 생긴다. 앞에서 소개한 문헌들에서는 진장성이 갈석산에서 시작되었으며(또는 끝났으며), 그 지역이 요동이었다고 했는데, 《태강지리지》에서는 진장성이 낙랑군의 수성현에서 시작되었다고 한 것이다. 진장성이 시작된 곳이 요동과 낙랑군으로 달리 표현되어 있는 것이다. 낙랑군은 서한이 위만조선을 멸망시키고 설치했던 4개의 군 가운데 하나였으며, 수성현은 낙랑군에 속해 있었던 25개의 현

---

46) 《淮南子》〈墜形訓〉.
47) 《史記》〈夏本紀〉에 주석으로 실린 《史記索隱》.
48) 《通典》〈州郡〉 '盧龍'.
49) 譚其驤 主編, 《中國歷史地圖集》 第5冊－隋·唐·五大十國時期, 地圖出版社, 1982, 48~49쪽.

가운데 하나였다. 낙랑군 지역은 이전에는 위만조선 영토였고 그 이전
에는 고조선 영토였다. 그러므로 위 기록은 진장성이 시작된 갈석산이
원래 고조선 영토에 있었던 것처럼 말하고 있는 것이다. 이 점을 어떻
게 설명해야 할 것인지가 문제이다.

다 아는 바와 같이 진장성은 국경선에 쌓아졌다. 그러므로 진장성이
시작된 지점인 갈석산은 국경에 있었다. 따라서 다음과 같은 사실이 확
인되는 것이다. 즉, 낙랑군 수성현 지역은 원래 고조선의 영토 가운데
맨 서쪽의 국경 지대에 위치해 있었음을 알 수 있다. 이것은 낙랑군이
대동강 유역에 있었다는 주장이 잘못된 것임도 말해 준다. 낙랑군은 지
금의 난하 하류 유역에 있는 갈석산을 서쪽의 경계로 하여 그 동쪽에
있었음을 알 수 있다. 따라서 갈석산은 고조선과 중국의 국경에 있어
그 동쪽은 고조선에 속했고 그 서쪽은 중국에 속해 있었던 것이다.

앞에서 말한 바와 같이 《십구사략통고》의 지도에는 산동성 해변에
갈석산이 그려져 있다. 지금까지의 고찰로 이 갈석산은 고조선과 중국
의 국경에 있었던 갈석산이 아님을 알 수 있다. 중국의 고대 문헌에서
는 갈석산이 여러 곳에 등장하는데, 그 가운데 산동성도 포함되어 있
다.[50] 중국인들이 갈석산의 위치를 잘못 알았던 것인지 실제로 여러 개
의 갈석산이 있었던 것인지 지금은 말하기 어렵다. 그러나 오늘날 갈석
산이라는 명칭을 그대로 지니고 있는 산은 난하 하류 동쪽에 있는 갈석
산뿐이다.

여기서 요동의 개념을 정리할 필요가 있다. 앞에서 잠깐 말한 바와
같이 요동이란 원래 동쪽의 먼 곳이라는 뜻으로 중국인들이 동쪽 국경
지대를 일컫는 말이었다. 그러므로 중국의 동쪽 국경이 이동하면 요동
의 위치도 이동하였다. 오늘날 요동이 고대의 요동보다 동쪽으로 이동
해 있는 것은 지금의 요서 지역에 한사군이 설치되어 중국의 영토가 동

---

50) 주 42와 같음.

쪽으로 지금의 요하까지 확장되었기 때문이다.

이러한 일반적인 의미의 요동과는 달리 행정구역으로서 요동군이 있었다. 요동군은 진시대에 설치되었는데 갈석산을 동쪽 경계로 하여 진 장성의 서쪽에 자리하고 있었다. 요동군은 중국의 행정구역 명칭이므로 중국 영토 안에 있어야 하는 것이다. 그리고 행정구역의 요동은 그 것을 이동하도록 행정구역을 개편하기 전에는 이동이 불가능하므로 일 반적 의미의 요동이 지금의 요하 동부로 이동한 뒤까지도 요동군은 그대로 난하 하류 유역에 있었다. 중국인들은 일반적 의미의 요동과 요동 군을 구별하지 않고 그냥 요동이라 표기하는 경우가 많으므로 지리고 증을 할 때는 이를 구별하는 주의가 필요하다.

지금까지의 고증 결과로 고조선과 중국의 경계는 지금의 난하 유역과 갈석산이었음을 알 수 있다. 이것은 서기전 3세기 진시대의 상황이었다. 그런데 진시대보다 앞선 시기에도 고조선과 중국의 국경이 이보다 동쪽 은 아니었으며 오히려 서쪽에 있었음을 알려 주는 기록들이 보인다.

《염철론(鹽鐵論)》〈험고(險固)〉편에는 "연(燕)나라는 갈석산을 요새로 하여 사곡(邪谷)에 의해 끊기고 요수로 둘러싸였다"[51]는 기록이 있다. 이것은 전국시대의 상황을 말한 것인데, 당시에 연나라는 고조선과 국경을 접하고 있었다. 그러므로 진나라보다 앞선 전국시대에도 고조선과 중 국의 국경은 갈석산과 지금의 난하로 이루어져 있었음을 알 수 있다.

6. 고조선과 중국의 국경은 난하 서쪽에 있기도 했다

《위략(魏略)》[52]에는 전국시대에 연나라 장수 진개(秦開)가 고조선을

---

51) 《鹽鐵論》〈險固〉篇. "燕塞碣石絶邪谷繞援遼."
52) 《三國志》 卷30 〈烏丸鮮卑東夷傳〉 '韓傳'의 주석으로 실린 《魏略》.

침공한 기록이 있다. 고조선은 연(燕)나라와 큰 전쟁을 치르게 된 것이다. 이 전쟁은 고조선의 거수국인 기자국과 연나라의 관계 악화에서 촉발되었다.

《위략》의 내용을 보면, "옛날 기자(箕子)의 후손인 조선후(朝鮮侯)는 주나라가 쇠퇴하자, 연나라가 스스로 높여 왕이라 일컫고 동쪽의 땅을 침략하려고 하므로 조선후 또한 스스로 왕이라 일컫고 군대를 일으켜 거꾸로 연나라를 공격하여 주왕실을 받들려고 하였는데, 그의 대부 예(禮)가 간하므로 중지하였다. 그리고 예를 서쪽에 사신으로 보내어 연나라를 설득하니 연나라도 그것을 중지하고 침공하지 않았다. 그 뒤에 자손들이 점차 교만하고 포학해지니 연나라는 장수 진개를 보내 그 서쪽을 공격하여 2천여 리의 땅을 빼앗고 만번한(滿番汗)에 이르러 경계로 삼았다. 조선은 마침내 약화되었다"[53]고 하였다.

위 기록에서 몇 가지 사실이 확인된다. 전쟁의 시기, 전쟁의 상황, 종전 후의 국경선이다.

첫째, 조·연 전쟁이 일어난 시기는 연나라가 왕호를 사용한 뒤라는 점을 말하고 있다. 그것은 전국시대이다. 주나라 제후국들은 전국시대에 이르러 왕호를 사용하면서 독립국으로 변신하였던 것이다. 《사기》〈조선열전〉에는 "연나라가 전성기로부터 진번(眞番)과 조선[54]을 침략하여 복속시키고 관리를 두기 위해 장새(鄣塞)를 쌓았다"는 기록이 있다. 이것은 진개의 고조선 침략을 말한 것으로 보이는데, 연나라의 전성기는 소왕(昭王, 서기전 312~279년) 때였다. 이로 보아 조·연 전쟁은 서기전 3세기 말 무렵에 일어났음을 알 수 있다.

---

53) 주 52와 같음.
54) 여기에 나오는 조선은 진번과 대등하게 기록된 것으로 보아 고조선 전체를 말하는 국명이 아니라 단군조선 서쪽에 있었던 지명으로 보아야 한다. 중국인들은 단군조선 (고조선) 전체를 조선이라 부르기도 했지만 뒤에 낙랑군 조선현이 된 곳을 조선이라 부르기도 했다. 이곳은 기자가 망명하여 정착했던 곳이기도 하다.

둘째, 고조선은 연나라에 2천여 리의 땅을 빼앗겼으며 이 전쟁으로 조선은 약화된 것처럼 기록되어 있다. 《사기》〈조선열전〉에서는 연나라는 이 전쟁으로 진번과 조선을 복속시켰다고 하였다. 일부 학자들은 이러한 내용을 바탕으로 고조선은 서부 영토가 크게 줄어들었을 것으로 보고 있다. 이에 따라 고조선 말기 중국과의 국경은 청천강 유역이 되었을 것으로 보기도 한다. 이러한 견해가 옳다면, 이후 고조선 영토에서 건국된 위만조선과 위만조선이 망하고 그 지역에 설치된 한사군은 한반도에 있었다는 주장이 가능해진다.

그러나 그러한 생각은 잘못된 것이다. 여기서 유의해야 할 것은 조·연전쟁이 끝난 뒤 고조선과 연나라의 국경은 만번한이 되었다고 기록하고 있다는 점이다. 만번한은 서한시대에 요동군에 속한 행정구역인 문현(文縣)과 번한현(番汗縣)을 합해서 부른 지명이라는 데 학자들 사이에 이견이 없다. 고대에 만(滿)과 문(文)은 음이 동일했을 것으로 학자들은 보고 있다. 당시의 요동군은 가장 동쪽에 있었던 서한의 행정구역으로 지금의 난하 하류 서부 유역에 있었다.[55] 따라서 조·연전쟁 뒤 고조선과 연나라의 국경은 난하 하류 서부유역이었음을 알 수 있다.

조·연 전쟁 이전 두 나라의 국경은 난하였으므로 이러한 사실은 고조선이 빼앗겼던 2천여 리의 땅을 다시 찾았을 뿐만 아니라 오히려 연나라의 동부를 차지했음을 말해 준다. 《사기》〈조선열전〉에는 위만조선이 영토를 확장하는 과정에서 임둔과 진번을 복속시켰다는 기록이 있는데, 앞에서 확인된 바와 같이 진번은 이보다 앞서 연나라가 차지했던 것으로 되어 있다.

위만조선은 고조선의 서부 변경에 있었던 거수국(기자국) 준왕의 정권을 빼앗아 건국되었으므로, 이전에 연나라가 고조선으로부터 빼앗은

---

[55] 만번한이 지금의 난하 유역에 있었음은 여러 기록에서 확인된다(윤내현, 〈古朝鮮의 位置와 疆域〉, 앞의 책, 1986b, 60~61쪽).

진번 지역을 그대로 차지하고 있었다면, 위만조선이 영토의 확장 과정에서 그곳을 다시 복속시킬 필요가 없는 것이다. 이것은 고조선이 연나라에게 빼앗겼던 땅을 이미 수복했음을 알려 주는 것이다. 뿐만 아니라 만번한은 난하 서쪽에 있었던 지명이므로, 진개 침략 후 고조선과 연나라의 국경은 이전보다 중국 지역으로 이동하여 난하 서쪽에 있었음을 알 수 있다.

《염철론(鹽鐵論)》〈비호(備胡)〉편에는 "옛날 4이(四夷)가 모두 강했던 시기에 조선은 요(徼, 국경 요새)를 넘어 연나라의 동부 땅을 차지했다"는 기록이 있다. 《사기》〈조선열전〉에는 연나라가 고조선을 친 뒤 요새(장새)를 설치한 것으로 되어 있는데, 위의 〈비호〉편은 고조선이 이 요새를 넘어 연나라의 동부를 빼앗았다고 말하고 있는 것이다. 이것은 고조선이 요동에 있던 국경 요새를 넘어 연나라의 동부 영토를 차지했음을 알려 주는 것으로, 고조선과 연나라의 국경이 난하 서쪽에 있었음을 일러 주는 위의 기록들과 일치한다.

이상을 종합해 보건데, 고조선은 예상하지 못했던 연나라 진개의 침략으로 2천여 리를 후퇴하는 등 국가적으로 막대한 손실을 입었다. 그러나 국력을 가다듬은 고조선은 반격을 가하여 결국에는 연나라의 동부 땅을 빼앗음으로써 침략을 응징하였던 것으로 보인다. 당시 연나라는 춘추전국시대 전쟁의 소용돌이에서 실전 경험을 많이 쌓았고 새로운 전략과 전술 그리고 무기 등도 많이 개발되어 있었다. 이러한 연나라를 응징했다는 것은 고조선의 국력이 매우 강했음을 말해 주는 것이기도 하다.

《상서대전(尙書大傳)》〈은전(殷傳)〉과 《사기》〈송미자세가(宋微子世家)〉에는 서주(西周) 초(서기전 1100년 무렵)에 기자가 조선으로 망명했다는 기록이 있다.[56] 이것은 고조선이 서기전 1100년 이전부터 존

---

56) 《尙書大傳》〈殷傳〉 '鴻範'條 ; 《史記》〈宋微子世家〉.

재했음을 말해 주는 것인데, 《한서(漢書)》〈지리지〉와 《진서(晉書)》
〈지리지〉에는 후대의 낙랑군 조선현이 바로 옛날에 기자가 망명해 살
았던 곳이라고 기록되어 있다.[57]

앞에서 말한 바와 같이, 낙랑군의 수성현은 갈석산 지역에 있었다.
조선현은 수성현과 함께 낙랑군에 속해 있었으므로, 기자가 망명해 살
았던 곳은 갈석산에서 멀지 않은 곳이었음을 알 수 있다. 이러한 사실
은 고조선과 중국의 경계가 서기전 1100년 무렵에도 난하와 갈석산 지
역이었으며, 기자가 망명한 곳은 고조선의 서부 변경으로 지금의 난하
유역이었음을 뜻한다.

《대명일통지(大明一統志)》에는 "조선성이 영평부 경내에 있는데 기
자가 봉해졌던 곳으로 전해 온다"고 기록되어 있다. 명시대 영평부는
난하 유역이었다. 이 기록은 위의 사실을 뒷받침해 준다.[58]

《사기》〈조선열전〉에는 위만조선이 건국되기 이전의 중국 동쪽 국
경에 대해, "한(漢, 西漢)나라가 일어났으나 그것이(국경이) 멀어서 지
키기 어려우므로 요동(遼東)의 옛 요새[故塞]를 다시 수리하여 사용하
였다"[59]고 기록되어 있다. 서한은 진제국의 영토를 그대로 물려받았는
데 동쪽의 국경이 멀어서 지키기 어려워 요동의 옛 요새를 다시 수리하
여 사용했다는 것이다. 그러므로 요동의 옛 요새는 당시의 국경보다 서
한 쪽에 있었음을 알 수 있다. 따라서 이 내용은 진한시대 이전에 고조
선과 중국의 국경이 난하 유역보다 훨씬 서쪽에 위치한 적이 있으며,
서한 초에도 그 지역으로 국경을 옮겼음을 알게 해 준다.

결론을 말하면, 고조선과 중국의 국경은 대체로 난하와 갈석산으로
형성되어 있었는데, 때로는 그보다 중국 쪽으로 들어가 있기도 했던 것
이다. 그러나 그 뒤 서기전 190년대에 난하 유역에서 위만조선이 건국

---

57) 《漢書》〈地理志〉〈樂浪郡〉'朝鮮';《晉書》〈地理志〉〈樂浪郡〉'朝鮮'.
58) 《大明一統志》〈永平府〉'古蹟條'.
59) 《史記》〈朝鮮列傳〉.

되어 그 영토를 지금의 대릉하 유역까지 확장함에 따라, 고조선의 서쪽 국경은 대릉하 유역이 되었고, 서기전 107년에 한사군이 설치되어 그 영역이 난하로부터 지금의 요하에 이르게 되자, 요하가 고조선의 서쪽 국경을 이루게 되었다.

7. 고조선의 북쪽 국경은 얼구나하와 흑룡강이었다

고조선의 서쪽 국경이 지금의 난하와 갈석산이었다면, 북부와 동북부 국경은 어디였을까? 중국의 고대 문헌에서는 그들의 동쪽 국경에 관하여 말하는 과정에서 고조선과의 경계에 대해 언급하였다. 그러나 고조선의 북부나 동북부는 그들과 직접 관계가 없다. 따라서 이 지역의 경계에 대해서는 구체적 언급이 없다. 그러나 다른 여러 내용으로 보아 그 영역을 추정해 볼 수 있다.

《후한서》〈동이열전〉 '예전(濊傳)'에는 "예와 옥저(沃沮), 고구려는 본래 모두 조선의 땅이었다"[60]고 기록되어 있다. 《후한서》〈동이열전〉은 중국의 동한(東漢)시대(서기 23∼220년)에 그들의 동쪽 지역 즉 요하 동쪽의 만주와 한반도, 연해주, 왜 열도 등에 있었던 여러 나라에 관한 기록이다. 그러므로 고조선이 붕괴된 뒤의 상황인 것이다. 당시에 예는 지금의 함경남도 일부와 강원도 지역을, 옥저는 함경남도와 함경북도를, 고구려는 평안북도와 중국의 길림성 남부 그리고 요령성 동부를 차지하고 있었다. 이 지역이 모두 고조선의 땅이었다는 것이다.

이것은 예에 대해 설명하면서 예 지역이 이전에는 고조선에 속해 있었다는 사실을 말하는 과정에서, 그 이웃에 있었던 나라인 옥저와 고구려를 함께 말한 것이다. 그러므로 고조선의 영역을 이 지역으로 국한해

---

60) 《後漢書》〈東夷列傳〉 '濊傳'.

보아서는 안 된다. 고조선의 영역을 이 지역으로 국한한다면, 고조선의 서쪽 국경이 난하 유역으로 확인된 것까지도 부인해야 하는데, 그것은 객관적인 기록에 따라 확인된 것이므로 부인할 수가 없는 것이다.

당시에 고구려와 옥저의 북쪽에는 부여가 있었다. 이 부여는 동부여를 말하는데, 동부여는 대략 지금의 내몽고자치구(內蒙古自治區) 동부, 길림성 북부, 흑룡강성(黑龍江省) 전부를 차지하였던 것으로 추정된다. 이 지역은 고조선의 영토에 포함되었을까. 이 점을 분명하게 밝혀 주는 기록은 보이지 않는다.

그러나 《제왕운기》 〈한사군급열국기(漢四郡及列國紀)〉에는 한(韓, 삼한)과 부여(扶餘)를 포함한 비류(沸流), 시라(尸羅, 신라), 고구려(高句麗), 남옥저(南沃沮), 북옥저(北沃沮), 예(穢, 濊), 맥(貊) 등 여러 나라는 고조선의 단군을 계승한 나라였다고 밝히고 있다.61) 단군을 계승했다는 것이 혈통만을 이었다는 뜻인지 영토도 계승했다는 것인지는 분명하지 않지만, 이 지역들이 고조선의 영토였을 가능성을 일러 주는 것이다.

《후한서》 〈동이열전〉과 《삼국지》 〈오환선비동이전〉에 따르면, 부여는 고구려를 비롯한 한반도의 여러 나라들과 동일한 풍속을 가지고 있었다. 예컨대 부여와 고구려, 동예, 한(삼한) 등에서는 나라에 제천의식이 있을 때에는 온 나라 사람들이 모여 연일 술을 마시고 음식을 먹으며 노래하고 춤을 추었는데 이를 부여에서는 영고, 고구려에서는 동맹, 동예에서는 무천, 한에서는 5월제와 10월제라 하였다.62) 부여는 언어와 법칙 등 여러 가지 일들이 고구려와 대부분 동일하였으나 기질이나 옷에서는 약간 다른 점이 있었다. 그리고 고구려 사람들은 부여의 별종이라고 생각하였다.63) 기질이나 옷에 다른 점이 있었던 것은 기후를 비롯

---

61) 《帝王韻紀》 〈漢四郡及列國紀〉 참조.
62) 《後漢書》 〈東夷列傳〉 ; 《三國志》 〈烏丸鮮卑東夷傳〉의 '夫餘傳', '高句麗傳', '濊傳', '韓傳'.

한 자연환경과 관계가 있었을 것으로 생각된다.

종교와 언어 그리고 풍속까지 같아지려면 같은 나라 안에서 오랜 기간 함께 생활하면서 깊은 문화적 교류를 갖지 않으면 안 된다. 부여와 고구려 등 여러 나라가 독립국이 되기 이전 이 지역들을 모두 아우를 수 있었던 나라는 고조선밖에 없었다. 이런 점으로 미루어 보아, 부여 지역도 고조선의 영토에 포함되었을 것으로 생각된다. 고구려 사람들이 스스로 부여의 별종이라고 생각했다는 것은 그것을 더욱 강하게 뒷받침해 준다. 그러므로 고조선의 북부 국경은 오늘날 중국과 몽골의 국경을 이루고 있는 얼구나하(額爾古納河)로, 동북부 국경은 중국과 러시아의 국경을 이루고 있는 흑룡강으로 잡을 수 있을 것이다.

여기서 참고로 알아야 할 것은 내몽고자치구 동부와 길림성 북부 그리고 흑룡강성 북부 지역은 높은 산악지대라서 사람이 살기에 적합하지 않다. 예나 지금이나 대개 국경은 강으로 형성되기 때문에 얼구나하와 흑룡강을 고조선의 북부와 동북부 국경으로 잡았지만, 당시에 북부와 동북부 국경 지대에는 사람이 많이 살지 않았을 것이다.

국경은 반대편에 강한 정치집단이 있을 경우 형성되는 것이다. 고조선시대에 얼구나하나 흑룡강 너머에는 강한 정치집단이나 국가가 존재하지 않았다. 그러므로 고조선은 더 멀리 진출하는 것이 가능했을 것이다. 그러나 그 지역은 자연환경이 열악하여 정치적으로나 경제적으로 별로 이익이 되지 않았기 때문에 진출할 필요를 느끼지 않았을 것이다.

8. 고조선의 남쪽 국경은 한반도 남부 해안선이었다

이제 남쪽 국경을 확인해 보자. 《고려사》〈지리지〉에는 강화도의

---

63) 《後漢書》〈東夷列傳〉; 《三國志》〈烏丸鮮卑東夷傳〉'高句驪傳'.

"마리산(지금의 마니산) 산마루에는 참성단이 있는데, 세간에 전하기를 단군이 하늘에 제사지내던 단이라 한다"[64]고 하였고, 강화도의 "정족산은 삼랑성이라고도 하는 바 세간에 전하기를 단군이 세 아들을 시켜 이 성을 쌓게 하였다"[65]고 기록되어 있다. 이 유적들에는 지금까지도 그러한 전설이 함께 전해지고 있다. 이 전설은 《고려사》에 수록된 것으로 보아 고려시대 이전부터 전해 왔던 것으로 생각된다. 이러한 《고려사》의 기록과 세간의 전설을 믿는다면 경기도 지역은 고조선의 영토였다는 것이 된다.

《삼국사기》〈신라본기〉'시조 혁거세거서간(始祖 赫居世居西干)'조에는 신라의 건국에 대해 예전에 조선의 유민(遺民)들이 산골 사이에 나뉘어 살아 여섯 마을을 만들었는데 이들이 진한 6부로 되었다가 신라 건국의 중심세력이 되었다고 설명하고 있다.[66] 고조선이 붕괴된 뒤 그 남겨진 백성들이 진한의 6부를 형성했다가 신라를 건국한 중심세력이 되었다는 것이다.

이 기록에 따라 지난날 일부 학자들은 신라 건국의 중심세력은 북쪽에서 이주해 온 사람들이었을 것으로 보았다. 고조선은 대동강 유역에 있었다고 생각했기 때문이다. 그러나 《삼국사기》에는 '남겨진 백성[遺民]'이라 표현되어 있으며 '흘러들어 온 백성[流民]'이라고 표현되어 있지 않다. 신라를 건국한 사람들은 고조선이 붕괴된 뒤 남겨진 백성이었지 이주해 온 백성이 아니었던 것이다. 뿐만 아니라 고조선의 영역이 남쪽으로 어느 지역까지였는지 아직 확인되지 않은 상황에서 그 위치를 대동강 유역으로 확정하고 그곳에서 이주해 온 사람들일 것으로 속단하는 것은 잘못이었다.

이들은 일찍이 진한의 6부였다가 신라 건국의 중심세력이 되었다. 진

---

64) 《高麗史》〈地理志〉 ― '江華縣'條.
65) 주 64와 같음.
66) 《三國史記》〈新羅本紀〉'始祖 赫居世居西干'條.

한은 신라가 건국되기 전 한(韓, 삼한)시대의 그 지역 명칭이다. 이로 보아 이들은 그 지역에 강한 기반을 가지고 오래 전부터 살고 있던 세력이었음을 알 수 있다. 이들을 남은 백성이라 표현한 것이라든가, 그 지역에 강한 기반을 가지고 있었던 사람들로 추정되는 점 등으로 미루어 보아, 이들은 그 지역에서 오래 전부터 살았던 토착세력이었다고 보는 것이 옳을 것이다. 이렇게 보면 신라가 건국되었던 지금의 경주 지역은 고조선의 영토였다고 보아야 할 것이다.

앞에서 말한 바와 같이 《후한서》〈동이열전〉과 《삼국지》〈오환선비동이전〉에는 부여의 영고, 고구려의 동맹, 동예의 무천과 같이 한에도 5월제와 10월제라는 제천의식이 있었다고 기록되어 있다. 그 기간에 이루어지는 의식이나 풍속도 거의 같았다고 한다. 이러한 종교적 풍속의 동일성은 오랜 기간 같은 나라 안에서 함께 생활하면서 문화적 교류가 있고 이를 공유해야만 형성되는 것이다.

그리고 한에는 모든 국읍(國邑)에 하느님에 대한 제사를 주관하는 천군(天君)이 한 사람씩 있었고, 국(國)들에는 별읍(別邑)이 있어서, 그곳에 소도(蘇塗)라는 종교적 성지를 만들어 큰 나무를 세우고 방울과 북을 매달아 놓고 귀신을 섬겼다고 하였다.[67) 이것은 고조선의 종교를 계승한 것이다. 단군신화에 따르면, 고조선에는 신시(神市)라는 종교적 성지가 있었는데 그곳에는 신단(神壇)과 신단수(神壇樹)가 있었다. 소도는 이를 계승한 것으로 보인다. 고조선에는 하느님을 섬기는 단군이 있었는데, 한에는 천군이 있었다. 고조선에서는 단군이 종교와 정치를 모두 관장하였는데, 한에서는 종교를 담당하는 천군이 정치로부터 분리되어 있었다는 점이 다를 뿐이다. 이는 사회가 발전하면서 일어나는 정치와 종교의 분화현상이었다고 보아야 할 것이다.

위의 여러 가지 사실과 전설들은 한(韓) 지역도 고조선의 영토에 포

---

67) 《三國志》〈烏丸鮮卑東夷傳〉〈韓傳〉.

함되어 있었음을 말해 주는 것이라고 보아야 한다. 한은 한반도 남부에서 남쪽 해안선까지 차지하고 있었다. 앞에서 말한 바와 같이 《제왕운기》〈한사군급열국기〉에는 한(삼한)을 포함한 여러 나라가 고조선의 단군을 계승했다고 하였는데, 위에서 살펴본 여러 가지 정황들로 미루어 보아, 그것은 그 영토까지를 포괄한 의미였다. 이렇게 본다면 고조선의 남쪽 국경은 한반도 남부 해안선으로 잡아야 할 것이다.

9. 고조선의 영토는 한반도와 만주 전 지역이었다

지금까지 필자는 국내와 중국의 고대 문헌을 바탕으로 고조선의 영토를 확인하였다. 그 결과 다음과 같은 결론에 이르렀다.

고조선의 서쪽 국경은 서기전 12세기 이전부터 대부분의 기간 동안 지금의 난하와 갈석산으로 형성되어 있었는데, 전국시대와 서한 초기에는 이보다 서쪽에 있기도 했다. 고대에는 지금의 난하와 갈석산 지역이 요동이었다. 따라서 고조선과 중국의 국경은 고대의 요동 지역이었던 것이다. 그런데 지금까지 많은 학자들은 고대의 요동을 지금의 요동과 같은 곳으로 잘못 알고 고조선의 지리 고증에 오류를 범하였다. 그러므로 고조선의 서쪽 국경의 위치와 함께 반드시 알아두어야 할 것은 고대에는 지금의 난하가 요수였으며, 그 하류 유역이 요동이었다는 점이다.

요동은 원래 동쪽의 멀리 떨어져 있는 땅이라는 일반적인 의미로 사용되었으나 진(秦)·한(漢)시대에 이르러 요동군이라는 행정구역이 설치됨으로써 일반적인 의미의 요동과 행정구역 명칭으로서의 요동군이 공존하게 되었다. 일반 의미의 요동은 국경이 이동하면 이를 따라 자연히 이동을 하였지만, 행정구역 명칭으로서의 요동군은 행정구역 개편에 따라 다른 곳으로 이동시키기 전에는 계속 그 자리에 있을 수밖에 없었다.

진·한시대에 행정구역으로서의 요동군은 지금의 난하 하류 유역에 있었는데, 당시에는 일반 의미의 요동과 요동군이 같은 지역에 연접해 있었다. 그 뒤 일반 의미의 요동과 요하(요수)가 지금의 요동과 요하로 이동한 후에도, 요동군은 여전히 난하 하류 유역에 있었다. 일반적 의미의 요동과 행정구역인 요동군은 서로 멀리 떨어진 곳에 있게 되었던 것이다. 중국인들은 일반 의미의 요동과 요동군을 모두 요동이라고만 기록한 경우가 많으므로 지리 고증을 할 경우 이를 조심해야 한다.

고조선의 북쪽 국경은 지금의 얼구나하, 동북쪽 국경은 지금의 흑룡 강으로 잡을 수 있을 것 같다. 고조선이 붕괴되고 그 뒤를 이은 여러 나라 가운데 가장 북쪽에 자리 잡은 부여(동부여)가 위의 강들을 북쪽과 동북쪽 경계로 삼고 있었다. 그 남쪽에 고구려와 동옥저가 있었으며 동옥저 남쪽에 동예가 있었는데 고구려와 동옥저, 동예는 모두 고조선의 영토였다고 《후한서》〈동이열전〉에 기록되어 있다. 그런데 부여는 이 나라들과 종교와 언어, 풍속이 같았다. 그리고 《제왕운기》에는 부여가 단군을 계승한 나라였다고 기록되어 있다. 이러한 점 등으로 미루어 보아 부여가 있었던 지역까지를 고조선의 영토에 포함시켜야 할 것으로 생각한다.

고조선의 남쪽 국경은 한반도 남부의 해안선으로 잡아야 할 것 같다. 《고려사》〈지리지〉에 따르면 지금의 강화도 마니산에 있는 참성단은 고조선의 단군이 하늘에 제사를 지내던 곳이며, 정족산의 삼랑성은 단군의 세 아들이 쌓은 것이라고 고대부터 전해 왔다. 그러므로 이 지역은 고조선의 영토였다고 보아야 할 것이다.

《삼국사기》〈신라본기〉에 따르면 신라를 건국한 사람들은 '고조선의 남겨진 백성'으로서 그 지역에서 오래 전부터 자리를 잡고 살았던 토착세력이었다. 그렇다면 신라가 건국된 지금의 경주 지역도 고조선의 영토였다고 보아야 할 것이다. 종래에는 신라 건국의 중심세력은 북쪽에서 내려온 사람들이었을 것으로 보았다. 고조선은 대동강 유역에 있었다는 선입관이 작용하여 '고조선의 남겨진 백성'을 대동강 유역에서 이주해 온 사람들이라고 생각했던 것이다. 그러나 그러한 선입관을 가지고 사료를 해석하는 것은 잘못이다.

《후한서》〈동이열전〉과《삼국지》〈오환선비동이전〉에 따르면, 한(삼한)은 부여·고구려·예 등 북쪽의 여러 나라와 종교를 비롯한 풍속이 거의 같았고 고조선의 종교체계를 그대로 계승하고 있었다. 이와 같이 종교와 풍속 등이 같게 되려면 오랜 기간 같은 나라 안에서 깊은 문화교류를 가지면서 이를 공유하고 함께 생활하지 않으면 안 된다. 한반도와 만주에 여러 나라가 있기 이전에 이 지역들을 모두 아우를 수 있는 나라는 고조선밖에 없었다. 그러므로 한반도 남부도 고조선의 영토에 포함시켜야 할 것이다. 《제왕운기》에 삼한과 부여를 비롯한 한반도와 만주에 있었던 여러 나라는 단군의 후손들이라고 하였는데, 이것은 영토를 포함한 의미였음을 알 수 있는 것이다.

결론을 말하면, 대부분의 경우 고조선의 서쪽 국경은 지금의 난하와 갈석산, 북쪽은 얼구나하, 동북쪽은 흑룡강, 남쪽은 한반도 남부 해안선으로 형성되어 있었으나 때로는 서쪽은 난하 너머까지, 동북쪽은 연해주까지를 그 영토로 삼기도 하였다. 고조선은 지금의 한반도와 만주 전 지역을 그 영토로 하고 있었던 큰 나라였던 것이다. 그러나 그 말기인 서기전 190년대에 난하 하류 유역에서 위만조선이 건국되어 그 영토를 대릉하 유역까지 확장함에 따라, 고조선의 서쪽 국경은 대릉하 유역이 되었고, 그 뒤 서기전 107년 지금의 난하와 요하 사이에 한사군이 설치되면서 지금의 요하가 고조선의 서쪽 국경이 되기에 이르렀다.

Ⅳ. 고고학 자료에는 고조선의 강역이 어떻게 나타나는가

1. 고조선의 강역은 지배층의 문화 분포를 기준 삼아야 한다.

고고학 자료로 고조선의 영역을 밝히는 데는 다음 세 가지 점을 유의해야 할 것이다.

첫째는 유적과 유물을 검토할 때 그 유적이나 유물이 고조선 문화의 상부구조를 형성했는가 아니면 하부구조를 형성했는가를 먼저 파악해야 할 것이다. 지배계층의 것인가 아니면 피지배계층의 것인가를 생각해 보아야 하는 것이다.

둘째는 그 유적이나 유물이 어느 곳에서나 또는 누구나 쉽게 만들수 있는 것인가, 아니면 특정한 지역 또는 특수한 계층의 사람들만 제작이 가능한 것인가를 생각해 보아야 한다. 그것을 만드는 데 필요했던 권력·재력·기술 등을 종합적으로 검토해야 할 것이다.

셋째는 현재 이용이 가능한 고고학 자료는 당시의 문화 가운데 지극히 적은 일부라는 점을 잊지 말아야 한다. 앞으로 이미 발견된 것들과 동일한 성격 또는 전혀 새로운 성격의 유적과 유물이 많이 발견될 수 있기 때문이다.

고조선의 영역을 고증하는 데서는 고조선문화의 상부구조를 형성했던 유적과 유물이 하부구조를 형성했던 것보다 중요성을 갖는다. 왜냐하면 그것들은 고조선의 지배계층 문화이기 때문에 그러한 유적이나 유물이 발견되는 지역은 고조선의 지배계층이 활동했던 지역으로서 고조선의 강역에 포함되는 것이다.

그 유적과 유물이 특정한 사람들만 제작하였을 경우에는 그 의미가 더욱더 커진다. 청동기가 그 대표적인 것이 될 것이다. 반면에 피지배계층의 하부문화 유적이나 유물로서 어느 곳에서나 또는 누구나 쉽게 만들 수 있는 것들은 강역을 밝히는 자료로 이용하는 데 조심할 필요가 있다. 왜냐하면 그것들은 고조선의 것이라 할지라도 지역에 따라 그 특징에 상당한 차이를 보이기 때문이다. 질그릇이 그 대표적인 것이다. 이러한 구분이나 생각 없이 모든 유적과 유물을 동등하게 다루었을 경우 사실과 전혀 다른 결론에 도달할 위험이 있다.

위에 언급한 점들을 염두에 두고, 고조선문화의 상부구조를 형성했던 대표적인 유물과 유적을 들면 청동기와 돌무지무덤·돌상자무덤·돌곽무덤·고인돌무덤 등이 있다. 청동기시대에 청동기는 지배계층의 독점물이었는데 고조선은 청동기시대였다. 청동기 제작에는 막대한 재력과 특수한 기술이 필요했고 원료를 구하는 것도 쉽지 않았기 때문에 아무나 쉽게 만들 수 있었던 것이 아니다. 청동기는 주로 무기와 예기(禮器)였는데, 그것들은 모두 통치와 권위를 뒷받침하는 도구였다. 무기는 통치에 필요한 무력으로 사용되었으며, 예기는 고대사회를 지배한 종교의식의 도구였던 것이다. 이러한 청동기를 독점함으로써 지배계층은 그들의 권위를 유지할 수 있었던 것이다.

돌무지무덤·돌상자무덤·돌널무덤·고인돌무덤 등은 청동기처럼 특수한 기술을 필요로 하지는 않았지만, 그것을 만드는 데는 많은 사람을 동원할 수 있는 권력과 재력을 필요로 했기 때문에 지배계층의 유적일 수밖에 없다. 이상의 지배계층의 유물과 유적 가운데 가장 특징이 잘 나타나는 것은 역시 제작에 특수한 기술을 필요로 했던 청동기일 것이다.

따라서 같은 성격의 청동기가 출토되는 지역은 같은 통치 집단이 지배했던 영역에 속하는 것으로 고고학자들은 보고 있다. 예를 들면 중국의 경우 상(商)문화에 속하는 청동기가 출토되는 지역은 상나라의 강역으로 보는 것이다.[68] 그러나 질그릇만을 기준으로 하여 상나라의 강역

---

68) 張光直 지음, 윤내현 옮김, 《商文明》, 민음사, 1989, 366~404쪽.

을 말하지는 않는다. 왜냐하면 같은 상나라의 강역 안에서도 질그릇은 지역에 따라 다른 특징을 보이기 때문이다.

그러므로 고조선의 강역을 밝히자면, 먼저 고조선문화에 속하는 청동기의 출토범위를 확인하는 것이 순서일 것이다. 근래 고고학의 발굴 결과에 따르면, 고조선은 초기부터 청동기시대였다. 북경 근처에 있는 난하를 경계로 하여 그 동쪽에는 황하 유역의 초기 청동기문화인 이리두문화(二里頭文化)나 상문화(商文化)와는 다른 청동기문화인 '하가점 하층문화(夏家店下層文化)'가 있는데, 방사성탄소측정에 따라 서기전 2410년 무렵의 문화로 확인되었다.69) 실제로 이 문화가 시작된 연대는 이보다 앞설 것이다.70) 이 문화 유적은 지금까지의 조사결과로는 요령성과 길림성 지역에 널리 분포되어 있는 것으로 알려져 있다.71) 이 문화가 고조선의 영토 범위에 들어오는 것은 분명하지만, 그 문화의 전체적 분포 범위를 말하기는 아직 발굴 자료가 충분하지 못하다. 따라서 이를 근거로 하여 고조선의 강역을 논하는 것은 아직 불가능하다.

2. 비파형동검의 분포는 고조선 강역을 밝히는 기준이 된다

서기전 16~14세기 무렵부터 나타난 비파형동검은 그 동안 여러 지역에서 꽤 많은 유물이 출토되어 그 성격과 분포 범위를 논하는 것이

---

69) 張光直 지음, 윤내현 옮김, 위의 책, 1989, 372~373쪽 ; 中國社會科學院考古硏究所, 《新中國的考古發現和硏究》, 文物出版社, 1984, 339~342쪽.

70) 중국학자들 가운데는 夏家店下層文化의 연대를 서기전 2000년 무렵으로 낮추어 잡는 사람이 있다. 황하 유역의 청동기문화 개시 연대가 서기전 2200년 무렵이므로 그 것보다 늦게 잡은 것이다. 그들은 만주 지역의 청동기문화가 황하 유역보다 앞선다는 사실을 인정하기 싫은 것이다.

71) 文物編輯委員會, 《文物考古工作三十年》, 文物出版社, 1979, 87쪽 ; 遼寧省文物普査訓練班, 〈1979年朝陽地區文物普査發掘的主要收獲〉, 《遼寧文物》 1989年 1期 참조.

가능하다.72) 고조선의 건국 연대를 서기전 2333년으로 본다면 이 문화의 개시 연대인 서기전 16~14세기는 고조선의 중기에 해당한다. 따라서 비파형동검의 분포 지역을 기준으로 하여 확인된 고조선의 강역은 그 중기 이후의 강역이 되는 것이다. 그런데 청동기시대의 무기 가운데 청동단검은 매우 중요한 위치를 차지한다. 그것은 당시 싸움터의 육박전에서 사용되었던 주된 무기였으며 통치권력의 상징이기도 하였다.

이러한 중요한 의미를 갖는 청동단검은 그것을 사용했던 정치세력에 따라 저마다 다른 특징이 있는데, 한반도와 만주 지역에서는 비파형동검을 사용했던 것이다. 비파형동검은 지역이나 시기에 따라 그 모양이 어느 정도 다르기는 하지만 공통된 특징은 검몸과 손잡이, 검자루맞추개틀, 검자루맞추개돌 등으로 이루어져 조립식으로 되어 있다는 점이다.

검몸은 옛날 악기인 비파처럼 날의 아래 부분이 둥글고 양쪽의 검날 중간 부분에는 뾰족한 돌기부가 있다. 비파형동검에 나타난 지역이나 시기에 따른 모양의 차이는 이 문화 전반의 공통성에 견주면 지극히 미미하다. 따라서 이로 말미암아 이 문화의 공통성, 단일성이 약화되는 것은 결코 아니다.

한반도와 만주 지역에서 비파형동검이 사용되던 시기에 중국의 황하 유역과 그 북부인 오르도스(Ordos) 지역에서는 비파형동검과는 전혀 다른 동검문화가 있었다. 황하 유역의 동검문화는 고대 중국문화로서 일반적으로 '동주식 동검문화(東周式銅劍文化)'라고 불리는 것이다. 이 문화의 분포 범위는 황하 유역을 중심으로 하여 북쪽은 하북성, 산서성, 섬서성의 남부에 이르렀고 남쪽은 장강 북부 유역까지 이르렀다.73) 이 영역은 춘추전국시대의 중국 영역이었다. 오르도스 지역의 동검문화는

---

72) 일반적으로 비파형동검문화의 개시 연대를 서기전 10세기 무렵으로 보고 있으나 한창균은 서기전 16~14세기 무렵으로 올려 보아야 한다고 주장하였다(한창균, 〈고조선의 성립배경과 발전단계 시론〉, 《國史館論叢》 第33輯, 1992, 10쪽).

73) 林壽晉, 〈東周式銅劍初論〉, 《考古學報》 1962年 2期, 75~83쪽.

'북방계문화' 또는 '오르도스식 동검문화'라고 부르는 것으로, 이 문화는 북쪽에서 황하 중류가 북상하였다가 다시 남하하는 오르도스 지역을 중심으로 하여 내몽고자치구와 하북성 북부, 외몽고와 남시베리아를 포괄한 넓은 지역에 분포되어 있다. 이 문화는 중국의 서주시대 이전에 성립되어 서주와 춘추전국시대를 거쳐 서한 초에 이르는 시기까지 계속된 것으로 보고 있다.74)

이들 동검의 형태를 보면 동주식 동검은 검몸과 검자루를 함께 붙여 만들었으며 검몸이 일반적으로 좀 길고 능형의 검코가 있다. 자루에는 2~3줄의 돋친 띠가 있는 것이 많고 자루 끝은 모두 작은 원판으로 되어 있다. 그리고 이러한 동검에는 짐승이나 그 밖의 것들을 형상화한 것을 볼 수 없다.75) 오르도스식 동검은 동주식 동검과 같이 검몸과 검자루를 함께 붙여 만들었는데 검날은 곧다. 검자루의 끝은 초기에는 짐승 대가리 모양이나 방울 모양의 장식이 유행하다가 그 뒤에는 두 개의 새 대가리가 마주 대하고 있는 모양의 촉각식(觸角式)으로 바뀌었고 마지막에는 고리 모양의 환두(環頭)로 바뀌었다.76)

그러나 비파형동검은 이것들과는 달리 검몸, 검자루, 검자루맞추개를 따로 만들어 조립하게 되어 있다. 그리고 검코는 없으며 검날은 독특한 곡선을 이루었고 검몸의 한가운데에는 세로로 등에 대가 있다. 이와 같이 비파형동검은 동주식 동검이나 오르도스식 동검과는 뚜렷한 차이를 보여 준다. 비파형동검문화와 주변문화와의 차이는 동검 자체의 차이에서만 보이는 것이 아니라, 동검이 출토된 유적이나 동검과 함께 출토되는 유물 등에서도 확인된다.

---

74) 田廣金, 〈近年來內蒙古地區的匈奴考古〉, 《考古學報》 1983年 1期, 10쪽.
75) 주 73과 같음.
76) 田廣金, 위의 글, 1983, 10~14쪽.

3. 돌무덤은 고조선 지배층의 대표적 무덤이다

동검은 대개 무덤에서 출토되는데, 동주식동검이 출토되는 고대 중국의 무덤은 덧널무덤[木槨墳]과 움무덤[土壙墓]인데 덧널무덤이 보편적이다. 당시의 중국 질그릇 가운데 특징적이고 큰 비중을 차지하는 것은 회색의 세발단지[력(鬲)]인데 몸체에는 한결같이 멍석무늬가 있다.77) 그리고 장식품으로서 동주식 동검문화권에서는 띠걸이가 유행하였으나, 오르도스식 동검문화권과 비파형동검문화권에서는 띠걸이 장식품을 전혀 볼 수 없다.

오르도스식 동검이 출토된 북방 지역의 무덤은 모두가 움무덤인데, 말·소·양 등이 부장되어 있다. 이 문화권에서는 질그릇이 그리 많이 출토되지 않은데, 출토된 것들을 보면 무늬가 없는 회갈색이 많고 형태는 통 모양의 바리나 그와 비슷한 것으로 매우 단조롭다.78) 장식품은 말·범·사슴·양·등을 형상화하였거나 조각한 장식패쪽이 많다. 이러한 동물장식은 동검자루끝의 장식에서도 보인다.79)

그러나 비파형동검이 출토된 무덤은 돌무지무덤·돌상자무덤·돌곽무덤·고인돌무덤 등 돌을 이용한 무덤이 대부분이고 움무덤은 극히 드물다. 특히 돌무지무덤·돌상자무덤·돌곽무덤·고인돌무덤 등 돌을 이용한 무덤은 한반도와 만주 지역에서만 보인다. 비파형동검문화권의 질그릇은 단지, 굽접시, 바리 등이며 갈색의 간그릇이다. 무늬가 있는 것은 많지 않지만 가끔 삼각무늬, 그물무늬, 선무늬 등이 있을 뿐이며 멍석무늬는 전혀 보이지 않는다. 비파형동검문화권에서는 뒷면에 번개무늬를 새기고 중심을 벗어난 곳에 꼭지가 두 개 이상 있는 둥근 모양의 청동거울이 사용되었으나 이러한 형태의 청동거울은 중국 고대문화

---

77) 中國科學院考古硏究所, 《新中國的考古收獲》, 文物出版社, 1962, 50~53쪽.

78) 田廣金, 〈桃紅巴拉的匈奴墓〉, 《考古學報》 1976年 1期, 139쪽.

79) 田廣金, 앞의 글, 1983, 12쪽.

나 북방계문화에서는 보이지 않는다.

이상과 같이 비파형동검문화는 동주식 동검의 중국 고대문화나 오르도스식 동검의 북방계문화와는 분명한 차이를 보여 주고 있다.[80] 중국의 린윈(林沄)은 비파형동검의 특징과 그 분포 지역 등을 세밀하게 검토한 뒤, 이것은 하나의 독립된 문화권을 형성하고 있다고 말하면서, 중국 문헌의 기록을 가지고 볼 때, 그것을 만든 사람들은 예·맥·고구려·부여·진번·조선 등의 종족일 것이라고 하였는데,[81] 이들은 모두 고조선의 거수국이었으므로[82] 비파형동검은 고조선 사람들이 만들었음을 알 수 있다.

비파형동검문화는 그것과 함께 출토되는 유물에서도 공통성을 드러내고 있다. 첫째로 질그릇의 공통성을 들 수 있다. 비파형동검과 함께 출토되는 질그릇은 여러 가지가 있지만 갈색 간그릇이 그 기본을 이루고 있다는 점에서 공통성을 보여 준다. 둘째로 청동도끼의 공통성을 들 수 있다. 비파형동검과 함께 출토된 청동도끼는 모두 그 형태가 부채모양이며 날부분의 양쪽 끝이 버선코 모양을 하고 있다는 점에서 공통성을 보여 준다.

문화는 민족을 특징짓는 기본요소 가운데 하나이다. 민족을 규정하는 기본요소로서 일반적으로 귀속의식·핏줄·언어·종교·거주 지역·문화 등의 공통성을 드는데 문화가 그 기본요소 가운데 하나가 되는 것은 그것이 민족 공동의 노력의 산물이기 때문이다. 그런데 이러한 문화형성 배경과 동검이 지배계층의 독점물이었다는 점을 연결시켜 생각해 볼 때, 비파형동검문화는 하나의 겨레, 하나의 나라 사람들이 만든 것이었음을 알 수 있다.

---

80) 박진욱, 〈비파형단검문화의 발원지와 창조자에 대하여〉, 《비파형단검문화에 대한 연구》, 과학백과사전출판사, 1987, 5~92쪽.
81) 林沄, 〈中國東北系銅劍初論〉, 《考古學報》 1980年 第2期, 139~161쪽.
82) 윤내현, 〈고조선의 국가구조〉, 앞의 책, 1994, 426~486쪽.

4. 고조선의 강역은 유적 분포보다 넓게 잡아야 한다

그러면 이러한 비파형동검문화의 분포범위는 어디까지였는가? 과거
에는 이 문화가 중국의 요령성을 중심으로 하여 만주와 한반도 북부에
만 존재하는 것으로 인식하는 학자들이 많았다. 그래서 이 문화를 '요
령식 동검문화'라고 부르기도 했다.[83] 그러나 근래의 발굴결과에 따르
면 이 문화는 한반도와 만주 전지역에 분포되어 있었음이 확인되었다.

구체적으로 말하면, 북쪽은 장춘(長春)과 길림(吉林) 지역의 송화강
(松花江) 유역에 이르고, 남쪽은 한반도 남부 전라남도와 경상남도의
해안 지역, 서쪽은 중국의 하북성 동북부, 동북쪽은 우수리강(烏蘇里
江) 유역에 이르렀다(〈지도 3〉 비파형동검 출토지 지도와 일람 참조).
특히 하북성 지역에서는 서남쪽으로 북경과 천진을 훨씬 지난 망도(望
都) 지역에서까지 비파형동검이 출토되고 있는데,[84] 이러한 사실은 고
조선의 통치력이 때에 따라서는 지금의 중국 하북성 중남부에까지 미
쳤을 가능성을 시사해 준다.

그런데 비파형동검은 대부분 지배계층의 무덤에서 출토되기 때문에
그것이 국경지대에서 출토될 수도 있지만, 대개 국경보다는 다소 안쪽
에서 출토된다고 보는 것이 순리일 것이다. 지배계층들이 바로 국경 지
역에 살았을 것으로는 생각되지 않기 때문이다. 따라서 고조선의 국경
은 비파형동검이 출토된 지역보다 약간 밖으로 잡아야 할 것이다.

여기서 한 가지 말해 두고자 하는 것은 동북부 끝의 흑룡강성 지역
에서는 비파형동검이 출토되지 않았는데도, 필자는 그 지역을 고조선
의 강역에 포함시키려 한다. 그것은 다음과 같은 이유에서이다.

첫째로 그 지역은 동부여의 영토였는데, 부여는 고조선을 계승한 세

---

83) 韓國考古學研究會,《韓國考古學地圖》1984, 서울대학교 고고미술사학과, 22쪽 ; 金
   元龍,〈傳 茂朱出土 遼寧式 銅劍에 대하여〉,《震檀學報》第38號, 1974.
84) 鄭紹宗,〈河北省發現的青銅短劍〉,《考古》1975年 4期, 226~227쪽, 248쪽.

력이기 때문이다. 둘째로 지금까지 그 지역에서는 고고학적인 발굴이 별로 이루어지지 않았기 때문에 비파형동검이 출토되지 않은 것은 당연하다. 셋째로 지형을 보면 동북평원이 동북쪽으로는 요하를 따라 북상하여 눈강(嫩江)·모란강(牡丹江)·흑룡강·우수리강 등의 유역을 지나 연해주에 이르고, 남쪽으로는 해안을 따라 한반도의 서부평야와 연결된다. 따라서 당시의 농경인들은 이 선을 따라 이동했을 것이 분명하기 때문이다.

특히 동북 지역에서는 비파형동검의 뒤를 이은 고조선의 동검인 세형동검이 연해주 지역에서까지 출토된다는 점을 유의할 필요가 있다. 종래에는 세형동검이 한반도에서만 출토되는 것으로 인식되었으나 근래의 출토상황을 보면 길림성의 장춘과 길림 지역은 물론 연해주 지역에서도 출토되고 있다.[85] 이러한 사실은 고조선의 세력이 때에 따라 연해주 지역까지 미쳤음을 알려 주는 것이다.

지금까지의 검토로 분명해진 것은 비파형동검문화의 유물과 유적의 분포범위는, 앞에서 한국과 중국의 문헌기록으로 확인된, 고조선의 강역과 대체로 일치한다는 사실이다. 그런데 비파형동검의 출토상황을 참고하는 데 주의해야 할 점이 있다. 그것은 지금까지 각 지역에서 나온 비파형동검의 숫자나 그것이 발굴된 유적의 숫자를 바로 고조선시대에 그 지역이 가지고 있었던 중요성으로 인식해서는 안 된다는 것이다. 유물이나 유적은 발굴작업을 거쳐 확인되기 때문에 발굴이 행해지지 않은 지역에서는 유물이나 유적이 확인될 수 없는 것이다.

예를 들면, 지금까지 비파형동검이 가장 많이 출토된 지역은 지금의 요서 지역이다. 반면에 흑룡강성에서는 출토되지 않았다. 그리고 요동 지역은 가장 이른 시기의 비파형동검과 전형적인 비파형동검이 출토되

---

85) 박진욱, 앞의 글, 1987, 81쪽(길림·장춘 지방의 세형동검 출토지 일람표와 본문) ; 강인욱·천선행, 〈러시아 연해주 세형동검 관계 유적지 고찰〉, 《韓國上古史學報》 42집, 2003, 1~35쪽.

는 지역인데도 지금까지 출토된 수량은 요서 지역보다 적다. 그 이유는 다음과 같다.

첫째로 그동안 요서 지역에서는 발굴이 다른 지역에서보다 훨씬 활발하게 이루어진 반면에 흑룡강성에서는 거의 이루어지지 않았다. 둘째로 요서 지역은 대체로 지대가 높지만 요동 지역과 흑룡강성 지역은 동북평원으로 지대가 낮고 요하·송화강·모란강·눈강·흑룡강·우수리강 등을 끼고 있다.

이 지역은 이러한 강들이 오랜 기간 동안 여러 차례에 걸쳐 범람하여 유적이 지하 깊이 묻혀 버렸을 가능성이 있다. 따라서 요서 지역의 유적은 쉽게 노출되거나 발굴될 수도 있지만, 요동 지역과 흑룡강성 지역은 유적들이 요서 지역보다 지하 깊숙이 묻혀 있어 쉽게 발굴되지 않을 가능성이 많다. 고조선과 같은 시대인 중국의 상(商)나라 유적이 황하 하류 유역에서는 범람으로 말미암아 몇 미터 깊숙이 덮여서 찾기 힘들다는 사실은 참고가 될 것이다.[86]

5. 고조선은 초기부터 한반도와 만주를 차지하고 있었다

그런데 앞에서 언급한 바와 같이, 비파형동검은 서기전 16~14세기 무렵부터 사용되었기 때문에, 비파형동검문화가 분포되어 있는 지역은, 정확히 말하면, 고조선 중기 이후의 강역이다. 그 이전의 고조선 강역은 어디까지였을지가 문제로 남는다.

이 문제에 접근할 때, 한반도와 만주 지역에 사람이 정착해 살면서 정치세력을 형성한 것은, 고조선 건국부터 시작된 것이 아니며 그보다 훨씬 전부터였다는 점을 생각해야 한다. 다만 고조선 이전에 형성된 정

---

86) 張光直 지음, 윤내현 옮김, 앞의 책, 1989, 275쪽.

치세력이 국가단계의 수준에 도달했었느냐 그렇지 않았느냐 하는 점이 문제가 될 뿐이다.

지금까지의 고고학적 발굴 결과에 따르면, 한반도와 만주 지역에는 지금부터 70만 년 전부터 사람이 살았는데, 1만 년 전 신석기시대부터는 정착생활에 들어가 마을을 이루었고, 그 뒤 후기 신석기시대에 이르러서는 각 지역에 있던 여러 마을이 서로 모여 마을연맹체 즉 고을을 이루었으며, 다시 이러한 고을들이 모여 고조선이라는 국가를 출현시켰던 것이다. 따라서 고조선이라는 넓은 강역을 가진 국가가 출현하기까지는, 고조선이 건국되기 훨씬 이전부터 오랜 기간에 걸친, 거주민들의 세력통합이 줄곧 이루어져 왔던 것이다. 따라서 고조선의 세력성장이나 영역확장을 고조선시대로 국한하여 고조선 초기로부터 잡는 것은 잘못이다.

여기서 생각해야 할 것은, 고조선이 건국되기 훨씬 전인 신석기시대부터 난하 유역을 경계로 하여 그 서쪽과 동쪽은 다른 문화권을 형성하고 있었다는 점이다. 난하 동쪽의 한반도와 만주는 난하 서쪽의 황하 유역과는 전혀 다른 새김무늬(빗살무늬)라는 공통성을 지닌 질그릇이요하 중류 유역을 중심으로 하여 연해주와 한반도 남부까지 분포되어 있다.[87] 신석기시대 후기에 이르면, 한반도와 만주 지역에는 황하 유역의 움무덤과는 전혀 다른 돌무지무덤이 나타나고 그 뒤를 이어 돌상자무덤·돌곽무덤·돌널무덤·고인돌무덤 등 돌을 사용한 무덤들이 지배세력의 무덤으로 보편화한다.

그리고 서기전 2500년 무렵에 이르면, 지금의 난하 동부 지역에는 황하 유역과는 전혀 다른 청동기문화인 하가점하층문화가 시작되었다. 앞에서 말한 바와 같이 이 문화 유적은 아직까지는 지금의 요서 지역에서만 발굴되었기 때문에, 그 분포범위나 기원지 그리고 중심부를 말하

---

86) Kwang-chih Chang, *Archaeology of Ancient China*, Fourth Edition, Yale University Press, 1986, 176쪽.

기는 어렵다.

하가점하층문화와 비파형동검문화를 이질적인 문화로 보는 학자도 있지만 그것은 고조선의 강역을 대릉하까지로 보는 그들의 견해를 유지하기 위한 주장일 뿐이며[88] 동일한 지역에 있었던 시대를 전후한 두 청동기문화를 서로 계승 관계가 전혀 없는 문화라고 주장하는 것은 상식에 어긋난 것이며 청동 기술이 부분적으로 이어진 문화로 보는 것이 순리일 것이다.[89]

비파형동검 같은 고도의 기술을 필요로 하는 청동제품은 오랜 기간에 걸친 기술 축적을 필요로 한다. 따라서 비파형동검은 동일한 지역에 있었던 전시대의 하가점하층문화의 청동기 제조 기술이 발전되어 생산한 새로운 제품으로 보아야 할 것이다. 제품의 차이는 부분적인 것이며 그 기본이 되는 청동기 제조 기술은 계승되었다고 보아야 할 것이다.

이렇게 보면 고조선이 건국되기 전부터 난하 유역은 황하문화권과 한반도-만주문화권을 나누는 경계선이었다. 따라서 고조선은 초기부터 난하를 그 서쪽 국경으로 하고 있었을 가능성이 있다. 고조선 초기에 황하 유역의 정치세력은 아직 난하 유역에 이르지 못하였다. 이러한 정황과 고고학 자료 등에서 볼 때 고조선 초기의 강역도 중기 이후의 강역과 별로 차이가 없었을 것으로 생각된다.

〈비파형동검 출토지 일람〉

1. 평안남도 평양시 형제산구역 서포동 — 황기덕, 〈최근에 새로 알려진 비파형단검과 좁은 놋단검 관계의 유적유물〉, 《고고학자료집》

---

88) 황기덕, 〈료서지방의 비파형단검문화와 그 주민〉, 《비파형단검문화에 대한 연구》, 과학백과사전출판사, 1987, 93~150쪽.

89) 靳楓毅, 〈論中國東北地區含曲刃靑銅短劍的文化遺存〉 上·下, 《考古學報》 1982年 4期, 387~426쪽·1983年 1期, 39~54쪽 참조.

제4집, 사회과학출판사, 1974년, 158~159쪽.

2. 평양 부근― 梅原末治・藤田亮策 共編著,《朝鮮古文化綜鑑》第1卷, 養德社, 昭和22(1947), 65쪽, 圖版36 ; 榧本杜人,《朝鮮の考古學》, 同明舍, 1980.

3. 평안남도 개천군 용흥리 ― 韓炳三,〈价川 龍興里出土 靑銅劍과 伴出遺物〉,《考古學》1, 1968.

4. 황해남도 연안군 부흥리 금곡동 ― 황기덕,〈최근에 새로 알려진 비파형단검과 좁은 놋단검 관계의 유적유물〉,《고고학자료집》제4집, 사회과학출판사, 1974, 158~159쪽 ; 조선유적유물도감편찬위원회,《조선유적유물도감》2, 조선유적유물도감편찬위원회, 1989.

5. 황해남도 배천군 대아리 ― 리규태,〈배천군 대아리 돌상자무덤〉,《고고학자료집》6집, 과학백과사전출판사, 1983년판 176쪽.

6. 황해북도 신평군 선암리 ― 정용길,〈신평군 선암리 돌상자무덤〉,《고고학자료집》제6집, 과학백과사전출판사, 1983년판 168~169쪽.

7. 함경남도 금야군 금야읍 ― 서국태,〈홍읍 유적에 관한 보고〉,《고고민속》1965, 2호, 42쪽.

8. 경기도 개성시 판문군 진봉리 ― 왕성수,〈개성 부근에서 나온 고조선 관계 유물〉,《조선고고연구》88-1, 198쪽.

9. 경기도 개성시 개평군 해평리 백마산 ― 조선유적유물도감편찬위원회,《조선유적유물도감》2, 조선유적유물도감편찬위원회, 1989 ; 왕성수,〈개성부근에서 드러난 비파형동검과 좁은 놋단검 관계 유물〉,《고고학자료집》6, 1988, 168~169쪽.

10. 강원도 춘천 부근 ― 有光教一,〈朝鮮 江原道の先史時代遺物〉,《考古學雜誌》28卷 11號, 1938.

11. 강원도 홍천군 동면 방량리 ― 한림대 아시아문화연구소 편,《江原道의 先史文化》, 한림대 출판부, 1986 ; 국립청주박물관,《국립청주박물관도록》, 통천문화사, 1987.

12. 충청남도 공주군 탄천면 남산리 ― 김원룡, 〈傳 茂朱出土 遼寧式 銅劍에 대하여〉, 《震檀學報》 第38號, 1974, 19쪽.

13. 충청남도 부여군 조촌면 송국리 ― 김영배·안승주, 〈扶餘 松菊里 遼寧式銅劍 出土 石棺墓〉, 《百濟文化》 7·8합집, 1975.

14. 전라북도 무주 부근 ― 김원룡, 〈傳 茂朱出土 遼寧式 銅劍에 대하여〉, 《震檀學報》 第38號, 1974, 19쪽.

15. 전라남도 고흥군 두원면 운대리 ― 梅原末治·藤田亮榮 共編著, 《朝鮮古文化綜鑑》 第1卷, 養德社, 昭和22(1947), 87쪽 圖版48 ; 有光敎一, 《朝鮮磨製石劍の 硏究》, 京都大學文學部考古硏究室, 昭和32(1957).

16. 경상남도 의창군 진동면 진동리 ― 심봉근, 〈慶南地方出土 靑銅遺物의 新例〉, 《釜山史學》 4, 1980

17. 전라남도 보성 덕치리 신기 ― 이영문, 〈全南地方 支石墓 出土遺物〉, 제12회 한국고고학 전국대회 발표요지, 1988.

18. 경상북도 청도군 매전면 예전동 ― 金鍾徹, 〈慶尙北道淸道郡禮田洞出土の遼寧式銅劍〉, 《岡崎敬先生退官紀念論叢論文集》, 同明舍, 1987 ; 이건무, 〈靑銅遺物의 땜질 技法〉, 《三佛金元龍敎授停年退任紀念論叢》, 일지사, 1987.

19. 경상북도 금릉 ― 숭실대학교, 《숭실대학교 부설 한국 기독교 박물관》, 숭실대학교출판부, 1988.

20. 경상북도 영덕군 병곡면 사천동 ― 榧本杜人, 《朝鮮の考古學》, 同明舍, 1980.

21. 경상북도 미산군 낙동면 ― 榧本杜人, 《朝鮮の考古學》, 同明舍, 1980.

22. 전라남도 승주군 송광면 우산리 지석묘 ― 송정현·이영문, 〈牛山里 내우 支石墓〉, 《住岩댐 水沒地區 文化遺蹟發掘調査報告書》 Ⅱ, 전남대학교박물관, 1988.

23. 전라남도 여천시 봉계동 — 이영문, 《麗川市鳳溪洞支石墓》, 전남대
    학교박물관, 1990.

24. 전라남도 여천시 적량동 — 이영문, 〈湖南地方의 支石墓 出土遺物
    에 대한 考察〉, 《韓國考古學報》 25, 1990.

25. 전라남도 여수시 오림동 — 이영문, 〈湖南地方의 支石墓 出土遺物
    에 대한 考察〉, 《韓國考古學報》 25, 1990.

26. 전라북도 익산군 신용리 용화산 — 김정배, 《韓國古代의 國家起源
    과 形成》, 고려대학교출판부, 1986.

27. 遼寧省 旅大市 甘井字區 後牧城驛 崗上 — 조중공동고고학발굴대,
    《중국동북지방의 유적발굴보고》, 사회과학원출판사, 1966, 74~75쪽.

28. 遼寧省 旅大市 甘井字區 樓上 — 旅順博物館, 〈旅順口區后牧城驛
    戰國墓淸理〉, 《考古》 1960年 8期, 13~16쪽 ; 조중공동고고학발굴
    대, 《중국동북지방의 유적발굴보고》, 사회과학원출판사, 1966, 96쪽.

29. 遼寧省 旅大市 甘井字區 雙砣子 — 조중공동고고학발굴대, 《중국
    동북지방의 유적발굴보고》, 사회과학원출판사, 1966, 53~54쪽.

30. 遼寧省 旅大市 旅順口區 劉家塘 —《牧羊城》, 東亞考古學會, 1931,
    46쪽, 삽도 23 · 24.

31. 遼寧市 旅大市 旅順口區 郭家屯 — 島田貞彦, 〈南滿洲老鐵山麓郭
    家屯附近發見の銅劍に就いて〉, 《考古學雜誌》 第28卷 11號, 1938,
    22~26쪽.

32. 遼寧省 旅大市 旅順口區 官屯子 — 森脩, 〈南滿洲發見の漢代靑銅
    器遺物〉, 《考古學》 第8卷 7號, 1937 ;《牧羊城》, 東亞考古學會,
    1931, 59쪽.

33. 遼寧省 旅順口區 土城子 小潘家村, 金家村 — 旅順博物館 所藏.

34. 遼寧省 旅順口區 羊頭窪 — 金關丈夫 等, 《羊頭窪》, 東亞考古學會,
    1942.

35. 遼寧省 旅大市 旅順口區 柏嵐子—森脩, 〈南滿洲發見の漢代靑銅器

遺物),《考古學》第8卷 7號, 東京考古學會, 1937.

36. 遼寧省 旅大市 旅順口區 牧羊城 附近―《牧羊城》, 東亞考古學會, 1931.

37. 遼寧省 旅大市 旅順口區 尹家村 南下―靳楓毅,〈論中國東北地區 含曲刃靑銅短劍的文化遺存〉,《考古學報》1982年 4期, 387~426쪽.

38. 遼寧省 金縣 董家溝 臥龍泉―조중공동고고학발굴대,《중국동북지방의 유적발굴보고》, 사회과학원출판사, 1966, 103~104쪽.

39. 遼寧省 金縣 亮甲店 騷西溝―旅順博物館에서 1958년에 수집.

40. 遼寧省 長海縣 大長山島―《考古學》第8卷 第2號, 1937.

41. 遼寧省 長海縣 大長山島 上馬石―旅順博物館,〈遼寧長海縣上馬石靑銅時代墓葬〉,《考古》1982年 6期, 594~595쪽.

42. 遼寧省 新金縣 雙房―許明綱・許玉林,〈遼寧新金縣雙房石盖石棺墓〉,《考古》1983年 4期, 293~294쪽.

43. 遼寧省 新金縣 元臺公社 后元臺大隊二隊―靳楓毅,〈論中國東北地區含曲刃靑銅短劍的文化遺存〉,《考古學報》1982年 4期, 387~426쪽.

44. 遼寧省 新金縣 花兒山公社 快馬場大隊―靳楓毅,〈論中國東北地區含曲刃靑銅短劍的文化遺存〉,《考古學報》1982年 4期, 387~426쪽.

45. 遼寧省 新金縣 元臺公社―靳楓毅,〈論中國東北地區含曲刃靑銅短劍的文化遺存〉,《考古學報》1982年 4期, 387~426쪽.

46. 遼寧省 長海縣 大長山公社 駐地―靳楓毅,〈論中國東北地區含曲刃靑銅短劍的文化遺存〉,《考古學報》1982年 4期, 387~426쪽.

47. 遼寧省 長海縣 小長山公社 房身陳家溝―靳楓毅,〈論中國東北地區含曲刃靑銅短劍的文化遺存〉,《考古學報》1982年 4期, 387~426쪽.

48. 遼寧省 長海縣 哈仙島―靳楓毅,〈論中國東北地區含曲刃靑銅短劍的文化遺存〉,《考古學報》1982年 4期, 387~426쪽.

49. 遼寧省 莊河縣 城山公社 當舖大隊 劉屯―靳楓毅,〈論中國東北地區含曲刃靑銅短劍的文化遺存〉,《考古學報》1982年 4期, 387~426쪽.

50. 遼寧省 岫岩縣 大房身公社—靳楓毅,〈論中國東北地區含曲刃靑銅
    短劍的文化遺存〉,《考古學報》1982年 4期, 387~426쪽.

51. 遼寧省 岫岩縣 哨子河公社—靳楓毅,〈論中國東北地區含曲刃靑銅
    短劍的文化遺存〉,《考古學報》1982年 4期, 387~426쪽.

52. 遼寧省 寬甸縣 太平哨公社 泡子沿—許玉林·王連春,〈丹東地區出
    土的靑銅短劍〉,《考古》1984年 8期, 712~713쪽.

53. 遼寧城 海城縣 大屯—孫守道·徐秉琨,〈寺兒堡與大屯靑銅短劍形
    制比較表〉,《考古》1964年 6期, 278~279쪽.

54. 遼寧省 遼陽縣 河欄公社 二道河子—遼陽市文物管理所,〈遼陽二道
    河子石棺墓〉,《考古》1977年 5期, 302~303쪽.

55. 遼寧省 遼陽縣 三道壕韓來河—靳楓毅,〈論中國東北地區含曲刃靑
    銅短劍的文化遺存〉,《考古學報》1982年 4期, 387~426쪽.

56. 遼寧省 遼陽縣 華子公社—靳楓毅,〈論中國東北地區含曲刃靑銅短
    劍的文化遺存〉,《考古學報》1982年 4期, 387~426쪽.

57. 遼寧省 新賓縣 大四平公社 東升大隊半拉峇—靳楓毅,〈論中國東北
    地區含曲刃靑銅短劍的文化遺存〉,《考古學報》 1982年 4期, 387~
    426쪽.

58. 遼寧省 新賓縣 大四平公社 馬架子大隊煤礦—靳楓毅,〈論中國東北
    地區含曲刃靑銅短劍的文化遺存〉,《考古學報》 1982年 4期, 387~
    426쪽.

59. 遼寧省 西豊縣 和隆公社 豊興大隊—靳楓毅,〈論中國東北地區含曲
    刃靑銅短劍的文化遺存〉,《考古學報》1982年 4期, 387~426쪽.

60. 遼寧省 淸源縣 土口子 門臉—淸原縣文化局,〈遼寧淸原縣門臉石棺
    墓〉,《考古》1981年 2期, 189쪽.

61. 遼寧省 淸源縣 北三家公社 李家卜—撫順市博物館,〈遼寧淸原縣近
    年發現一批石棺墓〉,《考古》1982年 2期, 211~212쪽.

62. 遼寧省 撫順市 織布工場—撫順市博物館,〈遼寧撫順市發現靑銅短

劍〉,《考古》1981年 5期, 471쪽.

63. 遼寧省 撫順市 前甸公社 大甲邦—撫順市博物館考古隊,〈撫順地區 早晚兩類靑銅文化遺存〉,《文物》1983年 9期, 62~64쪽.

64. 遼寧省 撫順市 附近—《考古學雜誌》 第27卷, 9號.

65. 遼寧省 沈陽市 鄭家窪子 第1, 2地點—沈陽市文物工作組,〈沈陽地 區出土的靑銅短劍資料〉,《考古》1964年 1期, 44쪽.

66. 遼寧省 沈陽市 鄭家窪子 第3地點—沈陽故宮博物館·沈陽市文物 管理辦公室,〈沈陽鄭家窪子的兩座靑銅時代墓葬〉,《考古學報》1975 年 1期, 143~146쪽.

67. 遼寧省 沈陽市 沈河區 南塔—沈陽市文物工作組,〈沈陽地區出土的 靑銅短劍資料〉,《考古》1964年 1期, 45쪽.

68. 法庫縣 石柱子村—沈陽市文物工作組,〈沈陽地區出土的靑銅短劍 資料〉,《考古》1964年 1期, 45쪽.

69. 吉林省 永吉縣 星星哨—吉林市文物管理委員會 永吉縣星星哨水庫 管理處,〈永吉星星哨水庫石棺墓及遺址調查〉,《考古》 1978年 3期, 147~149쪽.

70. 吉林省 磐石縣 吉昌 小西山—吉林省文物工作隊,〈吉林磐石吉昌小 西山石棺墓〉,《考古》1984年 1期, 54~56쪽.

71. 吉林省 吉林市 郊外 長蛇山—吉林省文物工作隊,〈吉林長蛇山遺址 的發掘〉,《考古》1980年 2期, 123~141쪽.

72. 遼寧省 阜新縣 化石戈公社 胡頭溝—靳楓毅,〈論中國東北地區含曲 刃靑銅短劍的文化遺存〉,《考古學報》1982年 4期, 387~426쪽.

73. 遼寧省 阜新縣 王府公社 馬圈子沁溝—靳楓毅,〈論中國東北地區含 曲刃靑銅短劍的文化遺存〉,《考古學報》1982年 4期 , 387~426쪽.

74. 遼寧省 黑山縣 大虎山—靳楓毅,〈論中國東北地區含曲刃靑銅短劍 的文化遺存〉,《考古學報》1982年 4期, 387~426쪽.

75. 遼寧省 北鎭縣 北鎭附近—靳楓毅,〈論中國東北地區含曲刃靑銅短

劍的文化遺存〉,《考古學報》1982年 4期, 387～426쪽.

76. 遼寧省 興城縣 雙樹公社 興北大隊—靳楓毅,〈論中國東北地區含曲
刃靑銅短劍的文化遺存〉,《考古學報》1982年 4期, 387～426쪽.

77. 遼寧省 興城縣 郭家公社 古道子—靳楓毅,〈論中國東北地區含曲刃
靑銅短劍的文化遺存〉,《考古學報》1982年 4期, 387～426쪽.

78. 遼寧省 興城縣 羊安公社 狼洞子—靳楓毅,〈論中國東北地區含曲刃
靑銅短劍的文化遺存〉,《考古學報》1982年 4期, 387～426쪽.

79. 遼寧省 興城縣 曙光公社—靳楓毅,〈論中國東北地區含曲刃靑銅短
劍的文化遺存〉,《考古學報》1982年 4期, 387～426쪽.

80. 遼寧省 錦西縣 寺兒堡—孫守道·徐秉琨,〈遼寧寺兒堡等地靑銅短
劍與大伙房石棺墓〉,《考古》1964年 6期, 277～278쪽.

81. 遼寧省 錦西縣 烏金塘—錦州市博物館,〈遼寧錦西縣烏金塘東周墓
調査記〉,《考古》1960年 5期, 7쪽.

82. 遼寧省 錦西縣 臺集屯公社 田九溝—靳楓毅,〈論中國東北地區含曲
刃靑銅短劍的文化遺存〉,《考古學報》1982年 4期, 387～426쪽.

83. 遼寧省 錦西縣 石灰窰子—靳楓毅,〈論中國東北地區含曲刃靑銅短
劍的文化遺存〉,《考古學報》1982年 4期, 387～426쪽.

84. 遼寧省 錦西縣 沙河營子 谷家屯—靳楓毅,〈論中國東北地區含曲刃
靑銅短劍的文化遺存〉,《考古學報》1982年 4期, 387～426쪽.

85. 遼寧省 錦州市 東郊紫荊山—靳楓毅,〈論中國東北地區含曲刃靑銅
短劍的文化遺存〉,《考古學報》1982年 4期, 387～426쪽.

86. 遼寧省 錦縣 大碾子—靳楓毅,〈論中國東北地區含曲刃靑銅短劍的
文化遺存〉,《考古學報》1982年 4期, 387～426쪽.

87. 遼寧省 錦縣 西團山—靳楓毅,〈論中國東北地區含曲刃靑銅短劍的
文化遺存〉,《考古學報》1982年 4期, 387～426쪽.

88. 遼寧省 義縣 頭臺公社—靳楓毅,〈論中國東北地區含曲刃靑銅短劍
的文化遺存〉,《考古學報》1982年 4期, 387～426쪽.

89. 遼寧省 北票縣 李杖子大隊 村西—靳楓毅,〈論中國東北地區含曲刃青銅短劍的文化遺存〉,《考古學報》1982年 4期, 387~426쪽.

90. 遼寧省 北票縣 西官營子—靳楓毅,〈論中國東北地區含曲刃青銅短劍的文化遺存〉,《考古學報》1982年 4期, 387~426쪽.

91. 遼寧省 北票縣 豊下—靳楓毅,〈論中國東北地區含曲刃青銅短劍的文化遺存〉,《考古學報》1982年 4期, 387~426쪽.

92. 遼寧省 北票縣 東牌樓溝—靳楓毅,〈論中國東北地區含曲刃青銅短劍的文化遺存〉,《考古學報》1982年 4期, 387~426쪽.

93. 遼寧省 北票縣 三寶何家溝—靳楓毅,〈論中國東北地區含曲刃青銅短劍的文化遺存〉,《考古學報》1982年 4期, 387~426쪽.

94. 遼寧省 北票縣 半裁子溝—靳楓毅,〈論中國東北地區含曲刃青銅短劍的文化遺存〉,《考古學報》1982年 4期, 387~426쪽.

95. 遼寧省 北票縣 白塔子—靳楓毅,〈論中國東北地區含曲刃青銅短劍的文化遺存〉,《考古學報》1982年 4期, 387~426쪽.

96. 遼寧省 北票縣 黑城子—靳楓毅,〈論中國東北地區含曲刃青銅短劍的文化遺存〉,《考古學報》1982年 4期, 387~426쪽.

97. 遼寧省 北票縣 山嘴子—靳楓毅,〈論中國東北地區含曲刃青銅短劍的文化遺存〉,《考古學報》1982年 4期, 387~426쪽.

98. 遼寧省 北票縣 三天牛地—靳楓毅,〈論中國東北地區含曲刃青銅短劍的文化遺存〉,《考古學報》1982年 4期, 387~426쪽.

99. 遼寧省 北票縣 楊樹溝—靳楓毅,〈論中國東北地區含曲刃青銅短劍的文化遺存〉,《考古學報》1982年 4期, 387~426쪽.

100. 遼寧省 北票縣 黃卜黨溝—靳楓毅,〈論中國東北地區含曲刃青銅短劍的文化遺存〉,《考古學報》1982年 4期, 387~426쪽.

101. 遼寧省 北票縣 平房大隊—靳楓毅,〈論中國東北地區含曲刃青銅短劍的文化遺存〉,《考古學報》1982年 4期, 387~426쪽.

102. 遼寧省 朝陽縣 十二臺營子—朱貴,〈遼寧朝陽十二臺營子青銅短劍

墓〉,《考古學報》1960年 1期, 65~66쪽.

103. 遼寧省 朝陽縣 溝門子公社 東山—靳楓毅,〈論中國東北地區含曲刃青銅短劍的文化遺存〉,《考古學報》1982年 4期, 387~426쪽.

104. 遼寧省 朝陽縣 西五家子—靳楓毅,〈論中國東北地區含曲刃青銅短劍的文化遺存〉,《考古學報》1982年 4期, 387~426쪽.

105. 遼寧省 朝陽縣 大廟—靳楓毅,〈論中國東北地區含曲刃青銅短劍的文化遺存〉,《考古學報》1982年 4期, 387~426쪽.

106. 遼寧省 朝陽縣 東五家子公社 娘娘廟大隊六隊—靳楓毅,〈論中國東北地區含曲刃青銅短劍的文化遺存〉,《考古學報》1982年 4期, 387~426쪽.

107. 遼寧省 朝陽縣 召都巴—靳楓毅,〈論中國東北地區含曲刃青銅短劍的文化遺存〉,《考古學報》1982年 4期, 387~426쪽.

108. 遼寧省 朝陽縣 邊杖子—靳楓毅,〈論中國東北地區含曲刃青銅短劍的文化遺存〉,《考古學報》1982年 4期, 387~426쪽.

109. 遼寧省 朝陽縣 七道泉子公社 上河首三隊—靳楓毅,〈論中國東北地區含曲刃青銅短劍的文化遺存〉,《考古學報》1982年 4期, 387~426쪽.

110. 遼寧省 朝陽縣 孟克—靳楓毅,〈論中國東北地區含曲刃青銅短劍的文化遺存〉,《考古學報》1982年 4期, 387~426쪽.

111. 遼寧省 朝陽縣 城鎮附近—靳楓毅,〈論中國東北地區含曲刃青銅短劍的文化遺存〉,《考古學報》1982年 4期, 387~426쪽.

112. 遼寧省 朝陽縣 太平房公社大板大隊—靳楓毅,〈論中國東北地區含曲刃青銅短劍的文化遺存〉,《考古學報》1982年 4期, 387~426쪽.

113. 遼寧省 朝陽縣 卜家溝—靳楓毅,〈論中國東北地區含曲刃青銅短劍的文化遺存〉,《考古學報》1982年 4期, 387~426쪽.

114. 遼寧省 朝陽縣 東大道—靳楓毅,〈論中國東北地區含曲刃青銅短劍的文化遺存〉,《考古學報》1982年 4期, 387~426쪽.

115. 遼寧省 朝陽縣 楊樹灣—靳楓毅,〈論中國東北地區含曲刃青銅短劍

的文化遺存〉,《考古學報》1982年 4期, 387~426쪽.

116. 遼寧省 朝陽縣 波羅赤—靳楓毅,〈論中國東北地區含曲刃青銅短劍
的文化遺存〉,《考古學報》1982年 4期, 387~426쪽.

117. 遼寧省 朝陽縣 下窪—靳楓毅,〈論中國東北地區含曲刃青銅短劍的
文化遺存〉,《考古學報》1982年 4期, 387~426쪽.

118. 遼寧省 朝陽縣 三道梁子—靳楓毅,〈論中國東北地區含曲刃青銅短
劍的文化遺存〉,《考古學報》1982年 4期, 387~426쪽.

119. 遼寧省 朝陽縣 黃花溝—靳楓毅,〈論中國東北地區含曲刃青銅短劍
的文化遺存〉,《考古學報》1982年 4期, 387~426쪽.

120. 遼寧省 朝陽縣 木頭城子—靳楓毅,〈論中國東北地區含曲刃青銅短
劍的文化遺存〉,《考古學報》1982年 4期, 387~426쪽.

121. 遼寧省 朝陽縣 耿臺子—靳楓毅,〈論中國東北地區含曲刃青銅短劍
的文化遺存〉,《考古學報》1982年 4期, 387~426쪽.

122. 遼寧省 朝陽縣 十二臺營子 下窪上河套—靳楓毅,〈論中國東北地區
含曲刃青銅短劍的文化遺存〉,《考古學報》1982年 4期, 387~426쪽.

123. 遼寧省 朝陽縣 十二臺營子 袁家臺子—靳楓毅,〈論中國東北地區含
曲刃青銅短劍的文化遺存〉,《考古學報》1982年 4期, 387~426쪽.

124. 遼寧省 朝陽縣 十二臺營子 袁家臺子 三隊—靳楓毅,〈論中國東北
地區含曲刃青銅短劍的文化遺存〉,《考古學報》1982年 4期, 387~
426쪽.

125. 遼寧省 朝陽縣 十二臺營子 木頭溝—靳楓毅,〈論中國東北地區含曲
刃青銅短劍的文化遺存〉,《考古學報》1982年 4期, 387~426쪽.

126. 遼寧省 朝陽縣 城郊八寶營子—靳楓毅,〈論中國東北地區含曲刃青
銅短劍的文化遺存〉,《考古學報》1982年 4期, 387~426쪽.

127. 遼寧省 朝陽縣 長寶公社 長寶大隊三隊—靳楓毅,〈論中國東北地區
含曲刃青銅短劍的文化遺存〉,《考古學報》1982年 4期, 387~426쪽.

128. 遼寧省 朝陽縣 孫家灣公社 大房身—靳楓毅,〈論中國東北地區含曲

刃靑銅短劍的文化遺存〉, 《考古學報》 1982年 4期, 387~426쪽.

129. 遼寧省 朝陽縣 北廣富營子—靳楓毅, 〈論中國東北地區含曲刃靑銅
     短劍的文化遺存〉, 《考古學報》 1982年 4期, 387~426쪽.

130. 遼寧省 朝陽縣 東升公社 駐地—靳楓毅, 〈論中國東北地區含曲刃靑
     銅短劍的文化遺存〉, 《考古學報》 1982年 4期, 387~426쪽.

131. 遼寧省 朝陽縣 大屯公社 松樹嘴子—靳楓毅, 〈論中國東北地區含曲
     刃靑銅短劍的文化遺存〉, 《考古學報》 1982年 4期, 387~426쪽.

132. 遼寧省 朝陽縣 六家子公社 東山大隊 東岑崗—靳楓毅, 〈論中國東
     北地區含曲刃靑銅短劍的文化遺存〉, 《考古學報》 1982년 4期, 387~
     426쪽.

133. 遼寧省 朝陽縣 王營子—靳楓毅, 〈論中國東北地區含曲刃靑銅短劍
     的文化遺存〉, 《考古學報》 1982年 4期, 387~426쪽.

134. 遼寧省 建昌縣 城內銀行院里—靳楓毅, 〈論中國東北地區含曲刃靑
     銅短劍的文化遺存〉, 《考古學報》 1982年 4期, 387~426쪽.

135. 遼寧省 建昌縣 巴什罕 土城子—靳楓毅, 〈論中國東北地區含曲刃靑
     銅短劍的文化遺存〉, 《考古學報》 1982年 4期, 387~426쪽.

136. 遼寧省 建昌縣 二道灣子公社 西簸大隊 后城子—靳楓毅, 〈論中國
     東北地區含曲刃靑銅短劍的文化遺存〉, 《考古學報》 1982年 4期,
     387~426쪽.

137. 遼寧省 喀左縣 南洞溝—遼寧省博物館·朝陽地區博物館, 〈遼寧喀
     左南洞溝石槨墓〉, 《考古》 1977年 6期, 374쪽.

138. 遼寧省 喀左縣 山嘴子公社 炕杖子—靳楓毅, 〈論中國東北地區含曲
     刃靑銅短劍的文化遺存〉, 《考古學報》 1982年 4期, 387~426쪽.

139. 遼寧省 喀左縣 山嘴子公社 土城子 西南—靳楓毅, 〈論中國東北地
     區含曲刃靑銅短劍的文化遺存〉, 《考古學報》 1982年 4期, 387~426쪽.

140. 遼寧省 喀左縣 平房子公社 桃花池大隊 鐵橋東—靳楓毅, 〈論中國東
     北地區含曲刃靑銅短劍的文化遺存〉, 《考古學報》 1982年 4期, 387~426쪽.

141. 遼寧省 喀左縣 平房子公社 小營子—靳楓毅, 〈論中國東北地區含曲
刃靑銅短劍的文化遺存〉, 《考古學報》 1982年 4期, 387~426쪽.

142. 遼寧省 喀左縣 平房子公社 小營子 九隊—靳楓毅, 〈論中國東北地
區含曲刃靑銅短劍的文化遺存〉, 《考古學報》 1982年 4期, 387~426쪽.

143. 遼寧省 喀左縣 南哨(梁家營子)—靳楓毅, 〈論中國東北地區含曲刃
靑銅短劍的文化遺存〉, 《考古學報》 1982年 4期, 387~426쪽.

144. 遼寧省 喀左縣 大城子公社 洞上—靳楓毅, 〈論中國東北地區含曲刃
靑銅短劍的文化遺存〉, 《考古學報》 1982年 4期, 387~426쪽.

145. 遼寧省 喀左縣 六官營子公社 南洞溝—靳楓毅, 〈論中國東北地區含
曲刃靑銅短劍的文化遺存〉, 《考古學報》 1982年 4期, 387~426쪽.

146. 遼寧省 喀左縣 六官營子公社 哈巴氣—靳楓毅, 〈論中國東北地區含
曲刃靑銅短劍的文化遺存〉, 《考古學報》 1982年 4期, 387~426쪽.

147. 遼寧省 喀左縣 大城子附近—靳楓毅, 〈論中國東北地區含曲刃靑銅
短劍的文化遺存〉, 《考古學報》 1982年 4期, 387~426쪽.

148. 遼寧省 喀左縣 和尙溝—靳楓毅, 〈論中國東北地區含曲刃靑銅短劍
的文化遺存〉, 《考古學報》 1982年 4期, 387~426쪽.

149. 遼寧省 喀左縣 東赤里赤—靳楓毅, 〈論中國東北地區含曲刃靑銅短
劍的文化遺存〉, 《考古學報》 1982年 4期, 387~426쪽.

150. 遼寧省 喀左縣 甘招—靳楓毅, 〈論中國東北地區含曲刃靑銅短劍的
文化遺存〉, 《考古學報》 1982年 4期, 387~426쪽.

151. 遼寧省 喀左縣 四家子—靳楓毅, 〈論中國東北地區含曲刃靑銅短劍
的文化遺存〉, 《考古學報》 1982年 4期, 387~426쪽.

152. 遼寧省 喀左縣 中三家—靳楓毅, 〈論中國東北地區含曲刃靑銅短劍
的文化遺存〉, 《考古學報》 1982年 4期, 387~426쪽.

153. 遼寧省 喀左縣 大黃杖子—靳楓毅, 〈論中國東北地區含曲刃靑銅短
劍的文化遺存〉, 《考古學報》 1982年 4期, 387~426쪽.

154. 遼寧省 喀左縣 東溝—靳楓毅, 〈論中國東北地區含曲刃靑銅短劍的

文化遺存〉,《考古學報》1982年 4期, 387~426쪽.

155. 遼寧省 喀左縣 十八─靳楓毅,〈論中國東北地區含曲刃靑銅短劍的
    文化遺存〉,《考古學報》1982年 4期, 387~426쪽.

156. 遼寧省 喀左縣 西溝里西梁─靳楓毅,〈論中國東北地區含曲刃靑銅
    短劍的文化遺存〉,《考古學報》1982年 4期, 387~426쪽.

157. 遼寧省 喀左縣 水泉溝橙子地─靳楓毅,〈論中國東北地區含曲刃靑
    銅短劍的文化遺存〉,《考古學報》1982年 4期, 387~426쪽.

158. 遼寧省 喀左縣 叢杖子─靳楓毅,〈論中國東北地區含曲刃靑銅短劍
    的文化遺存〉,《考古學報》1982年 4期, 387~426쪽.

159. 遼寧省 喀左縣 黑山順鹽地─靳楓毅,〈論中國東北地區含曲刃靑銅
    短劍的文化遺存〉,《考古學報》1982年 4期, 387~426쪽.

160. 遼寧省 喀左縣 貝子溝下干溝─靳楓毅,〈論中國東北地區含曲刃靑
    銅短劍的文化遺存〉,《考古學報》1982年 4期, 387~426쪽.

161. 遼寧省 喀左縣 車杖子─靳楓毅,〈論中國東北地區含曲刃靑銅短劍
    的文化遺存〉,《考古學報》1982年 4期, 387~426쪽.

162. 遼寧省 喀左縣 南溝門─靳楓毅,〈論中國東北地區含曲刃靑銅短劍
    的文化遺存〉,《考古學報》1982年 4期, 387~426쪽.

163. 遼寧省 喀左縣 小湯─靳楓毅,〈論中國東北地區含曲刃靑銅短劍的
    文化遺存〉,《考古學報》1982年 4期, 387~426쪽.

164. 遼寧省 喀左縣 草場北場院─靳楓毅,〈論中國東北地區含曲刃靑銅
    短劍的文化遺存〉,《考古學報》1982年 4期, 387~426쪽.

165. 遼寧省 喀左縣 果木樹村─靳楓毅,〈論中國東北地區含曲刃靑銅短
    劍的文化遺存〉,《考古學報》1982年 4期, 387~426쪽.

166. 遼寧省 喀左縣 興隆溝─靳楓毅,〈論中國東北地區含曲刃靑銅短劍
    的文化遺存〉,《考古學報》1982年 4期, 387~426쪽.

167. 遼寧省 喀左縣 西溝─靳楓毅,〈論中國東北地區含曲刃靑銅短劍的
    文化遺存〉,《考古學報》1982年 4期, 387~426쪽.

168. 遼寧省 喀左縣 龍杖子村—靳楓毅, 〈論中國東北地區含曲刃靑銅短劍的文化遺存〉, 《考古學報》 1982年 4期, 387~426쪽.

169. 遼寧省 喀左縣 白廟子—靳楓毅, 〈論中國東北地區含曲刃靑銅短劍的文化遺存〉, 《考古學報》 1982年 4期, 387~426쪽.

170. 遼寧省 喀左縣 楊樹底下西溝—靳楓毅, 〈論中國東北地區含曲刃靑銅短劍的文化遺存〉, 《考古學報》 1982年 4期, 387~426쪽.

171. 遼寧省 喀左縣 平房子公社 馬家窩鋪—靳楓毅, 〈論中國東北地區含曲刃靑銅短劍的文化遺存〉, 《考古學報》 1982年 4期, 387~426쪽.

172. 遼寧省 喀左縣 平房子公社 山灣子—靳楓毅, 〈論中國東北地區含曲刃靑銅短劍的文化遺存〉, 《考古學報》 1982年 4期, 387~426쪽.

173. 遼寧省 喀左縣 南公營子公社 西村—靳楓毅, 〈論中國東北地區含曲刃靑銅短劍的文化遺存〉, 《考古學報》 1982年 4期, 387~426쪽.

174. 遼寧省 喀左縣 南公營子—靳楓毅, 〈論中國東北地區含曲刃靑銅短劍的文化遺存〉, 《考古學報》 1982年 4期, 387~426쪽.

175. 遼寧省 凌源縣 大河北公社 魏杖子—靳楓毅, 〈論中國東北地區含曲刃靑銅短劍的文化遺存〉, 《考古學報》 1982年 4期, 387~426쪽.

176. 遼寧省 凌源縣 三道河子—靳楓毅, 〈論中國東北地區含曲刃靑銅短劍的文化遺存〉, 《考古學報》 1982年 4期, 387~426쪽.

177. 遼寧省 凌源縣 叼爾登—靳楓毅, 〈論中國東北地區含曲刃靑銅短劍的文化遺存〉, 《考古學報》 1982年 4期, 387~426쪽.

178. 遼寧省 凌源縣 松岺公社三皇廟—靳楓毅, 〈論中國東北地區含曲刃靑銅短劍的文化遺存〉, 《考古學報》 1982年 4期, 387~426쪽.

180. 遼寧省 凌源縣 四合當—靳楓毅, 〈論中國東北地區含曲刃靑銅短劍的文化遺存〉, 《考古學報》 1982年 4期, 387~426쪽.

181. 遼寧省 凌源縣 小城子公社 大杖子西隊王八盖子—靳楓毅, 〈論中國東北地區含曲刃靑銅短劍的文化遺存〉, 《考古學報》 1982年 4期, 387~426쪽.

182. 遼寧省 凌源縣 三官甸子—靳楓毅, 〈論中國東北地區含曲刃青銅短劍的文化遺存〉, 《考古學報》 1982年 4期, 387~426쪽.

183. 遼寧省 凌源縣 河湯溝—靳楓毅, 〈論中國東北地區含曲刃青銅短劍的文化遺存〉, 《考古學報》 1982年 4期, 387~426쪽.

184. 遼寧省 敖漢旗 白斯郎營子—靳楓毅, 〈論中國東北地區含曲刃青銅短劍的文化遺存〉, 《考古學報》 1982年 4期, 387~426쪽.

185. 遼寧省 敖漢旗 林家地公社 東井—靳楓毅, 〈論中國東北地區含曲刃青銅短劍的文化遺存〉, 《考古學報》 1982年 4期, 387~426쪽.

186. 遼寧省 敖漢旗 敖吉公社 山灣子水庫—靳楓毅, 〈論中國東北地區含曲刃青銅短劍的文化遺存〉, 《考古學報》 1982年 4期, 387~426쪽.

187. 遼寧省 敖漢旗 金場溝梁—靳楓毅, 〈論中國東北地區含曲刃青銅短劍的文化遺存〉, 《考古學報》 1982年 4期, 387~426쪽.

188. 遼寧省 建平縣 大拉罕溝—建平縣文化館·朝陽地區博物館, 〈遼寧建平縣的青銅時代墓葬及相關遺物〉, 《考古》 1983年 8期, 683~684쪽.

189. 遼寧省 建平縣 老官地—靳楓毅, 〈論中國東北地區含曲刃青銅短劍的文化遺存〉, 《考古學報》 1982年 4期, 387~426쪽.

190. 遼寧省 建平縣 二十家字子公社 朝陽山大隊 九問房—靳楓毅, 〈論中國東北地區含曲刃青銅短劍的文化遺存〉, 《考古學報》 1982年 4期, 387~426쪽.

191. 遼寧省 建平縣 向陽公社 門前—靳楓毅, 〈論中國東北地區含曲刃青銅短劍的文化遺存〉, 《考古學報》 1982年 4期, 387~426쪽.

192. 遼寧省 建平縣 太平莊公社 石臺溝—靳楓毅, 〈論中國東北地區含曲刃青銅短劍的文化遺存〉, 《考古學報》 1982年 4期, 387~426쪽.

193. 遼寧省 建平縣 老建平—靳楓毅, 〈論中國東北地區含曲刃青銅短劍的文化遺存〉, 《考古學報》 1982年 4期, 387~426쪽.

194. 遼寧省 建平縣 新窩卜—靳楓毅, 〈論中國東北地區含曲刃青銅短劍的文化遺存〉, 《考古學報》 1982年 4期, 387~426쪽.

195. 遼寧省 建平縣 沙海公社 四龍溝大隊芥菜溝—靳楓毅, 〈論中國東北地區含曲刃靑銅短劍的文化遺存〉, 《考古學報》 1982年 4期, 387~426쪽.

196. 遼寧省 建平縣 富山—靳楓毅, 〈論中國東北地區含曲刃靑銅短劍的文化遺存〉, 《考古學報》 1982年 4期, 387~426쪽.

197. 遼寧省 建平縣 西營子公社 順治溝大隊 五隊—靳楓毅, 〈論中國東北地區含曲刃靑銅短劍的文化遺存〉, 《考古學報》 1982年 4期, 387~426쪽.

198. 遼寧省 建平縣 萬壽公社 河南村—靳楓毅, 〈論中國東北地區含曲刃靑銅短劍的文化遺存〉, 《考古學報》 1982年 4期, 387~426쪽.

199. 遼寧省 建平縣 萬壽公社 扎寨營子—靳楓毅, 〈論中國東北地區含曲刃靑銅短劍的文化遺存〉, 《考古學報》 1982年 4期, 387~426쪽.

200. 遼寧省 建平縣 孤山公社 大拉罕溝—靳楓毅, 〈論中國東北地區含曲刃靑銅短劍的文化遺存〉, 《考古學報》 1982年 4期, 387~426쪽.

201. 遼寧省 建平縣 孤山子公社 大壩南山城—靳楓毅, 〈論中國東北地區含曲刃靑銅短劍的文化遺存〉, 《考古學報》 1982年 4期, 387~426쪽.

202. 遼寧省 建平縣 孤山子公社 老窩卜—靳楓毅, 〈論中國東北地區含曲刃靑銅短劍的文化遺存〉, 《考古學報》 1982年 4期, 387~426쪽.

203. 遼寧省 建平縣 喀喇沁公社 華家杖子—靳楓毅, 〈論中國東北地區含曲刃靑銅短劍的文化遺存〉, 《考古學報》 1982年 4期, 387~426쪽.

204. 遼寧省 建平縣 喀喇沁公社 喀喇沁村—靳楓毅, 〈論中國東北地區含曲刃靑銅短劍的文化遺存〉, 《考古學報》 1982年 4期, 387~426쪽.

205. 遼寧省 建平縣 二十家子—靳楓毅, 〈論中國東北地區含曲刃靑銅短劍的文化遺存〉, 《考古學報》 1982年 4期, 387~426쪽.

206. 遼寧省 寧城縣 南山根—中國科學院考古硏究所東北工作隊, 〈寧城縣南山根的石槨墓〉, 《考古學報》 1973年 2期 33쪽.

207. 遼寧省 寧城縣 大名城—《考古學雜誌》 第28卷 2號.

208. 遼寧省 寧城縣 四道營子—靳楓毅, 〈論中國東北地區含曲刃青銅短劍的文化遺存〉, 《考古學報》 1982年 4期, 387~426쪽.

209. 遼寧省 寧城縣 甸子—靳楓毅, 〈論中國東北地區含曲刃青銅短劍的文化遺存〉, 《考古學報》 1982年 4期, 387~426쪽.

210. 遼寧省 寧城縣 甸子公社 王營子一隊—靳楓毅, 〈論中國東北地區含曲刃青銅短劍的文化遺存〉, 《考古學報》 1982年 4期, 387~426쪽.

211. 遼寧省 寧城縣 青山公社 西三家大隊 孫家溝—靳楓毅, 〈論中國東北地區含曲刃青銅短劍的文化遺存〉, 《考古學報》 1982年 4期, 387~426쪽.

212. 遼寧省 寧城縣 天義附近—靳楓毅, 〈論中國東北地區含曲刃青銅短劍的文化遺存〉, 《考古學報》 1982年 4期, 387~426쪽.

213. 遼寧省 寧城縣 汐子山嘴—靳楓毅, 〈論中國東北地區含曲刃青銅短劍的文化遺存〉, 《考古學報》 1982年 4期, 387~426쪽.

214. 河北省 承德市—鄭紹宗, 〈河北省發現的青銅短劍〉, 《考古》 1975年 第4期, 226~227쪽.

215. 河北省 承德縣—鄭紹宗, 〈河北省發現的青銅短劍〉, 《考古》 1975年 第4期, 226~227쪽.

216. 河北省 青龍—鄭紹宗, 〈河北省發現的青銅短劍〉, 《考古》 1975年 第4期, 226~227쪽.

217. 河北省 琢縣—鄭紹宗, 〈河北省發現的青銅短劍〉, 《考古》 1975年 第4期, 쪽226~227.

218. 河北省 新城縣 高碑店—鄭紹宗, 〈河北省發現的青銅短劍〉, 《考古》 1975年 第4期, 226~227쪽.

219. 河北省 望都—鄭紹宗, 〈河北省發現的青銅短劍〉, 《考古》 1975年 第4期, 226~227쪽.

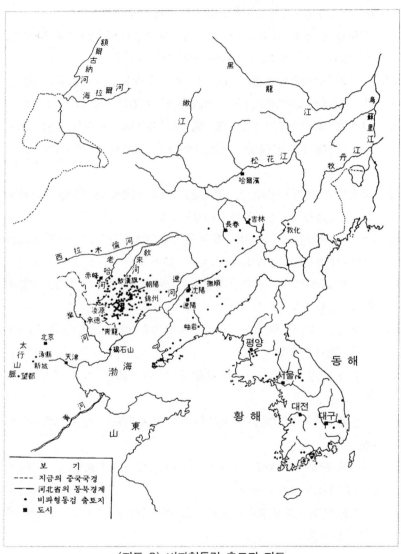

〈지도 3〉 비파형동검 출토지 지도

V. 고조선의 도읍지는 어디였을까

1. 왕검성은 고조선의 도읍이 아니다

고조선 도읍의 위치와 그 이동을 확인하는 작업은 고조선의 중심 지역, 건국 세력, 국력 변화, 국제 정세 등을 함께 확인할 수 있는 작업으로 고조선 연구에서 중요한 과제 가운데 하나이다. 지금까지는 고조선(단군조선)의 도읍을 왕검성으로 보는 것이 남한과 북한 학계의 통설이다. 그러나 그 위치에 대해서는 여러 견해들이 제출되어 있다.

그런데 고조선에 관한 사료의 어느 곳에서도 그 도읍이 왕검성이었다는 기록은 찾아볼 수 없다. 왕검성은 위만조선의 도읍 명칭으로 나타날 뿐이다. 그럼에도 고조선의 도읍 명칭을 왕검성으로 본 것은 고대사 체계가 잘못된 것에서 말미암았다. 남한이나 북한에서 통용되는 고대사 체계를 보면, 고조선의 뒤를 이어 그 지역에 위만조선이 있었던 것으로 되어 있다. 그러므로 고조선과 위만조선은 동일한 곳에 도읍을 했을 것으로 일부 학자들은 생각하고 있는 것이다. 따라서 위만조선의 도읍인 왕검성은 고조선의 도읍이기도 했을 것으로 보고 있는 것이다.

고조선이 지금의 평양을 중심으로 한 대동강 유역에 있었다고 보는 학자들은, 동일한 지역에 위만조선이 있었고 그 도읍인 왕검성은 지금의 평양이었다고 보고 있으며, 고조선이 지금의 요동 지역에 있었다고 보는 학자들은, 위만조선도 그곳에 있었고 그 도읍인 왕검성은 요하 부근이었다고 보고 있는 것이다. 그러나 이러한 고대사 체계는 잘못된 것이다. 위만조선은 고조선과 동일한 지역에 있지 않았다.

위만조선은 고조선의 서부 변경인 지금의 북경 근처 난하 유역에 있었다. 위만은 지금의 난하 동부 유역에 있던 기자국의 준왕(準王)으로

부터 정권을 빼앗아 위만조선을 건국한 뒤 줄곧 도읍을 그곳에 두고 영
토를 확장하였다. 그리고 서한(西漢) 무제(武帝)의 침략을 받아 위만조
선이 멸망한 뒤, 그 지역에는 서한의 행정구역인 낙랑군·임둔군·진
번군·현도군 등 이른바 한사군이 설치되었다. 고조선은 기자국보다
먼저 건국되어 위만조선과 한사군이 있었던 시기에도 그 동쪽의 만주
와 한반도를 차지하고 그대로 존속하고 있었다. 그러므로 고조선과 위
만조선의 도읍은 동일한 곳일 수가 없다.

위만조선의 도읍인 왕검성은 난하 유역에서 찾아야 하고, 고조선의
도읍은 그 동쪽 한반도와 만주 지역에서 찾아야 하는 것이다. 《삼국유
사》 '고조선'조에는 그 첫 번째 도읍은 《위서(魏書)》에는 아사달(阿斯
達)로, 《고기(古記)》에는 평양성(平壤城)으로 기록되어 있다고 하였다.
그리고 이곳으로부터 백악산아사달(白岳山阿斯達), 장당경(藏唐京), 아
사달로 옮겼다고 되어 있다. 이를 인정한다면 고조선은 도읍을 적어도
서너 번 옮긴 것이 되므로 그 영토가 좁지 않았을 것이다.

학계에서는 이러한 고조선의 도읍 명칭이나 그 이동에 관한 기록에
대해서는 일절 말하지 않고, 위만조선의 도읍이었던 왕검성만을 언급
하고 있는 것이다. 왕검성을 고조선과 위만조선 두 시기의 도읍으로 본
것은, 그 자체가 고조선의 역사를 부인하거나 축소하는 것이 되는 것이
다. 따라서 고조선의 역사를 바르게 복원하기 위해서는, 그 영토를 확
인하는 작업과 더불어 그 도읍의 위치와 이동을 확인하는 작업이 필수
적이다.

중국의 옛 문헌에서는 만주 지역에 험독(險瀆)이라는 지명이 있었음
이 확인된다. 험독이라는 지명은 황하 유역에서는 보이지 않으며 만주
지역에서만 보인다. 만주는 고대에 한민족의 활동 지역이었다. 따라서
험독은 한민족이 부르던 지명이었다고 보아야 할 것이다. 중국 문헌에
는 험독이 고대의 도읍지였다고 기록되어 있다.

그렇다고 필자는 그곳을 바로 고조선의 도읍이었다고 말하려는 것은

아니다. 험독을 고조선의 도읍으로 보려면 좀더 분명한 근거가 제시되어야 할 것이다. 적어도 험독이 고조선의 영토 안에 있어야 하고 당시의 상황이 고조선으로 하여금 그곳으로 도읍을 정하도록 했을 것이라는 역사적 배경 설명이 필요할 것이다. 이러한 점 등을 밝혀 고조선의 도읍의 위치와 그 이동을 확인하려고 한다.

2. 고조선은 도읍을 네 번 옮겼다

고조선의 도읍을 확인하기 위하여 먼저 그것에 관한 기록을 검토해 보자. 《삼국유사》 '고조선'조에는 도읍과 관계된 다음과 같은 기록이 있다. "《위서》에 이르기를, 지나간 2천 년 전에 단군왕검이라는 사람이 있어 도읍을 아사달에 정하고 나라를 세워 이름을 조선이라 하니 (중국의) 요(堯)와 같은 시대였다"[90]고 하여 고조선의 도읍이 아사달이었음을 말하고 있다.

그리고 계속해서 《위서》와는 다른 책인 《고기》의 기록을 인용하여 고조선의 도읍에 관한 더 구체적인 정보를 제공하고 있다. "《고기》에 이르기를 그(단군왕검)는 당요(唐堯)가 즉위한 50년 경인년에 평양성에 도읍하고 비로소 조선이라 일컬었다. 또 도읍을 백악산아사달로 옮겼는데 그곳을 궁홀산(弓忽山)이라고도 하고 금미달(今彌達)이라고도 한다. 나라를 다스리기 1천 5백 년이 지나 주(周)나라 무왕이 즉위한 기묘년에 기자를 조선에 봉하니 단군은 곧 장당경으로 옮겼다가 뒤에 아사달로 돌아와 은거하다가 산신이 되었다"[91]고 하였다. 《고기》는 고조선의 도읍 명칭과 그 이동에 관해 몇 가지 매우 중요하고 구체적인 정보

---

90) 《三國遺事》 '古朝鮮'條.
91) 주 90과 같음.

〈지도 4〉 고조선의 도읍지

를 제공하고 있다.

첫째,《고기》의 기록에서는 평양성, 백악산아사달, 장당경, 아사달 등
네 곳의 도읍 명칭이 등장하는데, 고조선은 이곳들을 차례로 도읍으로
삼았다고 말하고 있는 것이다. 고조선이 이렇게 여러 곳으로 도읍을 옮
길 정도였다면 그 영토는 상당히 넓었을 것으로 추정할 수 있다. 그런
데도 지난날 학자들은 고조선의 존재를 부인하거나 그 사회 수준을 낮

게 평가하여 그 영역도 넓지 않았을 것으로 생각했기 때문에 이러한 고
조선의 도읍 이동에 관한 기록에 관심을 기울이지 않았다.

둘째, 고조선이 백악산아사달에서 장당경으로 도읍을 옮기게 된 이
유를 설명하고 있다. 그것은 기자가 주(周)나라로부터 망명해 왔기 때
문이었다는 것이다. 《상서대전》에 따르면, 기자는 그의 조국인 상(商)
나라가 주족(周族)으로 말미암아 멸망하자 그 부끄러움을 참을 수 없어
조선으로 도망했는데, 이 소식을 듣고 주나라 무왕은 그를 조선에 봉했
다고 기록되어 있다.[92]

위의 내용으로 보아, 무왕이 기자를 조선에 봉했다는 것은 주나라를
배반하고 도망한 기자를 무왕은 책망하지 않고 조선에 사는 것을 공식
적으로 허락했다는 뜻이다. 어떻든 기자가 조선으로 온 것과 고조선이
백악산아사달에서 장당경으로 도읍을 옮긴 것은 관계가 있다고 《고기》
는 말하고 있다.

셋째, 장당경으로부터 마지막 도읍이었다는 아사달로 옮긴 것을 말
하면서 아사달로 "돌아왔다"[93]고 표현하고 있다. 이 표현에 따르면, 고
조선의 마지막 도읍이었던 아사달은 이전에도 도읍을 했던 곳이어야
한다. 그렇지 않고서야 돌아왔다는 표현을 사용했을 리 없기 때문이다.
이렇게 본다면, 이전의 도읍 가운데 아사달이 있어야 한다. 그런데 《고
기》에는 마지막 도읍 이전의 도읍 가운데 아사달은 보이지 않는다. 반
면에 《위서》에서 말한 고조선의 첫 번째 도읍 명칭은 아사달로서 《고
기》가 말한 마지막 도읍과 그 명칭이 같다. 이로 보아, 고조선의 첫 번
째 도읍과 마지막 도읍은 《위서》와 《고기》가 말한 아사달이었을 가능
성이 있다.

넷째, 《고기》의 기록은 우리에게 고민을 안겨 주기도 한다. 그것은

---

92) 《尙書大傳》〈殷傳〉 '鴻範'條.
93) 《三國遺事》 '古朝鮮'條.

고조선의 첫 번째 도읍 명칭을 《위서》에서 아사달이라고 한 것과는 달리, 《고기》에서는 평양성이었다고 말하고 있다는 점이다. 아사달과 평양성은 같은 곳에 대한 다른 명칭이었을까, 아니면 전혀 다른 곳이었을까? 다른 곳이었다면, 어떤 이유로 고조선의 첫 번째 도읍을 《위서》에서는 아사달로, 《고기》에서는 평양성으로 기록했을까?

다섯째, 고조선의 도읍 명칭에 왕검성은 보이지 않는다는 점이다. 반면에 왕검성과는 다른 4~5 곳의 도읍 명칭이 보인다. 서론에서 말했듯이 왕검성은 고조선의 도읍이 아니라 위만조선의 도읍이었다. 《삼국유사》'위만조선(魏滿朝鮮, 衛滿朝鮮)'조에는 그 도읍 명칭을 왕검(王儉)이라 하였고, 《사기》〈조선열전(朝鮮列傳)〉에서는 왕험(王險)이라 하였다.

《삼국유사》'위만조선'조의 내용은 《사기》〈조선열전〉의 기록을 옮긴 것이므로, 전체의 내용은 《사기》〈조선열전〉의 기록이 기본사료가 되겠지만, 그 도읍 명칭은 원래 고조선 지역에 있었던 지명이므로 《삼국유사》의 기록이 옳을 것이다. 따라서 대부분의 학자들은 그 명칭을 왕험성이라 하지 않고 왕검성이라고 표기하고 있는 것이다. 고조선과 위만조선의 도읍 명칭이 다르다는 것은, 고조선과 위만조선이 같은 곳에 있지 않았음을 말해 주는 것이다. 고조선과 위만조선이 같은 곳에 있었는지 그렇지 않았는지를 알기 위해 왕검성의 위치도 확인해 볼 필요가 있을 것이다.

고조선이 도읍을 서너 번 옮겼다는 것은 그 영토가 그만큼 넓었을 가능성을 암시하는 것이기도 하고, 그 시대 상황이 순탄하지 않았음을 말해 주는 것이기도 하다. 도읍 이동은 영토 확장이나 발전을 위한 정책과 관계가 있을 수도 있고, 국제 정세에 따른 것일 수도 있으며, 이러한 여러 상황이 복합되어 있을 수도 있는 것이다.

3. 중국문헌에 고조선의 도읍지가 보인다

고조선의 도읍 명칭에 관하여 중국 문헌에 보이는 험독(險瀆)의 의미를 확인해 볼 필요가 있다. 왜냐하면 중국학자들은 험독을 도읍 명칭으로 이해하고 있기 때문이다. 험독은 고대에 한민족이 활동했던 만주 지역에서만 보이며 황하 유역에서는 보이지 않는다.

앞에서 말한 바와 같이, 《사기》〈조선열전〉에는 위만조선의 도읍이 왕험이었다고 기록되어 있는데, 이 왕험에 대해 《사기집해(史記集解)》와 《사기색은(史記索隱)》에서, 서광(徐廣)은 창려(昌黎)에 있는 험독현 (險瀆縣)을 왕험으로 보았다고 적고 있다.[94] 그리고 《사기색은》에는, 응소(應劭)는 《한서》〈지리지〉에 주석하기를 요동에 험독현이 있는데 그곳은 조선왕의 옛 도읍이었다고 하였고, 신찬(臣瓚)은 왕험성(王險城)은 패수(浿水) 동쪽에 있다고 하였다고[95] 보충 설명하고 있다.

서광과 응소가 말한 험독과 신찬이 말한 왕험성의 위치가 같은 곳인지 그렇지 않은지는 뒤에서 밝히겠지만, 여기서 중요한 것은 험독과 왕험성을 조선왕의 옛 도읍 또는 위만조선의 왕검성으로 보고 있다는 점이다. 다시 말하면 그들은 험독을 고대의 도읍지로 보고 있다.

여기서 주목해야 할 점은 중국인들이 험독이라 부르는 지명을 한민족은 검독(儉瀆)이라 불렀다는 것이다. 앞에서 말한 바와 같이 《사기》 〈조선열전〉에서는 위만조선의 도읍 명칭을 왕험(王險)이라 하였는데 《삼국유사》'위만조선'조에서는 왕검(王儉)이라 하였다. 그리고 《삼국유사》'위만조선'조에는 위의 《사기색은》에 실린 "왕험성은 패수 동쪽에 있다고 하였다"는 신찬의 말을 주석으로 싣고 있는데, 왕험성을 왕검성(王儉城)으로 수정하였다.[96]

---

94) 《史記》〈朝鮮列傳〉의 王險에 대한 주석으로 실린 《史記集解》.
95) 《史記》〈朝鮮列傳〉의 王險에 대한 주석으로 실린 《史記索隱》.
96) 《三國遺事》'衛滿朝鮮條의 王儉에 대한 주석.

'검(儉)'은 고대 한국어에서 신을 뜻하였는데, 뒤에 통치자에 대한 칭호가 되었다.[97] 단군왕검의 검이나 신라에서 통치자의 칭호로 쓰였던 이사금의 금은 그것을 분명히 알려 주고 있다. 중국의 명나라 오명제(吳明濟)는 《조선세기(朝鮮世紀)》에서 고조선 역사를 서술하면서 단군의 이름은 검(儉)이라고 하였다.[98] 아마도 오명제는 단군왕검에서, 왕은 통치자에 대한 중국식의 칭호이므로, 검을 한민족이 부르는 본명으로 이해했던 것 같다.

이렇게 보면 험독은 검독으로 읽어야 하며, 검터라는 한민족의 말을 한자화한 것으로서, 고조선의 통치자가 거주했던 터라는 뜻일 것이다. 검독은 통치자가 거주했던 터고, 왕검성은 왕검이 거주했던 성이라는 뜻으로 모두 통치자가 거주했던 곳, 즉 도읍을 의미하지만 왕검성보다 검독이 더 먼저 사용되었던 명칭이었을 것이다. 왜냐하면 검독 즉 검터는 순수한 한민족의 말이지만 왕검성은 중국어인 왕(王)과 성(城)이 한민족의 말인 검과 혼합되어 만들어진 명칭이기 때문이다. 즉 왕검성은 검터보다 외래문화의 요소가 많은 명칭이다. 위만조선은 중국 망명객 위만이 건국하였다는 점과, 그 도읍 명칭인 왕검성이 중국말의 영향을 받아 만들어진 말이라는 점은 서로 무관하지 않을 것이다.

이렇게 보면 '왕험성=왕검성'은 위만조선의 도읍 명칭인 반면 '험독=검독'은 고조선의 도읍지였을 가능성이 크다. 따라서 험독의 위치를 밝히는 것은 고조선의 도읍지를 찾는 데 중요한 의미를 갖는다.

중국 문헌에는 네 개의 험독과 한 개의 왕험성이 보인다. 앞에 인용된 《사기집해》와 《사기색은》에는 서광이 말한 창려의 험독, 응소가 말한 요동군의 험독, 신찬이 말한 낙랑군 패수 동쪽의 왕험성이 보인다. 두 개의 험독과 한 개의 왕험성이 언급되어 있는 것이다. 《요사(遼史)》〈지리

---

97) 양주동, 《增訂 朝鮮古歌研究》, 일조각, 1963, 8쪽.
98) 吳明濟 著, 沈伯綱 編, 《朝鮮世紀》, 民族文化研究院, 2001, 15쪽.

지〉와 《대청일통지(大淸一統志)》에도 이와는 다른 험독이 보인다.

《요사》〈지리지〉에 요(遼)시대의 '집주회중군(集州懷衆軍)' 지역은 한시대에는 험독이었다고 하였다.99) 《대청일통지》에는 험독 옛 성(險瀆舊城)이 광녕현(廣寧縣) 동남에 있는데, 한(漢)시대에는 현으로서 요동군(遼東郡)에 속하였다100)고 하여, 청(淸)시대의 광녕현 동남 지역이 험독이었다고 말하고 있다.

4. 고조선의 도읍지는 만주에 세 곳 있었다

앞에서 확인된 바와 같이, 험독은 창려 험독, 요동군 험독, 집주회중군 험독, 광녕 험독 등 네 곳이 있었고, 왕험성은 낙랑군 패수 동쪽에 한 곳이 있었다. 그런데 이곳들은 동일 시대의 기록이 아니므로 이들 가운데는 동일한 곳이 지명이 바뀌어 다른 곳처럼 기록되었을 수도 있다. 따라서 이들의 위치 확인이 필요하다.

첫째, 서광이 말한 창려의 험독은 난하 하류 유역에 있었다. 《진서(晉書)》〈지리지〉,101) 《위서》〈지형지(地形志)〉,102) 《후한서》〈군국지〉,103) 《한서》〈지리지〉104) 등으로 고증해 보면, 서광이 말한 험독은 지금의 난하 하류 유역 창려(昌黎) 부근에 있었던 것으로 확인된다.

둘째, 응소가 말한 요동군의 험독도 난하 하류 유역에 있었다. 응소는 동한시대의 인물인데 진·한시대에 요동군은 동북의 국경 지역에 있었다. 진·한과 고조선의 국경은 지금의 난하와 그 하류 동부 유역에

---

99) 《遼史》〈地理志〉二〈東京都〉'集州懷衆軍'.
100) 《大淸一統志》〈錦州府〉二.
101) 《晉書》〈地理志〉上〈平州〉'昌黎郡條.
102) 《魏書》〈地形志〉上〈昌黎郡〉.
103) 《後漢書》〈郡國〉'遼東屬國'.
104) 《漢書》〈地理志〉下〈遼西郡〉'交黎'.

있는 갈석산으로 형성되어 있었는데, 요동군은 난하 하류 유역에 자리 잡아 갈석산을 그 동쪽 경계로 하고 있었다. 그러므로 응소가 말한 요동군의 험독은 지금의 난하 하류 유역에 있었다는 것이 된다.

이렇게 보면, 서광이 말한 창려의 험독과 응소가 말한 요동군의 험독은 같은 곳이었음을 알 수 있다. 여기서 한 가지 의문이 생긴다. 진·한시대의 요동군은 중국의 영토였는데, 그곳에 고조선의 도읍이 있었다는 것을 어떻게 설명할 수 있을까 하는 점이다. 그것은 다음과 같이 설명된다. 황하 중류 유역의 중국 세력이 난하 유역까지 미친 것은 춘추전국시대에 이르러서였다. 따라서 그 이전에는 고조선이 난하 서쪽까지 세력을 미칠 수도 있었고 난하가 고조선과 중국의 국경을 이룬 뒤에도 여러 차례 국경에 변화가 있어 고조선이 난하 서쪽까지 진출한 적이 있으므로 그곳에 도읍한 시기가 있었을 것이다

셋째, 《요사》〈지리지〉에 보이는 험독은 지금의 심양시 근처였다. 《요사》〈지리지〉에 따르면 요시대의 집주회중군은 한시대의 험독에 속해 있었다.[105] 《독사방여기요(讀史方輿紀要)》에 따르면, 요시대의 집주는 지금의 심양시(沈陽市) 동남 지역이었다고 한다.[106] 심양시 동남에는 본계시(本溪市)가 있는데, 필자는 이곳이 험독이었다고 생각한다.

본계시는 그 위치가 《요사》〈지리지〉의 기록과 일치하고 그곳에는 조선령(朝鮮嶺)이라는 지명이 남아 있기 때문이다.[107] 이곳은 기자국이나 위만조선이 위치했던 곳이 아니며, 근세조선의 영토도 아니었다. 따라서 이곳에 조선이라는 지명을 남길 수 있는 나라는 고조선(단군조선)뿐이다. 지금까지 이곳에 조선이라는 지명이 남아 있다는 것은 이곳이 당시에 매우 중요한 곳이었음을 말해 주는 것이다.

넷째, 《대청일통지(大淸一統志)》에 보이는 험독은 지금의 북진(北

---

105) 주 99와 같음.
106) 《讀史方輿紀要》〈山東〉〈遼東都指揮使司〉.
107) 《滿洲及朝鮮地圖》, 大阪什字屋出版社, 大正 2(1913).

鎭) 근처였다. 《대청일통지》〈금주부(錦州府)〉조의 기록에 따르면, 청시대의 광녕 동남이 험독의 옛 성이었다.108) 이와 동일한 내용이 《독사방여기요》에도 보인다. 청시대의 광녕은 대릉하 동부연안에 있었던 지금의 북진(北鎭)이다.109) 그러므로 지금의 북진 동남에 또 하나의 험독이 있었던 것이다.

여기서 한 가지 주의해야 할 것은, 《요사》와 《대청일통지》에서 심양 동남의 험독과 광녕 동남의 험독에 대해 설명하면서, 이곳들이 한시대의 요동군에 속한 현이었다고 말하고 있는 점이다. 한시대의 요동군 험독현이었다는 것이다. 그런데 본계와 북진은 아주 멀리 떨어져 있다. 따라서 이 두 곳이 모두 한시대의 요동군에 속해 있었던 험독현이었다고 말한 것은 잘못된 것이다.

앞에서 이미 확인된 바와 같이, 한시대의 동북 국경은 지금의 난하와 갈석산으로서 당시 요동군은 지금의 난하 하류 유역에 있었다. 그러므로 난하로부터 동쪽으로 멀리 떨어져 있는 본계나 북진은 고대 요동군의 험독현일 수가 없다. 아마도 《한서》〈지리지〉의 '요동군'조에 험독현이 보이므로, 험독이라는 지명이 남아 있는 북진과 본계 지역을 한시대의 요동군 지역으로 잘못 인식했던 것으로 생각된다. 지금까지 많은 학자들은 지금의 요동과 고대의 요동군을 같은 곳으로 잘못 인식하여 고대의 지리고증에 큰 오류를 범하여 왔다는 점을 상기할 필요가 있다.

5. 위만조선의 도읍인 왕검성은 지금의 북대하였다

이제 위만조선의 도읍이었던 낙랑군 패수 동쪽의 왕검성(왕험성)을

---

108) 주 100과 같음.
109) 譚其驤 主編, 《中國歷史地圖集》 第8冊 - 淸時期, 地圖出版社, 1987, 10~11쪽.

확인해 보자. 잘 알려진 바와 같이, 낙랑군은 위만조선이 멸망하고 그 지역에 설치되었던 한사군 가운데 하나였다. 그러므로 그곳에 위만조선의 도읍인 왕검성이 있었을 가능성이 있다. 이 사실을 뒷받침하는 기록이 《한서》〈지리지〉와 《진서》〈지리지〉에 보인다. 《한서》〈지리지〉를 보면, 낙랑군 조선현에 대해 '응소(應劭)는 (주나라) 무왕(武王)이 기자를 조선에 봉했다고 말했다.'110)고 주석을 달아 놓았다. 《진서》〈지리지〉에도 낙랑군 조선현은 '주나라가 기자를 봉했던 땅이다.'111)라고 주석되어 있다.

위 두 기록은 한사군의 낙랑군 조선현은 예전에 기자가 망명하여 거주했던 곳이라고 말하고 있다. 위만이 기자의 후손인 준왕의 정권을 빼앗아 위만조선을 건국하였고, 서한 무제가 위만조선을 멸망시키고 그곳에 한사군을 설치하였다. 그러므로 한사군 가운데 하나인 낙랑군의 조선현이 옛날 기자가 거주했던 곳이라면 그곳에는 기자국의 국읍(國邑)이 있었을 것이고, 그곳은 위만조선의 도읍이 되었을 것이다. 그러므로 위의 기록들은 설득력이 있다. 즉, 낙랑군 조선현 지역에 왕검성이 있었던 것이다.

그러면 낙랑군 조선현의 위치는 지금의 어느 곳이었을까. 낙랑군은 지금의 난하 동부 유역에 있었다. 지난날 일본인들은 낙랑군이 지금의 대동강 유역에 있었다고 주장한 바 있으며, 지금도 일부 학자들은 이를 따르고 있지만, 그것은 잘못 고증한 것이다. 《사기》〈하본기(夏本紀)〉의 주석으로 실린 《사기색은》에는 "《태강지리지》에 이르기를 낙랑군의 수성현(遂城縣)에는 갈석산이 있는데 진장성이 시작된 곳이다"112)라고 기록되어 있다. 《진서》〈당빈전〉과 《통전》'노룡현'조에도 진장성은 갈석산에서 시작되었다고 기록되어 있다.113)

---

110) 《漢書》〈地理志〉'樂浪郡'條의 朝鮮縣에 대한 주석.
111) 《晉書》〈地理志〉上〈樂浪郡〉'朝鮮縣'條.
112) 《史記》〈夏本紀〉의 碣石에 대한 주석으로 실린 《史記索隱》.

《통전》은 당나라 때에 편찬되었는데, 당나라의 노룡현은 지금의 난하 하류 유역에 있었다.114) 그리고 갈석산은 지금도 난하 하류 동부 유역에 있다. 진·한시대의 국경이었던 진장성이 갈석산에서 시작되었고 그 지역에 낙랑군 수성현이 있었다면, 수성현을 포함한 낙랑군은 갈석산의 동부 지역에 있어야 한다. 왜냐하면 낙랑군을 포함한 한사군은 서한이 동북쪽에 있었던 위만조선을 멸망시키고 설치했기 때문이다. 그러므로 낙랑군에 속해 있었던 조선현은 갈석산으로부터 동쪽으로 가까운 곳에 있었다고 보아야 한다. 그리고 패수는 위만이 망명할 때 건넜던 중국의 동북쪽 국경을 이루는 강이었다. 따라서 패수 동쪽의 왕검성(왕험성)은 갈석산으로부터 동쪽 가까운 곳에 있었던 것이다.

이러한 사실은 《대명일통지(大明一統志)》의 기록에서도 확인된다. 《대명일통지》에는 "조선성(朝鮮城)이 영평부(永平府) 경내에 있는데 기자가 봉해졌던 곳으로 전해 온다"115)고 기록되어 있다. 명나라의 영평부에는 난주(灤州)·노룡현(盧龍縣)·천안현(遷安縣)·무령현(撫寧縣)·창려현(昌黎縣)·낙정현(樂亭縣) 등이 속해 있는데, 그 위치가 난하 하류 유역이었다.116) 이러한 사실은 기자가 망명하여 거주했던 곳이 난하 하류 유역이었음을 알려 주는데, 위만조선은 기자 일족의 정권을 빼앗아 건국하였으므로 위만조선의 도읍인 왕검성도 이 지역에 있었을 것이다.

근래에 갈석산으로부터 동쪽으로 멀지 않은 북대하(北戴河)에서는 고대의 궁궐터가 발굴되었다.117) 중국의 발굴자들은 그 유적의 연대가 진·한시대로 올라가므로 그곳을 진시황제의 행궁 터로 보았다. 그러

---

113) 《晉書》〈唐彬傳〉;《通典》〈州郡〉'盧龍'條.
114) 譚其驤 主編,《中國歷史地圖集》第5冊－隋·唐·五大十國時期, 地圖出版社, 1982, 32~33쪽.
115) 《大明一統志》〈永平府〉'古蹟'條.
116) 《明史》〈地理志〉一 '永平府'條;譚其驤 主編,《中國歷史地圖集》第7冊－元·明時期), 地圖出版社, 1987, 46쪽.
117) 필자는 손보기 박사와 함께 이 유적이 발굴되고 있을 당시에 그곳을 답사한 바 있다.

나 그곳은 진나라의 영토가 아니었다. 중국인들은 그 유적을 자신들의 역사와 연결시키기 위해 그렇게 말하고 있는 것이다. 필자는 그곳을 위만조선의 왕검성(왕험성)으로 믿고 있다. 그곳은 해변에 자리하고 있어 《사기》〈조선열전〉에 서한의 해군이 바다로부터 위만조선의 도읍을 공격했다고 한 기록과 일치하고 위에서 검토한 문헌의 기록들과도 그 위치가 일치하기 때문이다.

지금까지 확인된 세 곳의 험독과 한 곳의 왕검성은 중국 문헌의 기록에 따른 것이다. 그 기록은 중국의 역대 왕조가 자신들의 영토 내의 지리를 말한 것이다. 그러므로 한반도는 그 지리 범위에서 빠져 있다. 그런데 이러한 험독과는 달리 대동강 유역의 평양은 예로부터 고조선의 도읍으로 전해오고 있다.

《삼국유사》는 고조선의 첫 번째 도읍에 대하여 언급하기를, 《위서》에서는 아사달이라 하였고, 《고기》에서는 평양성이라 하였다고 기록되어 있다.118) 《삼국유사》의 저자인 일연은 주석하기를 아사달에 대해서는 《경(經)》에는 무엽산(無葉山)이라 하였고 백주(白州)에 있는 백악(白岳)이라고도 하며 개성 동쪽에 있는 백악궁(白岳宮)이라고도 한다고 말하였다. 그리고 평양성에 대해서는 일연이 살던 당시의 서경이라고 하였다.119) 일연 시대의 서경은 지금의 평양이었다. 일연은 아사달의 위치를 한반도 안으로 생각했으나 분명한 인식은 없었던 것 같다. 그리고 평양성에 대해서는 지금의 평양으로 생각하고 있었음을 알 수 있다.

이후 《고려사》〈지리지〉와 《세종실록》〈지리지〉 등에서는 지금의 평양은 고조선·기자국·위만조선의 도읍이었다고 단정적으로 말하고 있다. 이러한 영향으로 그 후 많은 학자들은 고조선의 위치를 지금의 평양을 중심으로 한 대동강 유역으로 보게 되었다.

---

118) 주 90·91 참조.
119) 《三國遺事》 '古朝鮮'條의 주석 참조.

지금까지 살펴본 바로는 고조선의 도읍이었을 가능성이 있는 곳은 네 곳으로 확인되었는데, 만주에 있는 험독 세 곳과 한반도에 있는 지금의 평양이다. 그리고 위만조선의 도읍이었음이 확실한 왕검성 한 곳도 확인되었다. 험독(險瀆) 가운데 가장 서쪽에 위치했던 것은 지금의 난하 유역 창려 부근에 있었던 험독이고, 그 다음은 대릉하 동부 유역의 북진(北鎭) 동남에 있었던 험독이며, 가장 동쪽에 위치했던 것은 요하 동부 유역의 본계시(本溪市)에 있었던 험독이다. 그리고 위만조선의 도읍인 왕검성은 이들과는 달리 지금의 북대하에 있었다. 세 곳의 험독과 지금의 평양은 고조선의 도읍이었을 가능성이 있는데 그 점은 당시의 역사적 상황과 연관하여 확인하기로 한다.

6. 고조선의 첫 도읍과 마지막 도읍은 지금의 평양이었다

앞에서 살펴본 고조선의 도읍과 관계된 여러 기록들을 상기하면서 고조선의 도읍의 위치와 그 이동에 대해 살펴보자.

고조선의 첫 번째 도읍은 어디였을까. 고조선의 첫 번째 도읍은 《위서》에는 아사달, 《고기》에는 평양성으로 기록되어 있다. 필자는 이에 대한 연구가 초보단계에 있을 때, 이 두 지명은 같은 곳의 명칭일 것으로 생각했다. 왜냐하면 아사달은 '아침 땅'이라는 뜻으로서 조선족이 거주하던 곳에 대한 순수한 우리말 명칭이었고, 평양은 고대 한국어에서 '대읍(大邑)' 또는 '장성(長城)'의 뜻을 지니며 아사달도 '대읍(大邑)' 또는 '왕읍(王邑)'이라는 거의 같은 뜻을 지니고 있기 때문이었다. 그러나 연구가 진전되면서 아사달과 평양은 비록 비슷한 뜻을 지닌 말이기는 하지만 다른 곳으로 보아야 한다는 생각을 하게 되었다. 그 이유는 뒤에서 도읍의 위치를 확인하는 과정에서 밝혀질 것이다.

우선 고조선과 지금의 평양 지역의 관계를 살펴보자. 앞에서 말한 바

와 같이,《삼국유사》'고조선'조에 일연이 고조선의 도읍은 지금의 평양
이었다고 주석을 단 뒤부터,《고려사》〈지리지〉와《세종실록》〈지리
지〉를 비롯한 여러 문헌에서는 지금의 평양을 고조선·기자국·위만조
선의 도읍으로 단정하였는데 그 영향은 지금까지 이어지고 있다.

이병도는 백악·아사달·평양성 등을 지금의 평양에 대한 다른 명칭
으로 보면서 지금의 평양은 고조선 초기의 '아사달사회'로서 고조선의
중심부였을 것이라고 한 것[120]도 같은 맥락에서 이해할 수 있을 것이
다. 아사달은 아침의 옛 말인 아사와 땅 또는 곳을 의미하는 달이 결합
된 말로 아침 땅이라는 뜻인데, 아사달을 한자로 조선이라 표기했을 것
이다.[121] 지금의 평양이 고조선의 중심이었다는 견해는 광복 후에도 한
국 학계의 주류를 이루어 왔다. 비록 기자국과 위만조선의 도읍을 고조
선의 도읍과 같은 곳으로 본 것은 잘못된 것이라 하더라도, 한민족이
예로부터 고조선의 도읍을 지금의 평양으로 본 것은 그럴 만한 이유가
있었을 것이다.

그동안의 고고학적 조사와 발굴 결과를 보면 지금의 평양 지역에는
청동기시대의 유물인 고인돌이 아주 많이 분포되어 있다. 평양을 중심
으로 40km 안에는 수천 개의 고인돌이 있어 한국에서 가장 많은 고인
돌이 있는 지역이다. 이들 고인돌의 특징은 100~200개가 무리를 이루
고 있으며 초기부터 중기와 후기의 것까지 여러 종류의 형식이 두루 있
다는 점이다.[122] 특히 평양 지역에서 발견되는 초기의 고인돌은 다른
지역에서는 잘 보이지 않는다.

근래에 평양 지역에서는 청동기가 출토되는 유적들이 발굴되었는
데,[123] 그 연대를 발굴자들은 서기전 2600~2700년으로 보고 있으며[124]

120) 이병도, 앞의 책, 1981, 27~43쪽.
121) 이병도, 앞의 책, 1981, 40~41쪽.
122) 석광준,〈평양은 고대문화의 중심지〉,《조선고고연구》1994년 제1호, 17~20쪽.
123) 齋藤 忠, 앞의 책, 1996, 7~50쪽 ; 류병흥,〈단군 및 고조선 시기의 유적과 유물발굴

이보다 연대가 올라갈 것으로 보이는 성터도 발견되었다.[125] 이 연대에 의문을 갖는 학자들도 있지만, 이러한 유적이 분포되어 있다는 점은 지금의 평양이 청동기시대에 정치와 문화의 중심지였을 가능성을 말해 준다.

1993년에는 평양 교외의 강동군에서 단군릉이 발굴되었는데, 그곳에서 출토된 사람뼈를 측정한 결과, 그 연대가 서기전 3107년으로 확인되었다.[126] 이 연대에 대해서도 의문을 제기하는 학자들이 있지만, 이 무덤이 예로부터 단군릉으로 전해 왔다는 점은 중요한 의미를 갖는다. 이 단군릉에 관한 기록은 1530년에 편찬된 《신증동국여지승람(新增東國輿地勝覽)》에 보이고, 《숙종실록》, 《영조실록》, 《정조실록》에는 단군묘의 관리와 수리를 지시한 내용이 보인다.

단군릉은 평양시 강동군의 대박산 기슭에 있는데, 대박산을 옛날에는 박달이라고 불렀으며 단군릉의 동북쪽에는 아사달산이 있고 능의 서쪽에는 단군호가 있으며 단군릉이 있는 마을을 지금은 문흥리라 부르지만 얼마 전까지만 하여도 단군동이라 하였고 그 동쪽 마을은 아달동이라고 부른다. 박달·아사달산·단군호·단군동·아달동 등은 고조선과 관계가 있는 지명들이다. 특히 아사달은 《삼국유사》에 인용된 《위서》에 따르면 고조선의 초기 도읍 명칭이었다.

위에 소개한 평양 지역의 청동기시대 연대와 단군릉에서 출토된 유골의 연대는 《삼국유사》와 《제왕운기》의 기록에 따라 계산한 고조선

성과에 대하여〉, 《조선고고연구》 1995년 제1호, 3~5쪽 ; 김종혁, 〈새로 발굴된 성천군 룡산리 순장무덤에 대하여〉, 같은 책, 13~17쪽 ; 석광준, 〈평양 일대에서 새로 발굴된 고인돌과 돌관무덤에 대하여〉, 같은 책, 18~21쪽.

124) 김교경, 〈평양 일대의 단군 및 고조선 유적 유물에 대한 연대측정〉, 《조선고고연구》 1995년 제1호, 27~31쪽.

125) 리순진, 〈평양 일대에서 새로 발굴된 황대성에 대하여〉, 《조선고고연구》 1995년 제1호, 7~12쪽.

126) 김교경·전영수, 〈강동군 단군릉에서 발굴된 사람뼈에 대한 절대연대 측정결과에 대하여〉, 《조선고고연구》 1994년 제1호, 11~16쪽.

의 건국 연대인 서기 전 2333년보다 앞선다. 만약 이 연대가 옳다면 지금의 평양은 고조선이 건국되기 전부터 그 중심세력이 거주했던 곳이라고 보아야 할 것이다.

그런데 평양과 가까운 청천강 남부 유역의 묘향산 지역에는 고조선이 붕괴된 뒤 그 중심세력의 후손들이 거주했음을 알려 주는 기록이 보인다. 《후한서》〈동이열전〉 '고구려전'에는 "고구려의 남쪽은 조선, 예맥과 접하였다"[127]고 하였고, 《삼국지》〈오환선비동이전〉 '예전'에는 "지금의 조선 동쪽이 모두 예의 땅이다"[128]고 하였다. 당시에 고구려 영토는 남쪽으로 청천강에 이르렀고 예(동예)는 함경남도 남부와 강원도 지역을 차지하고 있었다. 그러므로 위에서 말하는 조선은 청천강 남부 유역에 있었다.

《삼국지》에서는 이를 '지금의 조선'이라 했는데, 《삼국지》는 서진(西晉)시대(서기 265~317년)에 편찬되었으므로, 이 조선은 서기 4세기 초까지도 존재하고 있었다고 보아야 한다. 고조선이 붕괴된 훨씬 뒤까지 조선이라는 명칭은 존재하고 있었던 것이다. 청천강 남부 유역에는 묘향산이 있는데, 그곳에는 단군이 강림했다는 전설이 있고 단군굴(단군성동)과 단군대, 천주석 등 단군과 관계된 유적들이 많다.

위에 보이는 조선과 묘향산에 전해 오는 단군 전설이나 유적들은 깊은 관계가 있을 것으로 생각된다. 필자는 이 조선을 고조선이 붕괴된 뒤 그 중심 세력(황실과 지배층)의 후손들이 거주했던 곳일 것으로 생각하고 있다. 고대의 동아시아 역사를 보면, 왕조가 멸망한 뒤 그 후손들에게 거주지를 마련하여 주고 이를 보호하였다. 고대 중국에서는 상(商)나라가 멸망한 뒤 주(周)나라에서는 그 후손의 일부를 송(宋)이라는 제후국으로 봉하였고, 주나라가 붕괴된 뒤에 전국시대 여러 나라는

---

127) 《後漢書》〈東夷列傳〉 '高句驪傳'.
128) 《三國志》〈烏丸鮮卑東夷傳〉 '濊傳'.

작은 나라로 전락한 주를 보호하여 주었다. 이러한 예로 보아 고조선이 붕괴된 뒤 그 뒤를 이은 여러 나라는 고조선 단군 일족의 후손들을 묘향산 지역에 거주하도록 하고 이를 보호하여 주었을 것이다.

고조선이 붕괴된 뒤 이들이 묘향산 지역에 거주하였다면, 고조선 붕괴 당시의 도읍 즉 마지막 도읍은 묘향산으로부터 멀지 않은 곳이었다고 보아야 한다. 여기서 《삼국유사》 '고조선'조의 다음 기록을 눈여겨볼 필요가 있다. 즉 '단군은 아사달로 돌아와 은거하다가 산신이 되었다'[129)는 것이다. 단군이 '아사달로 돌아왔다'고 표현한 것으로 보아 마지막 도읍인 아사달은 그 전에도 도읍을 했던 곳임을 알 수 있다. 《삼국유사》에 보이는 고조선의 도읍 가운데 마지막 도읍보다 앞선 도읍으로 아사달이라는 명칭을 가진 곳은 《위서》가 말한 고조선의 첫 번째 도읍뿐이다.

지금의 평양은 이러한 조건을 모두 갖추고 있다. 지금의 평양은 예로부터 고조선의 도읍으로 전해 왔고 단군릉이 있으며 고조선과 관계된 전설과 지명 등이 있고 고조선 건국 이전부터 전 기간에 걸친 시기의 유적과 유물 등이 확인되며 가까운 묘향산 지역에는 고조선이 붕괴된 뒤 단군 일족의 후손들이 거주했었다. 이러한 정황을 종합해 볼 때 지금의 평양은 고조선의 첫 번째와 마지막 도읍인 아사달이었음을 알 수 있다.

7. 고조선 도읍은 평양, 본계, 창려, 북진, 평양 등이다

그렇다면 이제 고조선의 도읍 가능 지역으로 만주의 험독 세 곳이 남는다. 그리고 《삼국유사》 기록에 보이는 도읍도 《고기》가 말한 평양

---

129) 주 93 참조.

성, 백악산아사달, 장당경 세 곳이 남는다. 이것은 우연의 일치가 아닐 것이다.

여기서 필자는 고조선의 도읍 이동 이유를 분명하게 밝힌 기자의 망명 사건과 관계된 기록을 보고자 한다. 《삼국유사》'고조선'조에는 기자가 조선으로 망명을 오니 단군은 도읍을 백악산아사달에서 장당경으로 옮겼다고 되어 있다.[130] 기자의 망명으로 고조선이 도읍을 옮겼다면 서쪽으로부터 동쪽으로 이동했을 것이다. 기자는 서쪽의 주나라로부터 고조선으로 망명을 왔기 때문이다. 기자가 망명할 때의 고조선 도읍은 그가 망명하여 거주했던 지역이었거나 그곳에서 가까운 곳이었다고 보아야 할 것이다.

그러므로 기자가 망명하여 거주했던 곳을 확인해 낸다면, 기자 망명 이전과 그 뒤의 고조선 도읍을 알 수 있을 것이다. 기자가 망명하여 거주했던 곳은 뒤에 한사군의 낙랑군 조선현이 있었던 곳이다. 조선현은 지금의 난하 동부 유역에 있는 갈석산으로부터 동쪽으로 멀지 않은 지역이었는데, 기자가 거주했던 곳은 지금의 북대하였다. 이것은 앞에서 《한서》〈지리지〉, 《진서》〈지리지〉, 《태강지리지》, 《통전》, 《대명일통지》 등의 기록과 고고학 자료를 가지고 확인하였다.[131] 그렇다면 기자가 망명할 때까지의 고조선 도읍인 백악산아사달은 난하 유역에 있었던 험독이었다는 것이 된다. 기자가 망명해 오자 고조선은 백악산아사달로부터 그 동쪽의 장당경으로 도읍을 옮겼던 것이다.

다음으로 고조선으로 하여금 도읍을 옮기도록 한 사건은 위만조선의 영토 확장과 한사군의 설치였을 것이다. 위만조선은 기자국의 정권을 빼앗아 건국한 뒤 서한(西漢)의 외신(外臣)이 되어 영토를 확장하였다. 그러므로 위만조선의 영토 확장은 당연히 고조선 방향일 수밖에 없다.

---

130) 주 93 참조.
131) 주 110~117의 본문 참조.

〈지도 5〉 위만조선과 한사군의 위치도

《사기》〈조선열전〉의 기록을 보면, 위만조선은 영토를 확장하는 과
정에서 진번과 임둔 그리고 그 주변 마을들을 복속시켰다.132) 진번과
임둔은 뒤에 한사군의 명칭이 되었다. 그리고 기자가 망명하여 거주했
던 조선현은 한사군의 낙랑군에 속하였으므로 한사군 가운데 낙랑군·

---

132)《史記》〈朝鮮列傳〉.

임둔군·진번군은 위만조선 영토 확장 뒤 그 강역에 들어 있었음을 알
수 있다.

중국 문헌의 기록을 보면, 서한은 위만조선을 멸망시킨 서기전 108년
에 낙랑군·임둔군·진번군 등 세 개의 군을 설치하고 1년 뒤인 서기
전 107년에 현도군을 설치하였다. 이것은 낙랑군·임둔군·진번군은
위만조선 영토 안에 설치되었고 현도군은 그 밖에 설치되었음을 알려
준다.133) 즉, 서한은 위만조선을 멸망시킨 뒤 여세를 몰아 고조선 서부
를 빼앗아 그곳에 현도군을 설치했던 것이다.

이 시기에 지금의 요하 동쪽에는 고조선의 거수국(渠帥國, 중국에서
는 제후국이라 하였다)인 진(辰)·비류(沸流)·행인(荇人)·해두(海
頭)·개마(蓋馬)·구다(句茶)·조나(藻那)·주나(朱那) 등이 있었고, 이
보다 조금 늦게 이 지역에서 동부여와 고구려가 건국되었다.134) 그러므
로 한사군과 고조선은 지금의 요하를 경계로 하고 있었던 것이다. 이러
한 상황을 놓고 보면 한사군 가운데 가장 동쪽에 있었던 현도군은 지금
의 요하를 동쪽 경계로 하여 그 서부 유역에 있었고, 낙랑군·임둔군·
진번군은 지금의 난하로부터 대릉하 유역까지 차지하고 있었을 것이다.
따라서 위만조선의 영토는 난하로부터 대릉하 유역까지였던 것이다.

그런데 앞에서 확인된 바에 따르면, 대릉하 동부 유역의 북진(北鎭)
동남에 왕험이 한 곳 있었다. 이곳은 위만조선시대에는 고조선과 위만
조선의 국경지대로서 고조선의 서부 변경이었으며, 한사군시대에는 현
도군에 속하게 되었다. 그러므로 고조선은 위만조선의 영토 확장이나
한사군의 설치로 말미암아 도읍을 옮기지 않을 수 없었을 것이다. 늦어
도 한사군 설치 때에는 도읍을 옮길 수밖에 없었을 것이다. 그러므로
이곳은 백악산아사달 다음의 도읍이었던 장당경일 수밖에 없다. 《삼국

---

133) 윤내현, 〈위만조선과 한사군의 위치〉, 앞의 책, 일지사, 1994, 358~395쪽.
134) 윤내현, 〈열국시대의 시작과 변천〉, 《한국 열국사 연구》, 지식산업사, 1998, 31~55쪽.

유사》에는, 단군은 백악산아사달에서 장당경으로 옮겼다가 뒤에 아사달로 돌아왔다고 하였다. 그러므로 고조선은 장당경이었던 대릉하 동부 유역 북진 동남의 험독에서 아사달이었던 지금의 평양으로 도읍을 옮겼음을 알 수 있다.

이제 중국 문헌에 등장한 험독 가운데 남은 곳은 요하 동부 유역의 본계시(本溪市) 험독 한 곳뿐이며,《삼국유사》에 기록된 고조선의 도읍 가운데 남은 곳도 평양성 한 곳뿐이다. 그러므로 본계시의 험독은 고조선의 두 번째 도읍인 평양성일 수밖에 없다. 지난날 그 명칭이 동일하다는 점 때문에 고조선의 평양성을 지금의 평양으로 보았는데, 평양은 원래 고유명사가 아니었다. 앞에서 말한 바와 같이 평양은 '왕읍' 또는 '대읍'을 뜻하는 것으로 조선시대까지만 해도 만주에는 여러 곳에 평양이라는 지명이 있었음을 박지원(朴趾源)은 《열하일기(熱河日記)》〈도강록(渡江錄)〉에서 밝히고 있다.135)

지금까지의 검토로 고조선의 도읍은 모두 확인되었다. 그러나 한 가지 의문이 남는다. 고조선의 첫 번째 도읍이 《위서》에는 아사달로,《고기》에는 평양성으로 다르게 기록된 것은 어떤 연유에서였을까 하는 점이다. 《위서》에 기록된 첫 번째 도읍 명칭이 아사달이라는 점에 유의할 필요가 있다. 아사달이라는 명칭은 조선이라는 한자 명칭이 만들어지기 전에 사용했던 순수한 고대 한국어이다.

그러므로 다음과 같은 추정이 가능하다. 아사달은 고조선이 아직 국가 체제를 갖추기 전의 '아사달사회(아사달 고을사회)'의 중심지였고, 평양성은 '조선'이라는 국명을 사용한 시기의 첫 번째 도읍이었을 것으로 추정된다. 《위서》는 고조선이 조선이라는 명칭을 사용하기 이전의 도읍을 첫 번째 도읍으로 기록한 것이고, 《고기》는 조선이라는 국명을 사용한 뒤의 도읍을 첫 번째 도읍으로 기록했던 것이다. 아사달은 한반

---

135) 박지원,《熱河日記》〈渡江錄〉六月 二十八日.

도에 있었고 평양성은 만주에 있었다는 사실은 고조선이 한반도에서 기반을 닦은 뒤 만주로 그 영토를 확장했음을 알려 주는 것이다.

8. 고조선의 천도는 국제정세와 관계가 있었다

현재 통용되는 국사교과서와 개설서에는 고조선과 위만조선의 도읍은 왕검성이었다고 기록되어 있다. 그러나 그것은 잘못된 것이다. 고조선과 위만조선의 도읍은 같은 곳이 아니었다. 왕검성은 고조선의 도읍이 아니라 위만조선의 도읍으로 지금의 난하 하류 동부 유역에 있는 북대하였다. 고조선의 도읍은 이와 명칭도 다르고 위치도 달랐다.

《삼국유사》'고조선'조에는 고조선의 도읍 명칭으로 아사달, 평양성, 백악산아사달, 장당경, 아사달 등이 보인다. 이들 가운데 첫 번째와 마지막의 아사달은 동일한 곳이었다. 그러므로 고조선의 도읍지는 네 곳이었고 위에 열거된 순서대로 네 번 도읍을 옮겼다. 그런데 한국 문헌에는 예로부터 지금의 평양이 고조선의 도읍으로 전해 왔고 중국의 옛 문헌에는 고조선의 도읍이었을 것으로 추정되는 험독(險瀆, 儉瀆)이라는 지명이 만주에 세 곳이 있었던 것으로 기록되어 있다. 그러므로 한반도와 만주에 고조선의 도읍일 가능성이 있는 곳은 네 곳이다. 이 숫자는 《삼국유사》에 기록된 고조선의 도읍 수와 일치한다.

《삼국유사》에는 고조선의 첫 도읍으로 《위서》에서는 아사달이라 하였고 《고기》에서는 평양성이라 하였다고 소개하고 있다. 당시의 역사적 상황, 옛 문헌 기록, 고고학 자료 등으로 검토해 본 결과, 고조선의 첫 도읍을 《위서》와 《고기》에서 이렇게 달리 기록한 것은 저마다 다른 의미를 지니고 있는 것으로 보인다.

고조선을 건국한 주체 세력인 아사달족은 대동강 유역에서 아사달 고을사회를 형성하여 지금의 평양에 도읍을 정하였는데 그곳을 아사달

이라 불렀다. 아사달은 고조선이 국가단계의 사회에 진입하여 조선이
라는 국명을 사용하기 전 지금의 대동강 유역에서 아사달 고을사회를
이루고 있을 때의 도읍 명칭이었던 것이다. 고조선은 이곳에서 국가사
회로 진입할 기초를 닦았다.

아사달 고을사회는 세력을 키워 만주까지 영토를 넓혀 국호를 조선
이라 하고 도읍을 지금의 본계시로 옮기고, 그곳을 평양성이라 하였다.
평양성은 고조선이 국가단계의 사회에 진입한 후의 첫 도읍이었던 것
이다. 고조선이 평양성으로 도읍을 옮긴 해는 《삼국유사》와 《제왕운
기》의 기록에 따라 계산된 건국 연대인 서기전 2333년 무렵이었을 것
이다. 《위서》는 고조선 건국의 주체세력인 아사달족이 그 기초를 닦던
시기에 중심을 이루고 있었던 아사달을 첫 도읍으로 기록하였고, 《고
기》는 조선이라는 국명을 사용한 뒤의 첫 도읍인 평양성을 고조선의
첫 도읍으로 기록하였던 것이다.

그 뒤 고조선은 서쪽 황하 유역을 향하여 세력을 확장하면서 서기전
1100년보다 훨씬 앞선 시기에 백악산아사달로 도읍을 옮겼는데 그곳은
지금의 난하 유역 창려 부근이었다. 서기전 1100년 무렵에 주나라로부
터 망명하여 온 기자가 난하 하류 동부 유역 지금의 북대하에 자리를
잡고 고조선의 거수국이 되자, 고조선은 서부의 국경 방어를 기자에게
맡기고 도읍을 장당경으로 옮겼는데, 그곳은 지금의 대릉하 동부 유역
북진 동남이었다.

서기전 195년경에 이르러 서한으로부터 기자국으로 망명한 위만이
기자의 후손인 준왕의 정권을 빼앗고 위만조선을 건국하여 영토를 확
장함에 따라, 고조선의 영토는 대릉하 유역까지로 줄어들면서 고조선
의 도읍은 위만조선과 매우 가까이 있게 되었다. 그러한 상황에서 서한
은 위만조선을 멸망시켜 그 지역에 낙랑군·임둔군·진번군 등 세 개
의 군을 설치하고 여세를 몰아 지금의 요하까지 차지하여 서기전 107년
에 대릉하와 요하 사이에 현도군을 설치함에 따라 고조선의 도읍인 장

당경은 현도군 안에 들어가게 되었다. 이에 따라 고조선은 도읍을 장당경으로부터 첫 도읍이었던 아사달로 옮기게 되었는데, 그곳이 바로 지금의 평양이다.

이상과 같이 고조선의 도읍 이동은 고조선 자체의 국력 변화는 물론 중국의 정세 변화와도 밀접한 관계를 가지고 있었다. 고조선의 도읍 위치와 그 이동을 고증하는 과정에서 고조선의 성장과정, 국력변화, 당시의 국제정세 등을 함께 확인할 수 있었다는 것은 큰 수확이 아닐 수 없다.

제 2 편

복식으로 본 고조선의 강역

박 선 희

I. 복식자료로 본 고조선의 강역

우리 민족은 고조선(단군조선)시대에 형성되어 우리 나름의 특징을 지닌 사회와 문화를 출현시켰다. 따라서 고조선의 실상을 밝히는 것은 우리 역사의 뿌리를 확인한다는 점에서뿐만 아니라 우리 사회와 문화의 원형을 찾는다는 점에서도 매우 중요하다. 그 가운데 고조선의 강역을 밝히는 작업은 고조선 연구에서 가장 선행되어야 할 부분이다. 고조선의 강역이 확인되어야만 그 범위에 포함된 문헌기록과 고고자료를 고조선 연구의 사료로 삼을 수 있고, 이를 바탕으로 고조선에 관한 모든 연구가 가능하기 때문이다.

필자는 그간 한국 고대 복식을 연구하면서, 한반도와 만주 지역에서 출토된 복식자료 가운데 출토 수량이 비교적 풍부한 가락바퀴, 원형과 나뭇잎 모양 장식, 긴 고리 모양 허리띠 장식, 갑옷조각 등이 그 무늬나 양식에 공통성을 지니고 있는 반면, 중국이나 북방 지역의 것과는 분명한 차이가 있음을 발견하였다.

한반도와 만주 지역에서 사용한 복식재료인 가죽, 모직물, 마직물, 사직물(누에실로 짠 천), 면직물 등의 종류가 지역마다 조금씩 특성을 달리하지만, 기본적으로는 같은 종류였음을 확인하였다. 또한 이것을 재료로 하여 만든 모자, 웃옷과 겉옷, 아래옷, 허리띠, 신 등의 복식양식에서도 공통성을 확인하였다. 이는 이를 생산하고 사용했던 사람들이 동일한 정치체제를 갖는 하나의 국가에 속하여 같은 문화공동체를 형성하고 있었음을 보여주는 것이라 생각된다. 이들이 동일한 공동체에 속한다는 집단 귀속의식을 갖지 않았다면, 공통성을 지닌 복식문화를 만들어 낼 수 없었을 것이기 때문이다.

필자는 이러한 관점에서 한반도와 만주 지역에서 출토된 복식자료와

복식재료 그리고 복식양식을 분석하여 그 특징과 공통성을 확인할 뿐
만 아니라 이를 중국이나 북방 지역의 것과 비교하여 그 차이점을 밝히
려고 한다. 그리고 한반도와 만주에서 공통성을 지닌 복식자료가 출토
된 영역과 같은 복식재료를 사용하고 같은 양식의 복식을 착용한 지역
을 근거로 하여 고조선의 영역을 확인하고자 한다. 따라서 이 연구의
시간적 하한(下限)은 고조선이 붕괴되었을 것으로 추정되는 서기전 1
세기 초까지 잡게 될 것이다.

　이 연구는 복식을 바탕으로 한 고조선영역 연구의 첫 시도로서 지배
층과 피지배층이 사용하던 복식용품 모두를 근거로 한 연구라는 점에
서 객관성과 구체성을 지닐 것이다.

Ⅱ. 고조선 복식자료의 출토 지역

1. 새김무늬 가락바퀴의 분포

신석기시대부터 청동기시대에 이르는 한반도와 만주 지역의 거의 모든 유적에서는 가락바퀴가 고루 출토되고 있어, 섬유에서 실을 뽑아 생활에 이용하였음을 알 수 있다.

그 동안의 고고학적 발굴결과에 따르면, 한반도와 만주에는 구석기시대부터 계속해서 사람들이 살고 있었음이 확인되었고, 신석기시대나 청동기시대의 주민들이 다른 곳으로부터 이주해 왔다는 견해가 성립될 수 없다는 사실이 밝혀졌다.[1] 또한 한반도와 만주에서 신석기시대의 시작 연대가 중국의 황하(黃河) 유역과 비슷하거나 앞선 것으로[2] 밝혀졌다. 제주도 고산리 유적에서 화살촉 등과 함께 토기가 발견되었는데, 그 연대가 서기전 8000년 무렵으로 추정되고 있다. 황하 유역에서 발견된 신석기시대 유적 가운데 가장 연대가 이른 것은, 하남성의 배리강(裵李崗)문화 유적[3]이며, 또한 하북성과 하남성 경계 지역의 자산(磁山)문화 유적[4]으로, 그 시작 연대가 모두 서기전 6000년 무렵인데, 한반

---

1) 李鮮馥, 〈신석기·청동기시대 주민교체설에 대한 비판적 검토〉, 《韓國古代史論叢》 1, 駕洛國史蹟開發研究院, 1991, 41~66쪽.

2) 임효재, 〈한·일 문화교류사의 새로운 발굴자료〉, 《제주 신석기문화의 원류》, 한국 신석기연구회, 1995.

3) 開封地區文管會·新鄭縣文管會, 〈河南新鄭裵李崗新石器時代遺址〉, 《考古》 1978年 第2期, 73~74쪽 ; 嚴文明, 〈黃河流域新石器時代早期文化的新發現〉, 《考古》 1979年 第1期, 45쪽 ; 中國社會科學院考古研究所實驗室, 〈放射性碳素測定年代報告(六)〉, 《考古》 1979年 第1期, 90쪽.

4) 邯鄲市文物保管所·邯鄲地區磁山考古隊短訓班, 〈河北磁山新石器時代遺址試掘〉, 《考古》 1977年 第6期, 361쪽 ; 安志敏, 〈裵李崗·磁山和仰韶〉, 《考古》 1979年 第4期, 340쪽.

도와 만주 지역에서도 강원도 양양의 오산리 유적5), 내몽고자치구 동부의 홍륭와(興隆洼) 유적6)의 연대가 서기전 6000년 무렵으로 확인되었다.

신석기시대 전기 유적인 궁산 유적 제1기층(서기전 6000~5000년)에서는 크고 작은 그물추들이 많이 출토되어 실이 널리 쓰였음을 알 수 있다. 또한 가락바퀴로 뽑은 가는 베실이 뼈바늘에 꿰어 있는 것이 발견되어7) 신석기시대에 이미 바느질을 했음을 잘 보여 주고 있다. 궁산 유적을 비롯한 같은 신석기시대 전기의 유적인 서포항 유적 제1기층(서기전 6000~5000년)과8) 지탑리 유적 1호(서기전 6000~5000년) 집 자리9)에서 바늘과 더불어 가락바퀴가 나왔고 서포항 유적 1기층에서는 가락바퀴와 더불어 씨실 넣을 때 쓴 갈고리가 출토되었다. 이 유적에서 발굴된 바느질바늘은 길이 4.5cm와 7.5cm인데, 4.5cm의 바늘은 귀 구멍이 2mm 정도로 매우 가늘다.10)

가락바퀴가 출현하기 이전에는 손으로 비벼서 실을 얻었는데, 이렇게 단순한 방법으로 얻은 실은 길이가 짧고 질기지 않았을 것이다. 그러나 가락바퀴의 출현은 질기고도 긴 길이의 실을 얻을 수 있어, 단순히 바느질실이나 그물 짜는 재료로만 사용된 것이 아니라 직물 생산의 중요한 계기를 마련했을 것이다.

신석기 중기의 유적인 곽가촌 유적 1기층(서기전 4000년)에서는 가락바퀴 142점과 짐승뼈를 갈아 만든 북이 출토되었다.11) 북은 갈고리와

5) 任孝宰・李俊貞, 《鰲山里遺蹟 III》, 서울大學校博物館, 1988.
6) 楊虎, 〈內蒙古敖漢旗興隆洼遺址發掘簡報〉, 《考古》 1985年 第10期, 865~874쪽.
7) 김용남, 〈궁산문화에 대한 연구〉, 《고고민속론문집》 8, 과학백과사전출판사, 1983, 35쪽.
8) 김용간・서국태, 〈서포항 원시유적 발굴보고〉, 《고고민속론문집》 4, 사회과학출판사, 1972, 40~108쪽.
9) 도유호・황기덕, 〈지탑리 유적 발굴 중간 보고(1)〉, 《문화유산》 5, 사회과학원출판사, 1957, 36쪽.
10) 김용간・서국태, 앞의 글, 1972, 45쪽.

함께 날실들 사이에 씨실을 넣어 주기 위한 도구로써, 북의 출현으로 신석기 중기부터는 직물 생산이 널리 진행되었음을 알려 준다.

신석기 후기인 농포 유적(서기전 3000년)에서는 가락바퀴가 95점이 나왔고, 같은 시대의 서포항 유적 5기층에서도 가락바퀴와 함께 바늘과 바늘통12)이 나왔다. 바늘의 길이는 17.5cm, 9.8cm, 10~13cm 등으로 다양하고 모두 1mm도 안 되는 가는 귀가 뚫려 있는 것으로 보아, 바느질 기술이 정교했다고 생각된다. 지금까지 알려진 신석기시대의 가락바퀴는 뼈로 만든 것13)과 돌을 갈아 만든 것 외에, 질그릇 조각이나 진흙으로 빚어 구워 만든 것들이 있다. 그 생김새로는 원반 모양, 산 모양, 수판알 모양 등이 있다.

그런데 여기서 중요한 점은 고조선 지역에서 발굴된 가락바퀴들은 그 표면에 나타나는 무늬에서 공통점을 갖고 있다는 점이다. 이는 북방 지역이나 중국 지역에서 출토되는 가락바퀴들의 모양과는 전혀 다른 것으로, 고조선 지역만의 특징으로 나타난다.

즉, 가락바퀴에 새겨진 무늬의 모양은 질그릇에 새긴 무늬와 같은 방법으로 점과 선을 누르거나 그어서 새긴 것이다. 이와 같이 선을 그어서 만든 무늬는 신석기시대 유적과 청동기시대 유적에서 나온 뼈바늘통14)이나 그 밖의 뼈조각품에 새겨진 기하무늬에서도 보인다. 고조선의 영역이었던 한반도와 만주 지역에서 발견된 가락바퀴 무늬의 모양은 대체로 26가지로 정리되는데(〈도표 1〉 참조),15) 무늬는 대부분 복판

---

11) 사회과학원역사연구소 고고학연구소, 《원시사》, 과학백과사전종합출판사, 1997, 150쪽 ; 조선기술발전사 편찬위원회, 《조선기술발전사》 원시·고대편, 과학백과사전종합출판사, 1997, 62쪽.

12) 김용간·서국태, 앞의 글, 1972, 69·105쪽.

13) 中國社會科學院考古研究所內蒙古工作隊, 〈內蒙古敖漢旗周家地墓地發掘簡報〉, 《考古》 1984年 5期, 819쪽(圖12).

14) 付惟光·辛建, 〈滕家崗遺址出土的刻劃紋飾藝術〉, 《中國考古集成》 東北卷 新石器時代(二), 北京出版社, 1996, 2075쪽 ; 김용간·서국태, 앞의 글, 1972, 116쪽.

15) 〈도표 1〉 한반도와 만주 지역에서 출토된 가락바퀴의 무늬 특징별 출토지 일람표는

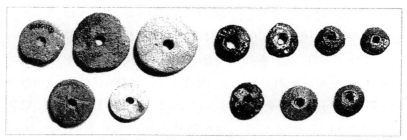

〈그림 1〉 고태 고묘에서 출토된 가락바퀴

의 구멍을 중심으로 햇살이 퍼져 나가듯이 점선을 곧바로 또는 휘게 여러 줄을 새긴 공통점을 갖고 있다. 이러한 무늬의 가락바퀴가 돌아가는 모양은 마치 바람개비가 돌아가는 모양과 같았을 것이다.

이와 같은 고조선 지역의 가락바퀴와 북방 지역이나 중국 가락바퀴의 특징을 비교해 보면 다음과 같다.

서역(西域) 지역의 가락바퀴는 무늬가 없는 것이 특징이다. 예를 들어, 중국 누란(樓蘭) 고태(孤台)의 한대(漢代) 고묘(古墓) 유적에서 흙으로 만든 가락바퀴 5점과 납으로 만든 가락바퀴 7점이 출토되었는데 (그림 1),16) 흙으로 만든 것 가운데 하나에만 두 줄로 다섯 곳에 선을 그은 무늬가 보일 뿐 모두 무늬가 없다. 또한 같은 시대에 해당하는 산보랍(山普拉) 고묘에서 출토된 가락바퀴는 질그릇·나무·돌로 만들어졌는데,17) 역시 무늬가 없다.

중국 황하 유역에서 출토된 가락바퀴는 한반도와 마찬가지로 주로 돌을 갈거나 흙을 구워 만든 것들이다. 황하 유역에서 발견된 신석기시대 유적 가운데 가장 연대가 이른 것은 하남성의 배리강유적18)과 하성 남부

그동안 발표된 발굴 보고서와 고고학 논문에 실린 가락바퀴들을 필자가 유형별로 정리한 것이다.

16) 李肖冰, 《中國西域民族服飾研究》, 新疆人民出版社, 1995, 78~79쪽.

17) 李肖冰, 위의 책, 85~87쪽.

〈그림 2〉 채도 가락바퀴   〈그림 3〉 등문 가락바퀴

와 하남성 동북부 경계 지역의 자산유적이다. 배리강유적에서는 가락바
퀴가 발견되지 않았고 자산유적에서만 가락바퀴가 발견되었다. 자산유
적에서는 흙을 구워 만든 가락바퀴가 뼈바늘, 뼈송곳 등과 함께 발견되었
는데,[19] 이는 한반도에서 가락바퀴가 발견된 유적들 가운데 가장 연대가
이른 궁산 유적, 서포항 유적 제1기층, 지탑리 유적 1호 집자리와 비슷한
시기이다. 그런데 중국의 가락바퀴는 한반도와 만주 지역에서 출토된 가
락바퀴들이 새김무늬 모양이 있는 것과는 달리 중국의 채색 질그릇에서
보이는 것과 같은 무늬가 채색되어 있거나(그림 2),[20] 등문(縢紋) 또는
팔각등문(八角縢紋)이 그려져 있다(그림 3).[21] 중국에서 출토된 가락바
퀴의 모습을 정리하면 〈도표 2〉와 같다.

이와 같이 고대 한민족이 사용하던 가락바퀴가 중국이나 북방과는
다른 독자적인 특징을 가지고 있다는 것은 고대 한민족이 일찍부터 독
자적으로 직물 기술을 발전시켜 왔음을 알려 준다. 또한 이것은 한반도

18) 開封地區文管會・新鄭縣文管會,〈河南新鄭裴李崗新石器時代遺址〉,《考古》1978年
   第2期, 73~74쪽 ; 嚴文明,〈黃河流域新石器時代早期文化的新發現〉,《考古》1979年
   第1期, 45쪽 ; 中國社會科學院考古研究所實驗室, 〈放射性碳素測定年代報告(六)〉,
   《考古》1979年 第1期, 90쪽.
19) 邯鄲市文物保管所・邯鄲地區磁山考古隊短訓班,〈河北磁山新石器時代遺址試掘〉,
   《考古》1977年 第6期, 363~371쪽.
20) 譚旦冏,《中國藝術史論》乙－史前論, 台北 : 光亙書局, 1980, 18・31쪽.
21) 沈從文,《中國古代服飾研究》, 香港 : 商務印書館, 1992, 19~21쪽 ; 河姆渡遺址考古
   隊,〈浙江河姆渡遺址第二期發掘的主要收穫〉,《文物》1980年 第5期, 1~11쪽.

와 만주 지역에서 발전한 신석기시대의 선을 위주로 한 새김무늬 질그
릇의 특징적인 문화의 일부임도 확인시켜 준다. 서기전 2000년대에 속
하는 신암리, 쌍타자 2기, 곽가촌, 조공가 등지의 청동기 초기에 속하는
유적에서 발견되는 질그릇의 무늬는 신석기시대 이래 그곳에서 자라난
새김무늬 그릇의 무늬장식을 계승한 것으로, 당시에 벌써 도식화의 과
정에 있었음을 보여 준다. 이는 이후 청동기문화를 특징짓는 선을 위주
로 하는 무늬 도안에 이어져 한반도와 만주 지역에서 보이는 청동단
검·창끝·도끼를 비롯한 도구와 무기나 거울 등의 일용품, 그리고 청
동단추 등의 장식품에 공통적으로 나타나는 무늬장식인 선을 주로 하
는 기하무늬장식으로 발전한다. 이러한 무늬장식의 특징은 중국이나
북방의 고대 유물에서는 찾아볼 수 없는 고대 우리 민족만의 특징인 것
이다.

북방 지역이나 중국 지역에서 볼 수 없는, 한반도와 만주 지역에서
출토된 점과 선을 누르거나 그어서 새긴 가락바퀴의 출토지는 다음과
같다.

〈도표 1〉 한반도와 만주 지역에서 출토된 가락바퀴의 무늬 특징별 출토지

	무늬 특징	출토지와 근거 문헌	모양
1	가락바퀴의 윗부분과 밑둘레로 돌아가면서 얕게 둥글린 선을 여러 줄로 그어 놓았고, 다른 면에는 윗부분 가운데를 중심으로 짧은 선을 두르고 얕게 둥글린 선을 4줄로 대칭되게 그린 무늬.	■김용간·서국태, 〈서포항원시유적발굴보고〉, 《고고민속론문집》 4, 사회과학출판사, 1972, 69~70쪽, 그림 31의 3. ■吉林省文物考古硏究所·吉林市博物館, 〈吉林市猴石山遺址第二次發掘〉, 《中國考古集成》 東北卷 靑銅時代(三), 北京出版社, 1996, 2321쪽, 圖19.	
2	가락바퀴의 윗부분에서 밑둘레 부분까지 또는 가운데 구멍 주위를 점선으	■김용간·서국태, 〈서포항원시유적발굴보고〉, 《고고민속론문집》 4, 사회과학출판사, 1972, 69~70쪽, 그림 31의 3.	

	무늬 특징	출토지와 근거 문헌	모양
	로 한 번 돌리고 다시 점선으로 휘거나 곧은 선을 그은 무늬.	■ 遼寧省博物館·旅順博物館,〈大連市郭家村新石器時代遺址〉,《中國考古集成》 東北卷 新石器時代(二), 北京出版社, 1996, 1409쪽, 圖8. ■ 李殿福,《吉林省庫倫·奈曼兩旗夏家店下層文化遺址分布與內涵〉,《中國考古集成》東北卷 青銅時代(一), 北京出版社, 1996, 851쪽, 圖5. ■ 張紹維,《我國東北地區的璧狀石器〉,《中國考古集成》 東北卷 青銅時代(一), 北京出版社, 1996, 305쪽, 圖5. ■ 사회과학원역사연구소 고고학연구소,《원시사》, 과학백과사전종합출판사, 1991, 149쪽, 곽가촌유적 1기층의 그림 39.	
3	점선으로 일정한 사이를 두고 1~2줄씩 돌렸고, 점과 선으로 삼각형이나 사각형을 이루는 무늬가 가락바퀴의 한 면을 거의 장식하였다. 또는 윗부분에서 밑둘레까지 선이나 점선을 그어 여러 개의 삼각형 구획을 만들고 그 안에 평행선이나 평행점선을 여러 줄 그은 무늬.	■ 김용간·서국태,〈서포항원시유적발굴보고〉,《고고민속론문집》 4, 사회과학출판사, 1972, 70쪽의 그림 31의 5. ■ 과학원 고고학 및 민속학연구소,《회령오동원시유적발굴보고》 유적발굴보고 7, 과학원출판사, 1960, 도판 LXXXVlll-5.	
4	구멍을 중심으로 점선으로 4등분하고, 나눈 선의 왼쪽 아래 절반 부분에 여러 줄의 평행점선을 그어 삼각형을 이루었고 오른쪽 윗부분에 평행점선을 5줄 정도 그어 사각형 비슷한 모양을 이룬 무늬.	■ 김용간·서국태,〈서포항원시유적발굴보고〉,《고고민속론문집》 4, 사회과학출판사, 1972, 70쪽, 그림 31의 2. ■ 조선유적유물도감편찬위원회,《조선유적유물도감》 1－원시편(함경북도 청진시 송평구역 농포리유적), 조선유적유물도감편찬위원회, 1988, 133쪽, 그림 246.	
5	구멍을 중심으로 4각을 만들고, 매 각 사이에 두 변의 중심선을 연결시켜 이음선을 밑변으로 삼각형을 만들고 그 안에 평행선을 그어 채우거나 그냥 남겨놓은 무늬. 또는 구멍을 중	■ 김용간·서국태,〈서포항원시유적발굴보고〉,《고고민속론문집》 4, 사회과학출판사, 1972, 70쪽, 그림 31의 4. ■ 許玉林,〈遼寧東溝大崗新石器時代遺址〉,《考古》 1986年 4期, 304쪽, 圖9. ■ 遼寧省博物館·旅順博物館,〈大連市郭家村新石器時代遺址〉,《中國考古集	

	무늬 특징	출토지와 근거 문헌	모양
	심으로 밑 둘레에 이음선을 그어 다각형을 이루고 그 안에 점선무늬를 넣은 무늬.	成》東北卷 新石器時代(二), 北京出版社, 1996, 1409쪽, 圖8. ■遼寧省博物館·旅順博物館, 〈長海縣光鹿大長山島貝丘遺址〉, 《中國考古集成》東北卷 新石器時代(二), 北京出版社, 1996, 1489쪽, 圖13. ■조선유적유물도감편찬위원회, 《조선유적유물도감》 1-원시편(함경북도 무산군 무산읍 범의구석 유적), 조선유적유물도감편찬위원회, 1988, 137쪽, 그림 259.	
6	구멍을 중심으로 십자모양의 선을 그어 여덟 칸을 만들고 한 칸씩 건너 여러 개의 선을 채워 넣은 무늬.	■김용간·서국태, 〈서포항원시유적발굴보고〉, 《고고민속론문집》 4, 사회과학출판사, 1972, 90쪽, 그림 45-1.	
7	구멍에서 약간 내려와서 위에서 아랫부분으로 점선을 휜 모습을 전면에 그린 무늬.	■김용간·서국태, 〈서포항원시유적발굴보고〉, 《고고민속론문집》 4, 사회과학출판사, 1972, 90쪽, 그림 45-2.	
8	아랫부분에 일정한 사이를 남겨 놓거나 남김없이 가락바퀴 윗부분에 점을 둥글게 돌리면서 가득 채운 무늬.	■김용간·서국태, 〈서포항원시유적발굴보고〉, 《고고민속론문집》 4, 사회과학출판사, 1972, 90쪽, 그림 45-3. ■延邊博物館, 〈吉林省龍井縣金谷新石器時代遺址淸理簡報〉, 《中國考古集成》東北卷 新石器時代(二), 北京出版社, 1996, 1890쪽, 圖8.	
9	구멍의 밑둘레나 구멍의 주위를 선으로 한 번 돌리고, 그곳에서 점선의 사이를 넓히면서 한 줄이나 두 줄씩 선을 그은 무늬.	■김용간·서국태, 〈서포항원시유적발굴보고〉, 《고고민속론문집》 4, 사회과학출판사, 1972, 102~105쪽, 그림 56-2. ■沈陽市文物管理辨公室, 〈沈陽新民縣高台山遺址〉, 《考古》1982年 2期, 126쪽, 圖6. ■遼寧省博物館·旅順博物館, 〈大連市郭家村新石器時代遺址〉, 《中國考古集成》東北卷 新石器時代(二), 北京出版社, 1996, 1409쪽, 圖8. ■遼寧省博物館·旅順博物館·長海縣文化館, 〈長海縣光鹿大長山島貝丘遺址〉, 《中國考古集成》東北卷 新石器時	

	무늬 특징	출토지와 근거 문헌	모양
		代(二), 北京出版社, 1996, 1489쪽, 圖13. ■ 許玉林, 〈海岫鐵路工程沿線考古調査 和發掘情況簡報〉,《中國考古集成》東北 卷 靑銅時代(三), 北京出版社, 1996, 1094 쪽, 圖6. ■ 사회과학원력사연구소 고고학연구소, 《원시사》, 과학백과사전종합출판사, 1991, 149쪽, 그림 39의 4·5, 곽가촌유적 1기층. ■ 조선유적유물도감편찬위원회,《조선 유적유물도감》1-원시편(함경북도 회 령군 회령읍 오동유적), 조선유적유물도 감 편찬위원회, 1988, 191쪽의 그림 411. ■ 張少靑·許志國, 〈遼寧康平縣越家店 村古遺址及墓地調査〉,《考古》 1992年 第1期, 1~10쪽. ■ 許玉林·楊永芳, 〈遼寧岫岩北溝西山 遺址發掘簡報〉,《考古》 1992年 第5期, 389~398쪽. ■ 許玉林, 〈遼寧東溝縣石佛山新石器時 代晚期遺址發掘簡報〉,《考古》 1990年 第8期, 673~683쪽.	
10	점선으로 여러 개의 각을 만들거나 그냥 선을 드리 워 꽃모양처럼 새긴 무늬.	■ 김용간·서국태, 〈서포항 원시유적발 굴 보고〉,《고고민속론문집》4, 사회과학 출판사, 1972, 102~105쪽, 그림 56의 3	
11	밑둘레를 따라 점무늬를 한 줄 돌리고 점무늬와 가 운데 구멍 사이를 잇닿게 선으로 연결한 무늬.	■ 김용간·서국태, 〈서포항원시유적발 굴보고〉,《고고민속론문집》4, 사회과학 출판사, 1972, 102~105쪽, 그림 56의 1.	
12	붉은 간그릇과 같이 색칠 을 한 것.	■ 김용간·서국태, 〈서포항원시유적발 굴보고〉,《고고민속론문집》4, 사회과학 출판사, 1972, 129쪽.	그림없음
13	밑둘레를 따라 점선 또는 구멍무늬를 한 줄 돌리고 구멍에서 6~8줄 정도를 점선이나 구멍무늬로 연 결한 것.	■ 沈陽市文物管理辨公室, 〈沈陽新民縣 高台山遺址〉,《中國考古集成》東北卷 新 石器時代(二), 北京出版社, 1996, 1409쪽, 圖8. ■ 遼寧省博物館·旅順博物館, 〈大連市 郭家村新石器時代遺址〉,《中國考古集 成》東北卷 新石器時代(二), 北京出版社,	

	무늬 특징	출토지와 근거 문헌	모양
		1996, 1409쪽 ■曹桂林·許志國, 〈遼寧法庫縣彎柳街遺址調查報告〉,《中國考古集成》東北卷 靑銅時代(二), 北京出版社, 1996, 1916쪽, 圖2. ■曹桂林, 〈法庫縣靑銅文化遺址的考古發現〉,《中國考古集成》東北卷 靑銅時代(二), 北京出版社, 1996, 1918쪽, 圖1. ■齊俊, 〈本溪地區太子河流流域新石器靑銅時期遺址〉,《中國考古集成》, 東北卷 靑銅時代(三), 北京出版社, 1996, 1115쪽, 圖8. ■李殿福, 〈吉林省庫倫·奈曼兩旗夏家店下屑文化遺址分布與內涵〉,《中國考古集成》東北卷 靑銅時代(一), 北京出版社, 1996, 851쪽, 圖5의 14. ■遼寧大學歷史系考古敎硏室·鐵岭市博物館, 〈遼寧法庫縣彎柳遺址發掘〉,《中國考古集成》 東北卷 靑銅時代(二), 北京出版社, 1996, 1933쪽, 圖10의 5·6.	
14	구멍에서 밑둘레로 선을 적게 또는 많게 새긴 무늬	■沈陽市文物管理辦公室, 〈沈陽新民縣高台山遺址〉,《考古》1982年 2期, 126쪽, 圖6. ■王增新, 〈遼寧撫順市蓮花堡遺址發掘 簡報〉,《考古》1964年 6期, 290쪽, 圖5. ■과학원 고고학 및 민속학연구소,《회령오동원시유적발굴보고》유적발굴보고7, 과학원출판사, 1960, 도판 LXXXVIII-6. ■王增新, 〈遼寧撫順市蓮花堡遺址發掘 簡報〉,《中國考古集成》 東北卷 靑銅時代(二), 北京出版社, 1996, 2000쪽, 圖5의 1. ■서울대학교박물관,《서울대학교박물관발굴유물도록》1997, 68쪽, 그림 14(경기도 여주군 점동면 흔암리 유적).	

	무늬 특징	출토지와 근거 문헌	모양
15	윗면 전체에 한 방향으로 사선을 새기거나 그 위에 다시 다른 방향으로 사선을 그은 무늬.	■ 許玉林·傅仁義·王傳善,〈遼寧東溝縣 後注遺址發掘概要〉,《中國考古集成》東北卷 新石器時代(二), 北京出版社, 1996, 1277쪽, 圖21. ■ 과학원 고고학 및 민속학연구소,《회령 오동 원시 유적 발굴 보고》유적발굴보고 8, 과학원출판사, 1961, 도판 CLI. ■ 서울대학교박물관,〈夢村土城〉,《서울대학교박물관유물도록》, 267쪽, 그림 225(서울시 송파구 방이동). ■ 慶州文化財硏究所,《殿廊址·南古壘發掘調査報告書》1995, 256쪽, 그림 5. ■ 李隆助·禹鐘允,《先史遺蹟發掘圖錄》, 忠北大學校 博物館, 1998, 305쪽.	
16	윗면에서부터 또는 구멍에서 좀 떨어져서 밑둘레를 따라 여러 줄로 점선을 돋친 무늬.	■ 遼寧省博物館·旅順博物館,〈大連市郭家村新石器時代遺址〉,《中國考古集成》東北卷 新石器時代(二), 北京出版社, 1996, 1409쪽의 圖8, 1421쪽의 圖21. ■ 張永平·于崗,〈磐石縣梨樹上屯西山發現一座靑銅時代墓葬〉,《中國考古集成》東北卷 靑銅時代(三), 北京出版社, 1996, 2505쪽의 圖2. ■ 集安縣文物保管所,〈集安嶺前鴨綠江流域原始社會遺址〉,《中國考古集成》東北卷 靑銅時代(三), 北京出版社, 1996, 2616쪽, 圖3. ■ 吉林市博物館,〈吉林永吉楊屯大海猛遺址〉,《中國考古集成》東北卷 靑銅時代(三), 北京出版社, 1996, 1403쪽, 圖21. ■ 董學增,〈吉林東團山原始·漢·高句麗·渤海諸文化遺存調査簡報〉《中國考古集成》東北卷 靑銅時代(三), 北京出版社, 1996, 1441쪽, 圖3. ■ 사회과학원력사연구소 고고학연구소,《원시사》, 과학백과사전종합출판사, 1991, 사진 51. ■ 조선유적유물도감편찬위원회,〈굴포리 서포항 유적〉,《조선유적유물도감》1 －원시편, 80쪽, 그림 127.	

	무늬 특징	출토지와 근거 문헌	모양
17	청동장식단추에서 자주 나타나는 무늬로 가락바퀴의 밑둘레를 따라 한 줄이나 두 줄로 선을 새긴 무늬.	■遼寧省博物館·旅順博物館,〈大連市郭家村新石器時代遺址〉,《中國考古集成》東北卷 新石器時代(二), 北京出版社, 1996, 1409쪽, 圖8·圖21.	
18	청동장식단추에서 자주 나타나는 무늬로 밑둘레에 한 줄이나 두 줄로 선을 긋거나 구멍둘레로 선을 그은 무늬. 또는 무늬 없이 밑둘레가 윗부분보다 깎인 모습.	■과학원 고고학 및 민속학연구소,《회령오동원시유적발굴보고》 유적발굴보고 7, 과학원출판사, 1960, 도판 LXXXVIII. ■吉林省博物館·吉林大學考古專業,〈吉林市騷達溝山頂大棺整理報告〉,《中國考古集成》東北卷 青銅時代(三), 北京出版社, 1996, 2376쪽, 圖4의 7. ■內蒙古文物考古研究所·包頭市文物管理處,〈包頭西園春秋墓地〉,《中國考古集成》東北卷 青銅時代(一), 北京出版社, 1996, 936쪽, 圖9의 3(뼈 가락바퀴). ■東北考古發掘團,〈吉林西團山石棺墓發掘報告〉,《中國考古集成》東北卷 青銅時代(三), 北京出版社, 1996, 2161쪽, 圖8의 6·11, 圖9의 2. ■王增新,〈遼寧撫順市蓮花堡遺址發掘簡報〉,《中國考古集成》東北卷 青銅時代(二), 北京出版社, 1996, 2000쪽, 圖5의 1. ■圓光大學校博物館,《益山熊浦里百濟古墳群》1992·1993年度 發掘調查, 百濟文化開發研究院, 1995, 204쪽 圖版92, 238쪽 圖版163. ■安春培,〈南江上流의 先史文化研究-紅陶의 傳播經路를 中心으로〉,《白山學報》第23號, 1977년 12월, 308쪽, 圖35. ■趙榮濟·朴升圭,《晋州加佐洞古墳群 1~4號墳》, 慶尙大學校博物館, 1989, 91쪽, 圖版29의 4. ■韓炳三·鄭澄元,〈東區貝塚 發掘調查報告〉,《馬山外洞城山貝塚發掘調查報告》, 文化公報部 文化財管理局, 1976, 101쪽, 圖版13·28. ■李浩官·趙由典,〈城郭 및 北區貝塚 發掘調查報告〉,《馬山外洞城山貝塚發掘調查報告》, 文化公報部 文化財管理局,	

	무늬 특징	출토지와 근거 문헌	모양
		1976, 282쪽, 圖版88 · 89.	
		■ 西海岸高速道路發掘調査團, 《西海岸高速道路建設區間(舒川-群山間)文化遺蹟發掘調査報告書》, 韓國道路公社, 1998, 圖版32의 1 · 9, 圖版47의 5, 50의 4.	
		■ 慶北大學校博物館 · 大邱教育大學博物館 · 昌原大學校博物館, 《大邱~春川間 高速道路 建設豫定地域內 文化遺蹟發掘調査報告書》(大邱~軍威間), 1991, 294쪽, 圖版14의 4, 圖版23의 4, 사진 25의 1, 사진 75의 3.	
		■ 文化財管理局 慶州史蹟管理事務所, 《慶州地區 古墳發掘調査報告書》 第二輯, 1987, 圖版7의 4.	
		■ 鄭永和 · 梁道榮 · 金龍星, 《陜川 苧浦里 古墳群-A地區》 陜川댐 水沒地區 發掘調査報告 3, 嶺南大學校博物館, 1987, 330쪽, 圖版62의 5, 圖版83의 5, 圖版85의 5.	
		■ 정영호 · 복기대, 《사천 송지리 옛 무덤떼》, 단국대학교 석주선기념박물관, 1999, 42쪽, 사진 34 · 35.	
		■ 林永珍 · 徐賢珠, 《光州 治平洞遺蹟》, 全南大學校博物館 · 光州廣域市 都市開發公社, 1997, 139쪽, 사진 63의 1.	
19	윗부분의 전면을 작은 점선으로 꽉 채운 무늬.	■ 崔玉寬, 〈鳳城縣南山頭古墓調査〉《中國考古集成》, 東北卷 青銅時代(二), 北京出版社, 1996, 2074쪽, 圖2의 10. ■ 吉林省文物考古研究所 · 吉林市博物館, 〈吉林市猴石山遺址第二次發掘〉《中國考古集成》 東北卷 青銅時代(三), 北京出版社, 1996, 2315쪽, 圖10의 1 · 3.	
20	윗부분에 두 줄이나 세 줄로 구멍무늬나 점선무늬를 새긴 것.	■ 吉林市博物館, 〈吉林口前藍旗小團山, 紅旗東梁崗石棺墓清理簡報〉, 《中國考古集成》 東北卷 青銅時代(三), 北京出版社, 1996, 2445쪽, 圖5의 4. ■ 黑龍江省文物考古研究所, 〈黑龍江賓縣慶華遺址發掘簡報〉, 《中國考古集成》 東北卷 青銅時代(三), 北京出版社, 1996,	

	무늬 특징	출토지와 근거 문헌	모양
		2796쪽, 圖4의 19. ■吉林省文物考古研究所, 〈吉林九台市石砬山·關馬山西團山文化墓地〉, 《中國考古集成》東北卷 靑銅時代(三), 北京出版社, 1996, 2456쪽, 圖2의 4. ■金旭東, 〈1987年吉林東豊南部蓋石墓調査與淸理〉, 《中國考古集成》 東北卷 靑銅時代(三), 北京出版社, 1996, 2616쪽, 圖4의 2. ■集安縣文物保管所, 〈集安岭前鴨綠江流域原始社會遺址〉, 《中國考古集成》東北卷 靑銅時代(三), 北京出版社, 1996, 2616쪽, 圖3의 25. ■張永平·于崗, 〈磐石縣梨樹上屯西山發現一座靑銅時代墓葬〉, 《中國考古集成》東北卷 靑銅時代(三), 北京出版社, 1996, 2505쪽, 圖2의 6. ■中國社會科學院考古硏究所東北工作隊, 〈沈陽肇工街和鄭家洼子遺址的發掘〉, 《中國考古集成》東北卷 靑銅時代(二), 北京出版社, 1996, 1885쪽, 圖6의 4. ■과학원 고고학 및 민속학연구소, 《회령 오동원시유적발굴보고》 유적발굴보고 7, 과학원출판사, 1960, 도판 LXXXVIII-2. ■조선유적유물도감편찬위원회, 《조선유적유물도감》 1-원시편, 조선유적유물도감편찬위원회, 1988, 277쪽, 그림 617의 3(서단산돌상자무덤).	
21	윗부분에 구멍무늬를 많이 또는 적게 산재하여 새긴 무늬.	■朱永剛, 〈吉林省梨樹縣二龍湖古城址調査簡報〉, 《中國考古集成》東北卷 靑銅時代(三), 北京出版社, 1996, 2559쪽, 圖6의 11. ■조선유적유물도감편찬위원회, 《조선유적유물도감》 1-원시편, 조선유적유물도감편찬위원회, 1988, 233쪽, 그림 533(자강도 시중군 심귀리유적). ■조선유적유물도감편찬위원회, 《조선유적유물도감》 1-원시편, 조선유적유물도감편찬위원회, 1988, 147쪽, 그림 283(굴포리 서포항유적).	

	무늬 특징	출토지와 근거 문헌	모양
22	구멍을 중심으로 크게 4등분으로 사선을 긋고, 끝부분에서 다시 각을 만든 무늬.	■沈陽市文物管理委員會辦公室, 〈新民縣公主屯后山遺址試掘簡報〉, 《中國考古集成》東北卷 靑銅時代(二), 北京出版社, 1996, 1912쪽, 圖3의 14·16.	
23	윗면 전체에 방향을 통일하지 않고 자유롭게 사선을 그은 무늬.	■張紹維, 〈我國東北地區的環狀石器〉, 《中國考古集成》東北卷 靑銅時代(二)上, 北京出版社, 1996, 306쪽, 圖5의 1.	
24	구멍을 중심으로 별꽃모양의 무늬를 새긴 것.	■中國科學院考古硏究所內蒙古工作隊, 〈寧城南山根遺址發掘報告〉, 《中國考古集成》東北卷 靑銅時代(二)上, 北京出版社, 1996, 306쪽, 圖5의 1.	
25	윗부분 전면에 나이테모양의 무늬를 둥글게 새긴 것.	■張紹維, 〈我國東北地區的環狀石器〉, 《中國考古集成》東北卷 靑銅時代(二)上, 北京出版社, 1996, 305쪽, 圖5의 4.	
26	청동거울이나 청동장식단추에 보이는 무늬와 같이 구멍을 중심으로 몇 개의 원을 두르고 그 안에 삼각형이 연이어 이루어진 무늬.	■張紹維, 〈我國東北地區的環狀石器〉, 《中國考古集成》東北卷 靑銅時代(二)上, 北京出版社, 1996, 305쪽, 圖5의 4.	

〈도표 2〉 중국에서 출토된 가락바퀴의 출토지

	출토지	근거 문헌	모양
1	湖北省 天門市 石家河	譚旦冏, 《中國藝術史論》乙-史前論, 台北 : 光変書局, 1980, 18·31쪽.	
2	湖北省 孝感地區	孝感地區博物館, 〈湖北孝感地區新石器時代遺址調査試掘〉, 《考古》 1990年 第11期, 984쪽.	

	출토지	근거 문헌	모양
3	湖北省 天門市 鄧家灣 遺址	石河考古隊,〈湖北天門市鄧家灣遺址 1992年 發掘簡報〉,《文物》1994年 第4 期, 37쪽.	
4	湖北省 石河遺址	石河考古隊,〈湖北省石河遺址群1987年 發掘簡報〉,《文物》1990年 第8期, 13쪽.	
5	湖北省 雲夢縣	雲夢縣博物館,〈湖北雲夢新石器時代遺 址調查簡報〉,《考古》1987年 第2期, 99· 103쪽.	
6	湖北省 京山縣	湖北省荊州地區博物館,〈湖北京山油 子岭新石器時代遺址的試掘〉,《考古》 1994年 第10期, 875쪽.	
7	浙江省 河姆渡遺址	河姆渡遺址考古隊,〈浙江河姆渡遺址第 二期發掘的主要收穫〉,《文物》 1980年 第5期, 9~10쪽.	
8	山東省 濟寧市	國家文物局考古領隊培訓班,〈山東濟寧 程子崖遺址發掘簡報〉,《文物》 1991年 第7期, 45쪽.	
9	山東省 曲阜縣	山東省博物館,〈山東曲阜新石器時代遺 址調查〉,《考古》1963年 第7期, 363쪽.	
10	江西省 淸江縣	江西省文物工作隊·淸江縣博物館·中 山大學考古專業,〈淸江樊城堆遺址發掘 簡報〉,《考古與文物》 1989年 第2期, 24·33쪽.	

	출토지	근거 문헌	모양
11	甘肅省 秦安縣	甘肅省博物館·秦安縣文化館·大地灣發掘小組,〈甘肅秦安大地灣新石器時代早期遺存〉,《文物》1981年 第4期, 5쪽.	
12	甘肅省 康樂縣	臨夏回族自治州博物館,〈甘肅康樂縣邊家林新石器時代墓地淸理簡報〉,《文物》1992年 第4期, 70쪽.	
13	甘肅省 天水地區	中國社會科學院考古研究所甘肅工作隊,〈甘肅天水地區考古調査紀要〉,《考古》1983年 第12期, 1067쪽.	
14	河南省 臨汝縣	中國社會科學院考古研究所河南一隊,〈河南臨汝中山寨遺址試掘〉,《考古》1984年 第7期, 582쪽.	
15	河南省 孟縣	河南省文化局文物工作隊,〈河南孟縣澗溪遺址發掘〉,《考古》1961年 第1期, 37쪽.	
16	福建省 福淸縣	福建省文物管理委員會,〈福建福淸東張新石器時代遺址發掘報告〉,《考古》1965年 第2期, 49쪽.	
17	福建省 雲霄縣	福建省博物館,〈福建雲霄縣尖子山貝丘遺址調査〉,《考古》1990年 第6期, 502쪽.	
18	湖南省 澧縣	湖南省博物館,〈澧縣夢溪新石器時代遺址試掘簡報〉,《文物》1972年 第2期, 34쪽.	
19	陝西省 長安縣	陝西省文物管理委員會,〈陝西張安澧西張家坡西周遺址的發掘〉,《考古》1964年 第9期, 445쪽.	

	출토지	근거 문헌	모양
20	上海市 淸浦縣	上海市文物保管委員會,〈上海淸浦縣金山玟遺址試掘〉,《考古》1989年 第7期, 580쪽.	
21	鄭州市 商代遺址	鄭州市博物館,〈鄭州商代遺址發掘簡報〉,《考古》1986年 第4期, 325쪽.	
22	天津市 薊縣	天津市歷史博物館考古隊,〈天津薊縣張家園遺址第二次發掘〉,《考古》1984年 第8期, 701쪽.	
23	天津市 薊縣	天津市文物管理處考古隊,〈天津薊縣圍坊遺址發掘報告〉,《考古》1983年 第10期, 877쪽.	
24	湖北省 京山,天門 河南省 淅川	吳山,〈試論我國黃河流域, 長江流域和華南地區新石器時代的裝飾圖案〉,《文物》1975年 第5期, 68쪽.	

2. 고조선 복식품의 출토 지역

1) 원형 장식

한반도와 만주 지역에서 출토된 청동장식단추 가운데 연대가 가장 앞서는 것은, 서기전 25세기에 해당하는 평양 부근 강동군 용곡리 4호 고인돌유적에서 출토된 것이다.[22] 같은 청동기 초기에 속하는 길림성 대안현(大安縣) 대가산(大架山) 유적에서도 청동장식단추가 출토되었다.[23] 이보다 늦은 것으로는 서기전 20세기 후반기에 해당하는 황해북

---

22) 강승남,〈고조선 시기의 청동 및 철 가공기술〉,《조선고고연구》1995년 2기, 사회과학출판사, 21~22쪽 ; 김교경,〈평양일대의 단군 및 고조선 유적유물에 대한 연대 측정〉,《조선고고연구》1995년 제1호, 사회과학출판사, 30쪽.

23) 吉林省文物工作隊,〈吉林大安縣洮兒河下游右岸新石器時代遺址調査〉,《考古》

도 봉산군 신흥동 유적에서 출토된 청동장식단추로 보이는 조각이 있다.[24] 그리고 서기전 16세기에 해당하는[25] 요령성 대련시 여순구구(旅順口區) 우가촌(于家村) 상층 유적에서도 원형과 ㅗ형의 청동장식단추가 출토되었다.

중국의 경우 1970년대 이전 중국학자들은 서주(西周)시대 말기(서기전 9세기 무렵)의 위국(衛國) 유적인 준현(濬縣) 신촌(辛村) 위묘(衛墓)에서 처음으로 발견된 크고 작은 청동장식단추를 갑옷에 달아 사용했던 것으로 보고, 이를 중국 갑옷의 기원으로 삼았다.[26]

그러나 이후 이보다 앞선 상나라 후기의 유적으로 밝혀진 하남성 안양 곽장촌(郭莊村) 유적,[27] 산동성 보덕현(保德縣) 유적,[28] 하남성 안양 곽가장(郭家莊) 차마갱(車馬坑) 유적,[29] 섬서성 수덕언두촌(綏德墕頭村) 유적[30] 등에서 청동 장식단추가 출토되었다. 상나라 후기에서 서주 초기의 유적으로 섬서성 순화현(淳化縣) 유적[31] 과 산동성 교현(膠縣)

1984年 第8期, 692~693쪽.

24) 김용간, 〈금탄리 원시 유적 발굴 보고〉, 《유적발굴보고》 제10집, 사회과학원출판사, 1964, 38쪽.

25) 이 유적의 방사성탄소측정연대는 서기전 3230±90년(5180±90 B.P.) · 3280±85년(5230±85 B.P.)으로 교정연대는 서기전 3505년~3555년이 된다(中國社會科學院考古研究所實驗室, 〈放射性碳素測定年代報告(七)〉, 《考古》 1980年 第4期, 373쪽 ; 北京大學歷史系考古專業碳十四實驗室, 〈碳十四年代側定報告(三)〉, 《文物》 1979年 第12期, 78쪽).

26) 郭宝鈞, 〈濬縣辛村古殘墓之淸理〉, 《田野考古報告》 第1冊, 1960, 188쪽 ; 郭宝鈞, 〈殷周的靑銅武器〉, 《考古》 1961年 第2期, 117쪽 ; 內蒙古自治區文物工作隊, 〈呼和浩特二十家子古城出土的西漢鐵甲〉, 《中國考古集成》 東北卷 秦漢至三國(一), 北京出版社, 1997, 197쪽.

27) 安陽市文物工作隊, 〈河南安陽郭莊村北發現一座殷墓〉, 《考古》 1991年 第10期, 902~909쪽.

28) 吳振錄, 〈保德縣新發現的殷代靑銅器〉, 《文物》 1972年 第4期, 62~64쪽.

29) 中國社會科學院考古研究所安陽工作隊, 〈安陽郭家莊西南的殷代馬車坑〉, 《考古》 1988年 第10期, 882~893쪽.

30) 陝西省博物館, 〈陝西綏德墕頭村發現一批窖藏商代銅器〉, 《文物》 1975年 第2期, 83~84쪽.

31) 淳化縣文化館 · 姚生民, 〈陝西淳化縣出土的商周靑銅器〉, 《考古與文物》 1986年

서암(西菴) 유적32) 그리고 하북성 북경시 창평현(昌平縣) 백부(白浮)
유적에서 청동장식단추들이 출토되었다.33)

이보다 후기에 속하는 서주시대의 유적인 감숙성 영현(寧縣) 서구
(西溝) 유적,34) 섬서성 부풍현(扶風縣) 소이촌(召李村) 유적,35) 하남성
평정산시(平頂山市) 유적,36) 강소성 단도(丹徒) 대항모자곽(大港母子
墎) 유적,37) 섬서성 기산(岐山)·부풍(扶風) 유적,38) 장안(長安) 보도촌
(普渡村) 유적39) 등에서도 청동장식단추들이 출토되었다. 이들 청동장
식단추의 모습은 원형과 ⊥형이었다. 발굴자들은 이를 동포(銅泡)로 일
컬었고, 이후 중국학자들은 이를 갑포(甲泡)로 분류했다.40)

동포라는 명칭은 중국 고고학자들이 붙인 이름이며, 서양학자들은
이것을 단추와 비슷하다고 하여 청동단추(bronze button)라 부른다. 필
자는 고조선의 경우 이를 옷·신발·활집·투구·마구 등 여러 곳에
장식용으로 사용하였으므로 '청동장식단추'로 분류하고자 한다. 이러한
출토 상황으로 보아 중국에서 청동장식단추의 생산은 그 상한연대를
상나라 후기인 서기전 11세기 무렵으로 잡을 수 있다.

第5期, 12~22쪽.

32) 山東省昌濰地區文物管理組, 〈膠縣西菴遺址調査試掘簡報〉, 《文物》 1977年 第4期,
　　63~71쪽.

33) 北京市文物管理處, 〈北京地區的又一重要考古收穫--昌平白浮西周木槨墓的新
　　啓示〉, 《考古》 1976年 第4期, 246~258쪽.

34) 慶陽地區博物館, 〈甘肅寧縣集村西溝出土的一座西周墓〉, 《考古與文物》 1989年 第
　　6期, 25~26쪽.

35) 扶風縣文化館·羅西章·陝西省文館會·吳鎭烽·尙志儒, 〈陝西扶風縣召李村一號
　　西周墓淸理簡報〉, 《文物》 1976年 第6期, 61~65쪽.

36) 平頂山市文管會·張肇武, 〈河南平頂山市出土西周應國銅器〉, 《文物》 1984年 第
　　12期, 29~31쪽.

37) 鎭江博物館·丹徒縣文館會, 〈江蘇丹徒大港母子墎西周靑銅器墓發掘簡報〉, 《文物》
　　1984年 第5期, 1~10쪽.

38) 陝西省文物管理委員會, 〈陝西岐山·扶風周墓淸理記〉, 《考古》 1960年 第8期, 8~11쪽.

39) 中國社會科學院考古硏究所澧西發掘隊, 〈1984年長安普渡村西周墓葬發掘簡報〉, 《考
　　古》 1988年 第9期, 769~777쪽.

40) 楊泓, 〈戰車與車戰－中國古代軍事裝備禮記之一〉, 《文物》 1977年 第5期, 82~90쪽.

이와 같은 내용으로 보면, 고조선 청동장식단추의 생산 연대는 중국
보다 적어도 14세기 정도 앞선다. 이로 보아 중국의 청동장식단추는 고
조선의 영향을 받았을 가능성이 크다. 이는 상나라 청동기가 고조선 초
기의 하가점하층문화와 밀접한 관계를 갖기 때문에 더욱 그러하다.

북경 근처에 있는 난하를 경계로 하여, 그 동쪽에는 황하 유역의 초
기 청동기문화인 이리두문화(二里頭文化)나 상문화(商文化)와는 전혀
다른 청동기문화인 하가점하층문화(豊下문화라고도 부른다)가 있었는
데, 시작 연대는 서기전 2500년 무렵으로 잡을 수 있다. 하가점하층문화
는 중국의 상나라보다 훨씬 앞선 시기부터 있었으며, 비파형동검문화
의 전신으로서 고조선의 초기 청동기문화이다. 이 문화 유적은 지금까
지의 조사결과로는 요령성과 길림성 지역에 널리 분포되어 있는데, 발
굴된 곳은 지금의 요서 지역 몇 곳에 불과하다. 이 하가점하층문화에
대해 장광직(張光直)은 다음과 같이 말하고 있다.

　　상(商)에 인접한 최초의 금속사용 문화 가운데 하나였으므로 상의 가장
　　중요한 혁신 가운데 하나―청동기 주조―의 최초 기원을 동부해안 쪽에
　　서 찾는 것은 가능할 것이다.[41]

청동기문화는 황하 유역에서는 서기전 2200년 무렵에 시작되었고,
고조선 지역과 문화적으로 관련이 있는 시베리아의 카라수크문화는 서
기전 1200년 무렵에 시작되었으며, 고조선은 서기전 2500년 무렵에 시
작되었다.[42] 따라서 동아시아에서 청동기문화는 고조선이 가장 이르다.
이는 중국의 청동장식단추 생산이 고조선의 영향일 가능성을 뒷받침한

---

41) 張光直 지음, 尹乃鉉 옮김, 《商文明》, 民音社, 1989, 435쪽.
42) 윤내현, 《고조선연구》, 일지사, 1994, 29쪽 ; 신숙정, 〈한국 신석기-청동기시대의 전
　　환과정에 대하여―문화발달과정에 대한 자연스러운 이해를 위한 몇 가지 제언〉,
　　《전환기의 고고학》 1, 학연문화사, 2002, 15~44쪽.

다. 고조선의 청동장식단추가 갖는 다음과 같은 고유한 특징에서도 이
를 확인할 수 있다.

첫째로 중국은 위에 서술한 몇 지역 외에도, 감숙성·섬서성·하남성
등에서 소량의 청동장식단추가 발견되었으나, 그 출토지는 매우 적다.
그러나 고조선의 영역이었던 한반도와 만주 지역에서는 거의 모든 청동
기 유적에서 다양한 크기와 무늬의 청동장식단추들이 발견되고 있다.

둘째로 앞에서 언급한 서암과 백부 유적에서 발굴된 청동장식단추
는, 신촌의 위묘에서 출토된 청동장식단추와 마찬가지로, 원형과 '工'형
으로 둥근 가장자리에 좁은 선이 둘려져 있고, 큰 청동장식단추는 가운
데 2개의 선이 중심부에 그어져 있을 뿐이다.[43] 이와 같은 모양은 감숙
성·섬서성·하남성 등에서 출토된 청동장식단추의 경우도 마찬가지
이다. 따라서 중국 청동장식단추의 모양이나 무늬는 중국의 청동기나
질그릇 그리고 가락바퀴 등에서 볼 수 있는 상(商)문화의 특색을 나타
내는 무늬와는 전혀 다르며, 오히려 고조선의 청동장식단추와 같거나
비슷하다.

더욱이 신석기시대부터 고조선 영역의 가락바퀴와 청동기나 질그릇
등에 특징적으로 보이는 새김무늬의 모양을 나타내거나 또는 고조선의
청동거울이나 비파형동검 검집에 나타나는 무늬와 같은 잔줄무늬 등을
보임으로써, 고조선의 유물이 갖는 특징과 그 맥락을 같이 한다. 고조
선의 청동장식단추는 원형이 주류를 이루고 있다.

청동장식단추는 고조선에서 의복뿐만 아니라 모자나 신발 또는 활집
등 복식의 여러 부분에 다양하게 사용했다. 이와 같은 청동장식단추의
사용은 5세기 무렵으로 추정되는 고구려 마조총의 수렵도[44]에 보이는

---

43) 山東省昌濰地區文物管理組, 〈膠縣西菴遺址調査試掘簡報〉, 《文物》 1977年 第4期,
66쪽, 圖5의 8·13·14·15·16.
44) 王承禮·韓淑華, 〈吉林輯安通溝第12號高句麗壁畵墓〉, 《考古》 1964年 第2期, 67~
72쪽.

말을 탄 병사의 복식에도 나타나 있어, 고조선 복식의 특징이 뒤에도 오랜 기간 그대로 이어졌음을 알 수 있다.

고조선의 경우, 청동장식단추가 복식의 여러 부분에 다양하게 사용되었던 점과 예(濊)의 웃옷에 사용된 예를 보면, 청동단추는 그동안의 일반적 분류처럼 장식품으로 구분해야 할 것이다. 그런데 출토된 청동장식단추의 수량이 적을 때는 청동구슬 등과 함께 장식용으로 사용된 것으로 볼 수 있겠으나, 그 수량이 많을 때는 전쟁 때 입은 방어용 옷의 구성물로 해석해야 할 것으로 생각된다.

고조선의 유적인 누상묘에서 청동장식단추가 많이 출토되었다. 누상 1호묘의 경우 청동장식단추 41점이 출토되었는데, 이 1호묘는 서쪽 절반 부분의 유물이 완전히 없어진 상태[45]이므로 더 많은 양의 청동장식단추가 있었을 것으로 생각된다. 이 청동장식단추들의 모양은 대체로 원반형이고 크기는 지름이 3cm, 3~4cm, 4cm, 4.4cm, 4.8cm, 5.7cm, 6cm, 6.6cm, 8cm였다.[46] 이러한 3~8cm 정도 크기의 청동장식단추들이 손실되고 남은 숫자인 40여 개 정도의 최소치로 측정한 것인데, 필자가 실험해 본 결과 이를 옷에 매달았을 때 옷 표면을 거의 덮을 수 있어 갑옷으로서의 구실이 충분히 가능했을 것으로 보인다. 이와 같은 복장은 청동의 빛나는 색상으로 말미암아 전쟁터에서 위엄을 보이기도 했을 것이고 방어용 복장으로도 사용될 수 있어 청동갑옷의 초기 형태로 보는데 무리가 없다.

고조선의 정가와자 6512호묘에서도 청동장식단추가 많이 출토되었다. 이 묘의 매장자 발밑에서 청동장식단추들이 발굴되어 가죽장화에

---

45) 고고학연구소, 《고고민속론문집》 1, 사회과학원출판사, 1970, 86~93쪽 ; 박진욱, 《조선고고학전서》 고대편, 과학백과사전종합출판사, 1997, 34~39쪽.

46) 고고학연구소, 《고고민속론문집》 1, 사회과학원출판사, 圖版41 ; 조선유적유물도감 편찬위원회, 《조선유적유물도감》 2- 고조선·진국·부여편, 조선유적유물도감편찬위원회, 1989, 60쪽.

달았던 장식물로 추정되는데, 청동장식단추의 지름이 2.4cm 되는 것이 124개 나왔고 지름 1.7cm 되는 것이 56개가 나와[47] 그 크기와 숫자로 실험한 결과, 가죽장화의 겉면을 거의 다 덮은 것으로 확인되었다. 이런 신발은 청동의 빛나는 색상을 활용하여 전쟁터에서 위엄을 보이기 위한 목적으로 만들어졌을 것이다.

그동안의 고고학적 발굴결과에 따르면, 고조선에서는 청동기가 널리 보급되어 종래의 돌이나 뼈 등으로 만들던 공구나 무기를 청동으로 만들어 나갔다. 이로 보아 가죽이나 뼈로 만들던 갑옷재료도 청동으로 대체되었을 것이다.

이상과 같이 한국은 중국보다 적어도 16세기 정도 앞선 서기전 25세기에 청동장식단추로 장식된 복식을 착용하기 시작하여 이후 갑옷과 투구 등에 응용했음을 알 수 있다. 시베리아의 청동기문화는 서기전 1800년 무렵에 시작되므로, 동아시아에서 고조선이 가장 이른 시기에 청동장식단추로 장식한 갑옷을 생산했을 것으로 추정된다.

이는 고조선만이 갖는 복식의 특징으로 중국에서는 찾아볼 수 없는 것이며, 북방 지역에서는 고조선보다 약 1200년 정도 뒤에 이러한 양식이 나타나기 시작한다.[48] 한반도와 만주 지역에서 출토된 청동장식단추의 출토지를 보면 다음(〈도표3〉)과 같다.

---

47) 박진욱, 앞의 책, 1997, 56~59쪽.
48) Sergei I. Rudenko, *FROZEN TOMBS OF SIBERIA-The Pazyryk Burials of Iron-Age Horsemen*, University of California Press, 1970.

〈도표 3〉 청동장식단추의 출토지

	출토지	지름(cm)	근거 문헌자료	모양
1	河北省 灤平縣 笱子溝	2.5	■鄭紹宗, 〈中國北方靑銅短劍的分期及形制硏究〉, 《中國考古集成》 東北卷 靑銅時代(一), 60쪽, 圖9의 6.	
2	河北省 平泉縣 東南溝	알 수 없음	■朱永剛, 〈夏家店上層文化的初步硏究〉, 《中國考古集成》 東北卷 靑銅時代(一), 370쪽, 圖9의 17.	
3	內蒙古自治區 昭烏達盟 赤峰市 藥王墓	3	中國科學院考古硏究所內蒙古發掘隊, 〈內蒙古赤峰藥王廟·夏家店遺址試掘簡報〉, 《中國考古集成》 東北卷 靑銅時代(一), 661쪽, 圖版2의 9.	
4	內蒙古自治區 昭烏達盟 安慶溝灌渠內	1.8, 2	■中國科學院考古硏究所內蒙古工作隊, 〈赤峰藥王墓·夏家店遺址試掘報告〉, 《中國考古集成》 東北卷 靑銅時代(一), 677~681쪽의 表6, 679쪽의 圖30의 14.	
5	內蒙古自治區 寧城縣 南山根	0.85, 1.8, 2.3, 2.5, 3, 3.1, 4, 4.3, 6.5, 7.5	■中國科學院考古硏究所內蒙古工作隊, 〈寧城南山根遺址發掘報告〉, 《中國考古集成》 東北卷 靑銅時代(一), 719~728쪽. ■中國社會科學院考古硏究所東北工作隊, 〈內蒙古寧城縣南山根102號石槨墓〉, 《中國考古集成》 東北卷 靑銅時代(一), 727~728쪽, 圖4의 3. ■遼寧省昭烏達盟文物工作站·中國科學院考古硏究所東北工作隊, 〈寧城縣南山根的石槨墓〉, 《中國考古集成》 東北卷 靑銅時代(一), 745쪽, 圖版10.	
6	內蒙古 敖漢旗 古魯板蒿公社 周家地	1.5~3.7	■中國社會科學院考古硏究所內蒙古工作隊, 〈內蒙古敖漢旗周家地墓地發掘簡報〉, 《中國考古集成》 東北卷 靑銅時代(一), 815~817쪽, 圖9의 6.	
7	內蒙古 敖漢旗 新惠鄕 房申村 鐵匠溝	0.9, 2.1, 2.9, 3, 3.1, 3.3, 3.4, 4.2	■邵國田, 〈敖漢旗鐵匠溝戰國墓地調査簡報〉, 《中國考古集成》 東北卷 靑銅時代(一), 827~828쪽, 圖9의 1·2·3·5·6.	

	출토지	지름(cm)	근거 문헌자료	모양
8	內蒙古 昭烏達盟 翁牛特旗 烏蘭敖都公社 査干敖爾大隊 大泡子村	1.2~1.5, 3.4	■賈鴻恩,〈翁牛特旗大泡子靑銅短劍墓〉,《中國考古集成》東北卷 靑銅時代(一), 834~836쪽, 圖2의 7.	
9	內蒙古 巴林右旗	2.9	■董文義,〈巴林右旗發現靑銅短劍墓〉,《中國考古集成》東北卷 靑銅時代(一), 839쪽, 圖1의 4.	
10	內蒙古 赤峰市 克什克騰旗 土城子	2.6	■內蒙古自治區文物考古硏究所·克什克騰旗博物館,〈內蒙古克什克騰旗龍頭山遺址第一·二次發掘簡報〉,《中國考古集成》東北卷 靑銅時代(一), 845~846쪽, 圖11의 7.	
11	內蒙古 準格爾旗 寶亥社	2.1	■伊克昭盟文物工作站,〈內蒙古準格爾旗寶亥社發現靑銅器〉,《中國考古集成》東北卷 靑銅時代(一), 901~902쪽, 圖6의 13과 圖8의 2.	
12	內蒙古 烏盟凉城縣 于毛慶溝村	2.3	■內蒙古自治區文物工作隊,〈凉城飮牛溝墓葬淸理簡報〉,《中國考古集成》東北卷 靑銅時代(一), 905~906쪽, 圖8의 3.	
13	內蒙古 包頭市 西園村	3~3.3, 5	■內蒙古文物考古硏究所包頭市文物管理處,〈包頭西園春秋墓地〉,《中國考古集成》東北卷 靑銅時代(一), 933~934쪽, 圖5의 1.	
14	內蒙古自治區 土默特旗 水澗溝門村 大靑山	3.1~3.4, 4.5	■鄭隆,〈大靑山下發現一批銅器〉,《中國考古集成》東北卷 靑銅時代(一), 941쪽, 圖2의 5·6.	
15	內蒙古 鄂爾多斯	1.4, 1.7~4, 2.2, 2.9, 3.4	■田廣金·郭素新,〈鄂爾多斯靑銅器拾零〉,《中國考古集成》東北卷 靑銅時代(一), 952~953쪽, 圖7의 11·12·13.	
16	遼寧省 朝陽縣 十二臺營子	1~1.8	■조선유적유물도감 편찬위원회,《조선유적유물도감》2-고조선·진국·부여편, 41쪽.	

	출토지	지름(cm)	근거 문헌자료	모양
17	遼寧省 朝陽縣	알 수 없음	■郭大順, 〈遼河流域‘北方式靑銅器’的 發現與研究〉, 《中國考古集成》 東北卷 靑銅時代(二), 1319쪽, 圖3의 13.	
18	遼寧省 海城縣 大屯	4	■朱貴, 〈遼寧朝陽十二臺營子靑銅短劍 墓〉, 《中國考古集成》 東北卷 靑銅時代 (二), 1397쪽, 圖版3의 14.	
19	遼寧省 大城子 鎭 南溝門村	3.2, 3.7, 3.8, 5.2~5.3	■張靜·田子義·李道升, 〈朝陽小波赤 靑銅短劍墓〉, 《中國考古集成》 東北卷 靑銅時代(二), 1402쪽, 圖3의 1·2·3.	
20	遼寧省 朝陽市 楡樹林子鄕 炮 手 營子村	알 수 없음	■郭大順, 〈試論魏營子類型〉, 《中國考 古集成》 東北卷 靑銅時代(二), 1415쪽, 圖2의 2·9.	
21	遼寧省 朝陽市 楡樹林子鄕 炮 手 營子村	3.2	■李殿福, 《建平孤山子·楡樹林子靑銅 時代墓葬》, 《中國考古集成》 東北卷 靑 銅時代(二), 1429쪽, 圖5의 7·8.	
22	遼寧省 建平縣 水泉村	3.5	■遼寧省博物館·朝陽市博物館, 〈建平 水泉遺址發掘簡報〉, 《中國考古集成》 東 北卷 靑銅時代(二), 1444~1445쪽, 圖14 의 14.	
23	遼寧省 凌源縣 五道河子村	4.8, 8	■遼寧省文物考古硏究所, 〈遼寧凌源縣 五道河子戰國墓發掘簡報〉, 《中國考古 集成》 東北卷 靑銅時代(二), 1506~ 1509쪽, 圖8의 25·26.	
24	遼寧省 錦西縣 李虎氏村	3.5	■錦州市博物館, 〈遼寧錦西縣烏金塘東 周墓調査記〉, 《中國考古集成》 東北卷 靑銅時代(二), 1582~1583쪽, 圖2의 6과 圖版2의 6·7.	
25	遼寧省 大連市 旅順口區 鐵山 公社 于家村	1.9	■旅順博物館·遼寧省博物館, 〈大連于 家村坨頭積石墓地〉, 《中國考古集成》 東 北卷 靑銅時代(二), 1803쪽.	그림 없음
26	遼寧省 旅大市 旅順口區 營城 子村	1.7, 3.2, 7.6	■旅順博物館, 〈旅順口區后牧城驛戰國 墓淸理〉, 《中國考古集成》 東北卷 靑銅 時代(二), 1817~1819쪽.	

	출토지	지름(cm)	근거 문헌자료	모양
27	遼寧省 旅大市 甘井子區	1.7, 3, 5.7	■조선 유적 유물도감 편찬 위원회,《조선유적유물도감》2-고조선·진국·부여편, 60쪽, 그림 93.	
28	遼寧省 沈陽市 鄭家洼子	12	■沈陽市文物工作組,〈沈陽地區出土的靑銅短劍資料〉,《中國考古集成》東北卷 靑銅時代(二), 1880~1881쪽, 圖1의 3과 圖版1의 6·7·8·9.	
29	遼寧省 太子河	알 수 없음	■李恭篤·高美璇,〈太子河上游洞穴墓葬探究〉,《中國考古集成》東北卷 靑銅時代(二), 2025쪽, 圖7의 1.	
30	吉林省 吉林市 騷達溝山 頂大棺	2, 2.6, 3, 5.6, 6	■閆崇義,〈對吉林省館藏石范的初步研究〉,《中國考古集成》東北卷 靑銅時代(三), 2090쪽, 圖2의 1. ■劉景文,〈試論西團山文化中的靑銅器〉,《中國考古集成》東北卷 靑銅時代(三), 2181쪽, 圖4의 4. ■吉林省博物館·吉林大學考古專業,〈吉林市騷達溝山頂大棺整理報告〉,《中國考古集成》東北卷 靑銅時代(三), 2375~2376쪽, 圖4의 1.	
31	吉林省 九台市 石砬山墓地·關馬山墓地	1.2, 1.6	■吉林省文物考古硏究所,〈吉林九台市石砬山·關馬山西團山文化墓地〉,《中國考古集成》東北卷 靑銅時代(三), 2456~2457쪽, 圖5의 2와 圖6의 3.	
32	吉林省 鎭賚縣 坦途鎭 北崗子	0.7	■郭珉·李景冰·劉雪山·韓淑華,〈吉林省鎭賚縣坦途北崗子靑銅時代墓葬淸理報告〉,《中國考古集成》東北卷 靑銅時代(三), 2525~2526쪽, 圖5의 11.	
33	吉林省 大安縣 東山頭	1.4, 2.5, 3~3.4	■匡瑜·方起東,〈吉林大安東山頭古墓葬淸理〉,《中國考古集成》東北卷 靑銅時代(三), 2532쪽, 圖2의 2·3·5.	
34	吉林省 東豊縣 大陽鎭	알 수 없음	■金旭東,〈1987年吉林東豊南部盖石墓調査與淸理〉,《中國考古集成》東北卷 靑銅時代(三), 2579쪽, 圖7의 11.	

	출토지	지름(cm)	근거 문헌자료	모양
35	吉林省 吉林市 騷達溝	1.5	■劉景文,〈吉林市騷達溝石棺墓出土的 幾件文物〉,《中國考古集省》東北卷 青銅時代(三), 2382쪽, 圖2.	
36	黑龍江省 官地 紅頭山		■越善桐, 〈黑龍江官地遺址發現的墓 葬〉,《中國考古集成》東北卷 靑銅時代 (三), 2718쪽, 圖5의 4.	
37	黑龍江省 泰來 縣 洋磚歷墓	1.05, 1.3, 2.9, 3.6	■黑龍江省文物考古研究所,〈黑龍江泰 來縣平洋磚歷墓地發掘簡報〉,《中國考 古集成》東北卷 靑銅時代(三), 2750~ 2754쪽, 圖6의 10.	
38	黑龍江省 泰來 縣 戰鬪村	0.8, 2.4	■黑龍江省文物考古研究所,〈黑龍江泰 來縣戰鬪墓地發掘簡報〉,《中國考古集 成》東北卷 靑銅時代(三), 2760~2761쪽, 圖3의 7.	
39	黑龍江省 富裕 縣 大登科村	1~0.75, 1.45~1.5, 4.5~4.9	■黑龍江省文物考古研究所,〈黑龍江小 登科墓葬及相關問題〉,《中國考古集成》 東北卷 靑銅時代(三), 2773쪽, 圖3의 7.	
40	黑龍江省 齊齊 哈爾市 大道三 家子	1~2.8, 2.4, 2.7, 2.8, 3.1	■黑龍江省博物館·齊齊哈爾市文管站, 〈齊齊哈爾市大道三家子墓葬淸理〉,《中 國考古集成》東北卷 靑銅時代(三), 2776~2780쪽, 圖版2의 8·9.	
41	黑龍江省 林甸 縣 東升公社 牛 尾巴崗	1.6, 2.2, 3	■金鑄,〈黑龍江林甸牛尾巴崗發現靑銅 時代墓葬〉,《中國考古集成》東北卷 靑 銅時代(三), 2805쪽, 圖3의 4·5.	
42	함경북도 나진 시 초도	5.5	■고고학 및 민속학 연구소,《나진초도 원시유적 발굴보고서》유적발굴보고 제 1집, 과학원출판사, 1956, 45쪽, 도판 CXXXI의 1.	
43	함경북도 무산 군 범의구석 제 5기	1.8, 2.5, 3.5	■고고학연구소,〈무산범의 구석유적 발 굴보고〉,《고고민속론문집》6, 사회과학 출판사, 1975, 205쪽, 그림 85의 1·2·3.	
44	평안북도 룡천 군 신암리	알 수 없음	■王巍,〈夏商周時期遼東半島和朝鮮半 島西北部的考古學文化序列及其相互關 係〉,《東北考古集成》東北卷 靑銅時代 (一), 607쪽, 圖21의 7.	

	출토지	지름(cm)	근거 문헌자료	모양
45	평안북도 강계군 어뇌면 풍룡리	3.3	■ 有光敎一,〈平安北道 江界郡 漁雷面 發見の一箱式石棺と其副葬品〉,《考古學雜誌》第31卷 3號, 1941.	
46	평양시 강서군 태성리	2.3, 2.8	■ 고고학연구소, 《고고민속론문집》 1, 사회과학출판사, 1969, 圖版52의 1・2・3・4.	
47	경상북도 영천군 어은동	2.9	■ 국립경주박물관, 《국립경주박물관》, 통천문화사, 1995, 17쪽.	
48	경상북도 경주시 죽동리	4.1	■ 국립경주박물관, 《국립경주박물관》, 통천문화사, 1995, 80쪽.	

2) 나뭇잎 모양 장식

한반도와 만주에서는 서기전 25세기 무렵부터 원형장식단추와 더불어 나뭇잎 모양 장식이 출현하였다. 우리나라의 금관이나 금속 관식(冠飾) 등에 달린 나뭇잎[樹葉]의 양식은 하트형, 도형(桃形), 심엽형(心葉形) 등의 명칭으로 다양하게 불린다. 중국의 고분 벽화49)와 돈황 벽화에 보이는 나뭇잎 모양과 달리 고구려 고분 벽화50)에서는 나뭇잎을 금관에 달린 장식 모양으로 묘사하여 이와 같은 장식물이 고조선시대부터 나뭇잎을 표현했던 것임을 알려 준다. 그런데 중국의 고분 벽화 등에서 표현된 나뭇잎이 변형된 모양을 보이는 것과 달리 고구려 고분 벽화 등에서 표현된 나뭇잎은 사실적인 나뭇잎 모양 그대로를 표현하고 있는 경우가 많다. 따라서 필자는 이를 나뭇잎 모양 장식으로 부르고자 한다.

---

49) 漢王得元墓畵像・武梁祠畵像・南珦堂山第五窟北齊小龕 등.
50) 각저총, 통구 17호묘 抹角石隅交界處벽화, 오회분 4호묘 藻井鍛鐵圖와 制輪圖 등.

나뭇잎 모양의 장식은 평양시 강동군 순창리의 글바위 2호와 5호 무덤에서 출토된 금동귀걸이의 끝 부분에 달린 장식으로서 서기전 25~24세기에 해당한다. 강동군 순창리와 송석리에서 발굴된 금제품들은 모두 사람뼈와 함께 나왔다. 사람뼈에 대한 절대연대 측정치는 글바위 2호 무덤의 것은 서기전 2400년(4376±239 B.P.) 무렵이고, 글바위 5호 무덤의 것은 서기전 2500년(4425±158 B.P.) 무렵이다.[51]

평양 일대의 고조선 초기 유적인 문선당 2호·3호와 8호 무덤, 대잠리 2호 무덤, 구단 2호 무덤, 경신리 2호 무덤, 금평리 1호 돌관무덤 등에서 금동 또는 금으로 만든 같은 모양의 귀걸이가 출토되었다.[52]

지금까지 출토된 나뭇잎 모양의 주물틀로 가장 이른 연대의 것은 고조선의 영역이었던 요령성 오한기에서 출토된 돌로 만든 주물틀이다. 발굴자들은 이 주물틀을 서주(西周, 서기전 11세기~서기전 841년) 또는 그보다 이른 시기에 속할 것으로 보았다. 청동장식단추를 만들었을 이 돌주물틀은[53] 긴 나뭇잎 모양으로 고조선 장식단추의 특징인 나뭇잎 모양을 그대로 보여 준다. 중국의 춘추시대 후기에서 전국시대에 걸친, 고조선의 유적인 흑룡강성 지지하얼시(齊齊哈爾市) 타이라이현(泰來縣)의 평양 전광묘(磚廣墓)에서 출토된 귀걸이는 금으로 만든 나뭇잎 모양과 원형의 장식이 금실[金絲]로 연결되어 있었다.

발굴자들은 이 유적이 춘추시대 후기에서 전국시대(서기전 6세기~서기전 220년)에 속하며, 동호족의 것이라고 하였다.[54] 그러나 이 묘에서 고조선 유물의 특징을 갖춘 새김무늬 질그릇, 청동장식단추,

51) 한인호, 〈고조선초기의 금제품에 대한 고찰〉, 《조선고고연구》 1995년 제1호, 사회과학출판사, 22~26쪽.
52) 주 51 참조.
53) 邵國田, 〈內蒙古昭烏達盟敖漢旗李家營子出土的石范〉, 《中國考古集成》 東北卷 靑銅時代(一), 北京出版社, 1996, 801~802쪽.
54) 黑龍江省文物考古硏究所, 〈黑龍江泰來縣平洋磚廣墓地發掘簡報〉, 《中國考古集成》 東北卷 靑銅時代(三), 北京出版社, 1996, 2750~2758쪽.

청동방울 등이 출토되어, 당시 이 지역이 고조선의 영역이었음을
알 수 있게 한다.

또한 고조선 후기에서 고구려 초기에 속하는, 요령성 서풍현(西豊縣)
서차구(西岔溝) 고묘(서기전 206년~서기전 70년 무렵)에서는 평양의
전광묘에서 출토된 금귀걸이와 거의 같은 모양의 은귀걸이가 출토되었
는데, 이는 은으로 된 나뭇잎 모양과 원형의 장식을 은실[銀絲]로 연결
하여 만든 것이다. 그밖에 나무가 뻗어 올라간 모습의 무늬를 나타내는
청동조각이 여러 개 출토되었다.[55]

중국의 서한 중기부터 동한 후기에 속하는 유적으로, 고조선이나 동
부여의 유적일 것으로 추정되는 길림성 통유현(通楡縣) 고묘에서는 금
으로 만든 나뭇잎 모양과 백석(白石)·옥석(玉石)·마노(瑪瑙)를 금실
로 연결하여 만든 귀걸이가 출토되었다.[56] 발굴자들은 이 고묘가 서한
중기에서 동한 후기에 속하는 선비족의 유물일 것이라고 하였다. 그러
나 이 고묘에서 출토된 귀걸이 양식은 고조선의 양식 그대로다. 이 유
적의 연대로 보아 이 유적은 고조선이나 동부여의 것으로 우리 민족의
유적이다.

또한 동한 초기나 그 뒤에 속하는 동부여 유적인 길림성 유수현 노
하심촌(老河深村)의 고묘에서 여러 종류의 금과 은으로 만든 귀걸이가
출토되었다. 금귀걸이는 나뭇잎 모양의 장식 아래 긴 타원형의 나뭇잎
모양을 여러 개 연결하거나 나뭇잎 모양의 장식 아래 금실로 원형을 나
타내거나 금이나 은을 꼬아 원형을 만들고 구슬을 끼운 것들이었다. 이
와 같이 나뭇잎 모양과 원형의 금꽃[金花]은 고조선 초기부터 금과 은

---

55) 孫守道, 〈西岔溝古墓群被發掘事件的敎訓〉, 《中國考古集成》 東北卷 秦漢之三國
   (二), 北京出版社, 1996, 929~932쪽 ; 孫守道, 〈'匈奴西岔溝文化'古墓群的發現〉, 《文
   物》 1960年 8·9期, 25~35쪽.
56) 東北師範大學學報, 〈通楡縣興隆山公社鮮卑墓葬出土文物〉, 《中國考古集成》 東北卷
   秦漢之三國(二), 北京出版社, 1996, 1283쪽.

〈그림 4〉 왕회도(王會圖)의 사신들

이나 금동으로 만든 귀걸이 장식에서 이미 많이 사용되었다. 나뭇잎 모
양은 이후 허리띠 장식과 마구(馬具) 장식으로 그 양식이 더욱 확산된
다. 발굴자들은 이 노하심 유적이 동한 시기 선비족의 유적이라고 단정
하거나 부여족의 유적이라고 주장했다[57]

 그런데 동부여는 고구려가 건국하기에 앞서 북부여의 해부루(解夫
婁)왕이 동쪽의 가섭원(迦葉原), 즉 지금의 길림성 북부와 내몽고자치
구 동부 일부와 흑룡강성 지역으로 이주해서 고구려에 투항할 때까지
거주했던 곳이다. 동한 시기(서기 25~220년)는 동부여가 있었던 시기
이므로 길림성의 노하심 유적은 동부여의 것으로 보아야 할 것이다.

───────────────

57) 劉景文, 〈從出土文物簡析古代夫餘族的審美觀和美的裝飾〉, 《中國考古集成》東北卷
　秦漢至三國(二), 北京出版社, 1996, 1242~1245쪽 ; 吉林省文物工作隊·長春市文管
　會·楡樹縣博物館, 〈吉林楡樹縣老河深鮮卑墓群部分墓葬發掘簡報〉, 《文物》 1985年
　2期, 68~82쪽.

중국에서는 나뭇잎 장식이 양진남북조시대에 와서야 서역 지방의 영향을 받아 직물의 도안이나[58] 말 장식[59] 등에서 나타나기 시작한다. 북방 지역에서도 나뭇잎 모양 장식이 청동기시대의 장식에서 보이기 시작하여, 이후 직물의 도안에서 부분적으로 보이나 자주 사용되지는 않았고,[60] 서기 5~6세기 무렵에 와서야 고구려의 영향으로 만들어진 모자 장식에서 많이 나타나게 된다.

이상과 같이, 고조선의 대부분 지역에서 고조선 초기부터 나뭇잎 모양과 원형의 장식단추의 양식이 우리 민족의 고유 양식으로서 복식에 널리 사용되었음을 알 수 있다. 부여에서는 금과 은으로 모자를 장식했다.[61] 이는 중국이나 북방 지역에서는 볼 수 없는 화려하고 높은 수준의 복식 양식이다.

《후한서》〈동이열전〉에서는, "(예 사람들은) 남녀 모두 곡령(曲領)을 입는다"[62]고 했고, 《삼국지》〈오환선비동이전〉의 '예전(濊傳)'에서는, "(예 사람들은) 남녀 모두 곡령을 입는데, 남자는 넓이가 여러 촌(寸)되는 은꽃[銀花]을 옷에 꿰매어 장식한다"[63]고 하여 예에서 일반적으로 남자들이 입는 곡령에 약 5cm 이상 되는 은꽃을 꿰매어 장식했음을 알 수 있다.

곡령은 여밈새를 가리키기도 하고 웃옷의 명칭으로 부르기도 하는데, 위의 기록에서는 웃옷의 명칭으로 사용되었다. 이 기록은 고조선이 붕괴된 뒤의 예 풍속에 관한 것이지만, 예는 원래 고조선의 거수국이었

---

58) 上海市戲曲學敎中國服裝史硏究組編著, 周汎·高春明撰文, 《中國服飾五千年》, 商務印書館香港分館, 1984, 73쪽.
59) 東京國立博物館, 《黃河文明展》, 中日新聞社, 1986, 140쪽.
60) Sergei I. Rudenko, op. cit., 1970 ; 讀賣新聞大阪本社·讀賣テレビ放送·日本對外文化協會, 《草原のシルクロード展》, 讀賣新聞大阪本社, 1982.
61) 《三國志》 卷30 〈烏丸鮮卑東夷傳〉 '扶餘傳'.
62) 《後漢書》 卷85 〈東夷列傳〉 '濊傳'.
63) 《三國志》 卷30 〈烏丸鮮卑東夷傳〉 '濊傳'.

으므로64) 웃옷에 은꽃을 다는 풍속은 고조선의 것을 계승했을 것이다.

《후한서》〈동이열전〉'고구려전'에는, "(고구려 사람들은) 그들의 공공모임에서 모두 물감을 들인 오색실로 섞어 수놓아 짠 사직물옷에 금과 은으로 장식했다"65)고 했는데, 이러한 고구려의 풍속도 예와 마찬가지로 고조선의 것을 이었을 것이며, 그 실제 모습이 사신도(그림 4)66)에서 확인된다. 사신도에 보이는 고구려 사신은 나뭇잎 모양 장식의 가운데 부분과 주변을 금꽃으로 장식한 것이 보이며, 백제 사신도 양쪽 팔 위쪽에 변형된 나뭇잎 모양의 장식을 하고 있고 그 아래 다시 3개의 나뭇잎 모양의 금꽃을 장식한 것이 보인다.

또한 원형이나 나뭇잎 모양의 장식과 함께 더 발달된 금으로 만든 꽃가지 모양의 관식과 여러 장식물이 서기 3~4세기 고구려 영역의 여러 지역에서 출토되었다. 이와 같은 사실들은 한반도와 만주의 대부분 지역에서 고조선 초기부터 나뭇잎 모양과 원형의 장식 양식이 한민족의 고유 양식으로 복식에 널리 사용되었으며, 이후 여러 나라로 계승되었음을 알려 준다. 이는 중국이나 북방 지역에서는 볼 수 없는 화려하고 높은 수준의 복식 양식이다.

나뭇잎 모양 장식의 출토지는 만주 지역에서는 요령성 오한기(敖漢旗), 요령성 서풍현(西豊縣) 서차구(西岔溝), 흑룡강성 지지하얼시 타이라이현의 평양전광(平洋磚廣), 길림성 통유현(通楡縣), 길림성 유수현(楡樹縣) 노하심촌(老河深村) 등이고, 한반도에서는 평안남도 평양시 강동군 순창리 글바위 2호와 5호 무덤, 평양 일대의 문선당 3호와 8호 무덤, 대잠리 2호 무덤, 구단 2호 무덤, 경신리 2호 무덤, 금평리 돌관무덤 등67)이다.

---

64) 윤내현, 앞의 책, 일지사, 1994, 426~526쪽.

65) 《後漢書》 卷85 〈東夷列傳〉 '高句麗傳'. "其公會衣服皆錦繡金銀以自飾."

66) 李天鳴, 《中國疆域的變遷》 上冊, 臺北 : 國立故宮博物院, 1997, 80쪽.

67) 한인호, 〈고조선의 귀금속유물에 대하여〉, 《고조선연구》 3호, 사회과학출판사, 1996, 9~11쪽.

3) 긴 고리 모양 허리띠 장식.

한민족 허리띠의 장식재료는 뼈·금·유금(鎏金)·은·유석(鍮石)·청동·철 등 다양했고, 그 위에 옥 등으로 장식하기도 하였다. 허리띠 장식은 크게 대구(帶鉤)와 교구(鉸具)로 나눌 수 있다. 허리띠 장식 가운데 한반도나 만주 지역과 중국 지역 그리고 북방 지역에서 출토된 긴 고리 모양의 허리띠 장식을 비교해 보면 이들 지역에서 모두 출토되지만 그 형태가 서로 다르다.

한반도와 만주 지역에서 출토된 허리띠 장식을 살펴보면 다음과 같다. 중국의 춘추시대 후기에서 전국시대 초기에 속하는 고조선의 유적인 요령성 오한기(敖漢旗) 철장구(鐵匠溝) 유적 A지역에서 긴 고리 모양의 청동대구가 출토되었는데,[68] 이러한 대구는 고조선 붕괴 뒤 고조선의 뒤를 이은 여러 나라 유적에서도 모두 나타나 고조선 대구의 한 모양임을 알 수 있다.

오한기 철장구 유적에서 출토된 동대구와 같은 모양의 것이 춘추시대 후기에서 전국시대에 해당하는, 흑룡강성 태래현(泰來縣) 전투촌(戰鬪村) M219묘에서 출토되었으며, 이와 같은 계통의 유적으로 더 앞선 연대의 것이 평양 전력(磚歷)묘에서 출토되었다.[69] 또한 전국시대 중후기에 해당하는 요령성 능원현(凌源縣) 오도하자(五道河子)에 위치한 M9묘에서도 이와 같은 대구가 출토되었다.[70] 발굴자들은 이 묘를 북방민족의 것이라고 하였으나, 이 묘에서는 고조선의 특징적인 유물인 비

---

68) 邵國田, 〈敖漢旗鐵匠溝戰國墓地調査簡報〉, 《中國考古集成》 東北卷 靑銅時代(一), 北京出版社, 1996, 825~829쪽.

69) 黑龍江省文物考古硏究所, 〈黑龍江泰來縣戰鬪墓地發掘簡報〉, 《考古》 1989年 第12期, 1099~1102쪽 ; 黑龍江省文物考古硏究所, 〈黑龍江泰來縣平洋磚歷墓地發掘簡報〉, 《考古》 1989年 第12期, 1087~1097쪽.

70) 遼寧省文物考古硏究所, 〈遼寧凌源縣五道河子戰國墓發掘簡報〉, 《中國考古集成》 東北卷 靑銅時代(二), 北京出版社, 1996, 1505~1511쪽.

파형동검과 청동장식단가 출토되었다. 따라서 이 묘들은 고조선 중기의 유적으로 보아야 한다.

서기전 1세기에 속하는 평양시 낙랑 구역 정백동의 3호묘, 37호묘, 62호묘에서 긴 고리 모양의 금으로 만든 대구가 출토되었으며,[71] 평양시 낙랑 구역 정오동 1호묘에서도 이보다 늦은 서기 1세기 것으로 보이는 긴 고리 모양의 금대구가 출토되었다.

고조선 말기 유적인 요령성 금주시(錦州市) 국화가(國和街)의 패묘(貝墓) M2, M6, M4에서 청동과 철로 만든 긴 고리 모양 대구들이 출토되었고,[72] 같은 지역에서 이보다 조금 늦은 시기인 서한 후기에서 동한 초기에 해당하는 M12, M26, M24, M5, M25에서 긴 고리 모양의 동대구가 출토되었으며,[73] 서한 초기에서 후기에 해당하는 요령성 여대시(旅大市) 영성자(營城子) 패묘와[74] 길림성 영길현(永吉縣) 학고촌(學古村) 고묘에서 같은 모양의 동대구가 출토되었다.[75] 서한 후기에 해당하는 요령성 신금현(新金縣) 화아산(花兒山)의 M7, M8묘에서도 구부(鉤部)가 짐승 머리 모양인 긴 고리 모양의 동대구가 출토되었다.[76] 충남 천안시 청당동 유적에서도 같은 모습의 철대구가 출토된 것[77]을 비롯하여 한반도 남부에서도 계속 출토되고 있다.

71) 조선유적유물도감편찬위원회, 《조선유적유물도감》 2 - 고조선·부여·진국편, 조선유적유물도감편찬위원회, 1989, 123·132·139·149쪽.
72) 吳鵬·辛發·魯寶林, 〈錦州國和街漢代貝墓發掘簡報〉, 《中國考古集成》 東北卷 秦漢至三國(二), 北京出版社, 1996, 823~825쪽.
73) 劉謙, 〈遼寧錦州漢代貝賣墓〉, 《考古》 1990年 第8期, 703~711쪽.
74) 于臨祥, 〈營城子貝墓〉, 《中國考古集成》 東北卷 秦漢至三國(二), 北京出版社, 1996, 1136~1145쪽.
75) 尹玉山, 〈吉林永吉學古漢墓清理簡報〉, 《中國考古集成》 東北卷 秦漢至三國(二), 北京出版社, 1996, 1333~1334쪽.
76) 旅順博物館·新金縣文化館, 〈遼寧新金縣花兒山漢代貝墓第一次發掘〉, 《中國考古集成》 東北卷 秦漢至三國(二), 北京出版社, 1996, 1110~1116쪽.
77) 성환문화원, 〈天眼 埋藏文化財 關聯 資料集〉, 《鄉土文化》 第13輯, 1997, 44~46쪽 ; 百濟文化研究院, 《古墳과 窯址》, 1997, 89~92쪽.

〈그림 5〉 정백동 3호묘 금대구 〈그림 6〉 중국의 긴 고리 모양 대구

중국에서도 이와 유사한 긴 고리 모양 대구가 여러 지역에서 많은 수가 출토되었으나, 지금까지 출토된 것 가운데 가장 이른 연대의 것은 전국시대 또는 전국시대 후기 것으로 분류되는, 산서성 후마(侯馬) 동주순인묘(東周殉人墓)에서 출토된 철대구이다.78) 이는 이후 진·한시대에도 크게 유행하여 여러 지역에서 출토되었다. 중국에서는 고조선보다 늦게 긴 고리 모양 대구가 사용되기 시작하였던 것이다.

그리고 그 양식에서 한반도와 만주에서 출토된 긴 고리 모양 대구는 대체로 겉 표면에 무늬가 없고 조각이 되어 있지도 않다(그림 5). 그러나 중국의 긴 고리 모양 대구는, 초기의 것은 고조선의 것과 같이 무늬나 조각이 없으나 차츰 화려한 무늬와 조각을 한 모습을 보인다(그림 6). 이와 같은 고조선과 중국의 긴 고리 모양 대구 제조연대와 양식의 차이는 고조선의 대구가 중국의 영향으로 만들어지지 않았음을 알려 준다.

또한 평양시 낙랑 구역에서 출토된 긴 고리 모양의 대구들이 화려한 무늬가 있는 중국의 대구와 달리 표면에 무늬나 조각이 없는 것은 평양 지역을 한사군의 낙랑군 지역으로 보아 왔던 종래의 통설이 오류였음을 알려 주는 또 하나의 근거가 될 것이다. 북방 지역에서는 양진남북조시대에 와서야 대구가 나타나는데, 출토된 수가 매우 적고 머리 부분이 대부분 동물 모양인 것이 특징이다.

---

78) 山西省文物管理委員會·山西省考古研究所,〈侯馬東周殉人墓〉,《文物》 1960年 第 8·9期, 15~18쪽 ; 沈從文,《中國古代服飾研究》, 香港 : 商務印書館, 1981, 84쪽.

겉 표면에 무늬나 조각이 없는 긴 고리 모양 대구가 만주의 요령성·흑룡강성·길림성과 한반도 지역의 여러 유적에서 두루 출토되는 것으로 보아, 이 긴 고리 모양 대구는 고조선의 고유한 특징을 지닌 대구로서 오랫동안 사용되었음을 알 수 있다.

이 긴 고리 모양 대구는 고조선 붕괴 이후 여러 나라로 이어졌다. 고구려 초기의 유적인 요령성 심양시의 고묘,[79] 요령성 무순시 소갑방(小甲邦)의 M3묘,[80] 요령성 개현(蓋縣)의 M1묘,[81] 요령성 서풍현(西豐縣) 서차구(西岔溝) 유적 등에서 긴 고리 모양의 동대구가 출토되었다. 이후 동한 후기에서 서진(西晋)시대에 해당하는 고구려의 유적인 요령성 육가자(六家子) 고묘에서도 같은 모습의 긴 고리 모양 동대구가 출토되었다.[82]

발굴자들은 이 묘를 동한(東漢) 후기에서 서진시대(서기 약 200~서기 315년)에 속하는 선비족의 것으로 분류했다. 그러나 이 묘에서 출토된 대부분의 유물은 고조선의 유물 양식을 특색으로 하고 있다. 금단추와 청동방울이 그 좋은 예인데 이와 함께 출토된 질그릇은 새김무늬를, 청동거울은 잔줄무늬와 운문을 특색으로 하고 있다. 또한 이 묘와 가까운 지역인 조양현 육가자공사(六家子公社) 동산대대(東山大隊) 동령강(東嶺崗)에서는 고조선 유물의 특징인 비파형동검이 출토된 바 있다.[83] 이러한 사실들은 이 유적들이 고조선의 것임을 말해 준다.

동한시대에 해당하는 길림성 유수현(楡樹縣) 노하심촌(老河深村)의 고묘[84]와 찰뢰낙이(札賚諾爾)에 가까운 진파이호기(陳巴爾虎旗)의 고묘

79) 沈陽市文物工作組,〈沈陽伯官屯漢魏墓葬〉,《考古》 1964年 第11期, 899~903쪽.

80) 撫順市博物館,〈撫順小甲邦東漢墓〉,《中國考古集成》 東北卷 秦漢至三國(二), 北京出版社, 1996, 959~962쪽.

81) 許玉林,〈遼寧蓋縣東漢墓〉,《文物》 1993年 第4期, 54~70쪽.

82) 張柏忠,〈內蒙古科左中旗六家子鮮卑墓群〉,《考古》 1989年 第5期, 430~443쪽.

83) 靳楓毅,〈論中國東北地區含曲刃靑銅短劍的文化遺存〉,《考古學報》 1982年 4期, 387~426쪽.

84) 吉林省文物工作隊·長春市文管會·楡樹縣博物館,〈吉林楡樹縣老河深鮮卑墓群部分墓葬發掘簡報〉,《文物》 1985年 第2期, 68~82쪽.

에서 긴 고리 모양 대구가 출토되었다.[85] 이는 동부여와 고구려에서 고조
선 붕괴 뒤에도 고조선의 대구 양식을 계승했음을 보여 주는 것이다.

고조선은 긴 고리 모양 대구를 주된 양식으로 하면서 동물 모양 등의
다양한 형태의 교구도 사용했다. 이와 같은 다양한 모습의 대식 양식은
여러 나라에서 더욱 발전된 모습으로 계승되어 긴 고리 모양 대구와 함
께 동부여와 고구려의 여러 지역에서 널리 사용되었음을 알 수 있다.

한반도와 만주의 대부분의 지역에서 사용되던 긴 고리 모양의 대구
는 서기 3세기 무렵에는 차츰 사라지고, 고구려를 중심으로 나뭇잎 모
양의 장식 양식을 적용한 대구들이 출현한다. 길림성 집안현 고구려의
패왕조산성(霸王朝山城)에서 비교적 단순한 나뭇잎 모양의 쇠로 만든
교구[鐵鉸具 ; 버클]가 출토되었다.[86] 이와 같은 단순한 형태의 나뭇잎
모양 교구는 이후 여러 고구려묘에서 더 발전된 모습으로 나타난다[87]

또 다른 대식의 양식으로는, 고조선 말기에서 고구려 초기 것으로 추
정된 동부여 유적인 요령성 서풍현 서차구 고묘[88]에서 출토된 금과 은
으로 만든 장식품과 함께 혁대에 달았던 원형의 청동장식단추를 들 수
있다. 서차구 고묘에서 보이는 원형의 장식과 고구려의 유적에서 많이
출토되는 나뭇잎 모양의 장식은 중국이나 북방 지역의 대식에서는 찾
아볼 수 없는 고조선의 고유 양식이다. 경주 천마총에서도 허리띠의 부
속물들과 함께 금으로 만든 원형과 나뭇잎 모양의 장식물이 출토되
어[89] 신라에서도 대식에서 고조선의 원형과 나뭇잎 모양의 양식을 잇
고 있었음을 알 수 있다.

---

85) 內蒙古自治區文物工作隊, 〈內蒙古陳巴爾虎旗完工古墓淸理簡報〉, 《考古》 1965年
   第6期, 273~282쪽.
86) 方起東, 〈吉林輯安高句麗霸王朝山城〉, 《考古》 1962年 第11期, 569~571쪽.
87) 陳大爲, 〈淸原縣英額門山城子調査記〉, 《中國考古集成》 東北卷 兩晋至隋唐(二), 北
   京出版社, 1996, 332~333쪽.
88) 주 71과 같음.
89) 국립경주박물관, 《국립경주박물관》, 통천문화사, 1995, 122쪽의 사진 243.

이 원형과 나뭇잎 모양의 장식은 고조선 초기부터 복식에 다양하게 사용되었으며, 고조선의 붕괴 뒤 여러 나라로 이어지고, 다시 삼국시대로 이어져 금관을 비롯한 여러 예술품들과 마구 등 생활용품에 이르기까지 한민족의 중요한 장식양식으로 자리를 잡게 되었다.

이상의 내용으로, 우리 민족은 고조선시대부터 긴 고리 모양 대구와 함께 다양한 모습의 대구와 교구를 사용했고, 서기 3세기 무렵에 이르면 고구려를 중심으로 나뭇잎 모양의 양식을 갖는 교구가 발전하여 한반도에 정착하게 되었음을 알 수 있다.

긴 고리 모양 허리띠 장식이 출토된 유적은 만주에서는 흑룡강성 태래현 전투촌 M219묘, 평양 전역묘, 길림성 영길현(永吉縣) 학고촌(學古村) 고묘,[90] 요령성 오한기 철장구 유적 A구, 능원현 오도하자 M9묘와 요령성 금주시(錦州市) 국화가(國和街) 패묘(貝墓) M2, M6, M4, M24, M5, M25,[91] 요령성 신금현(新金縣) 화아산(花兒山) M7, M8묘,[92] 요령성 여대시 영성자 패묘[93] 등이고, 한반도에서는 평양시 낙랑 구역 정백동 3호묘와 37호묘, 62호묘, 정오동 1호묘, 충남 천안시 청당동 유적[94] 등이 있다.

90) 尹玉山, 〈吉林永吉學古漢墓淸理簡報〉, 《中國考古集成》 東北卷 秦漢至三國(二), 1996, 1333~1334쪽.

91) 吳鵬·辛發·魯寶林, 〈錦州國和街漢代貝墓發掘簡報〉, 《中國考古集成》 東北卷 秦漢至三國 (二), 北京出版社, 1996, 823~825쪽 ; 劉謙, 〈遼寧錦州漢代貝墓〉, 《考古》 1990年 第8期, 703~711쪽.

92) 旅順博物館·新金縣文化館, 〈遼寧新金縣花兒山漢代貝墓第一次發掘〉, 《中國考古集成》 東北卷 秦漢至三國(二), 北京出版社, 1996, 1110~1116쪽.

93) 于臨祥, 〈營城子貝墓〉, 《中國考古集成》 東北卷 秦漢至三國(二), 北京出版社, 1996, 1136~1145쪽.

94) 성환문화원, 〈天眼 埋藏文化財 關聯 資料集〉, 《鄕土文化》 第13輯, 1997, 44~46쪽 ; 百濟文化硏究院, 앞의 책, 1997, 89~92쪽.

3. 고조선 갑옷조각 출토 지역

1) 뼈갑옷조각

고조선의 유적에서는 청동이나 쇠로 만든 여러 종류의 무기를 비롯하여 방패와 투구 등 방어무기와 함께 뼈나 청동 또는 쇠로 만든 갑옷조각이 출토되고 있다. 이러한 유물들은 고조선이 매우 발달된 무기와 방어 장비를 다양하게 갖추고 있었음을 말한다. 갑옷은 뼈로 만든 것이 가장 먼저 생산되었던 것으로 보인다.

지금까지 한반도와 만주 지역에서 출토된 뼈갑옷조각 가운데 가장 이른 연대의 것은 신석기시대 후기의 유적인 흑룡강성 조원현(肇源縣) 망해둔(望海屯) 유적95)과 영안현(寧安縣) 대목단둔(大牡丹屯) 유적에서 출토된 것으로,96) 그 형태는 모두 긴 네모 모양이다. 이와 같은 뼈갑옷의 생산은 이후 고조선의 대부분 지역에서 계속해서 생산되었음이 아래의 분석을 거쳐서 확인된다.

서기전 2세기 후반에 속하는 고조선유적인 함경북도 무산 범의구석 유적 40호 집자리에서 동물의 뼈를 얇게 갈아서 긴 네모 모양으로 만든 두 쪽의 뼈갑옷조각이 발굴되었다(그림 7).97) 문헌에 따르면, 숙신(肅愼)에서 가죽과 뼈로 갑옷을 만들었다고 하였는데,98) 숙신은 원래 고조선에 속해 있었다. 그러므로 고조선의 전통이 숙신에 이어졌을 것이다. 실제로 고조선시대 숙신의 유적지로 추정되는 요령성 접경 내몽고자치구 적봉시(赤峰市)의 하가점상층유적에서는 2개의 긴 네모 모양 뼈갑

---

95) 丹化沙,〈黑龍江肇源望海屯新石器時代遺址〉,《考古》1961年 第10期, 544~545쪽.
96) 黑龍江省博物館,〈黑龍江寧安大牡丹屯發掘報告〉,《考古》1961年 第10期, 549~550쪽.
97) 황기덕,〈무산범의구석 유적 발굴보고〉,《고고민속론문집 6》, 사회과학출판사, 1975, 165쪽 ; 조선유적유물도감편찬위원회,《조선유적유물도감》2 - 고조선 · 진국 · 부여편, 1989, 203쪽.
98)《晋書》卷97〈東夷列傳〉 '肅愼氏'傳.

옷조각이 출토되었다.[99] 발굴자들
은 이 뼈갑옷조각을 단순히 골패
(骨牌)로 분류하였다. 그러나 필자
는 이 뼈조각이 긴 네모 모양이고,
조각면에 구멍이 대칭으로 뚫린 것
으로 보아 뼈갑옷조각으로 분류되
어야 할 것으로 생각한다.

또한 전국시대 초기에서 서한
말기(서기전 9세기~서기 3세기)에
해당하는 고조선시대로부터 동부
여시대까지의 유적인 흑룡강성 빈
현(賓縣) 경화(慶華)유적에서 긴
네모 모양의 뼈갑옷조각 4점이 출

〈그림 7〉
범의구석 40호에서 나온 뼈갑옷조각

토되었다.[100] 이러한 사실은 한민족은 고조선시대부터 그 이후까지 지
속적으로 뼈갑옷을 생산하였음을 알려 준다. 흑룡강성 지역은 서기전
59년 북부여가 이주하여 세운 동부여가 있었던 곳인데, 중국에 한번도
점령된 적이 없는 곳이다.

이상과 같이 고조선은 뼈갑옷을 건국 초기부터 붕괴될 때까지 여러
지역에서 줄곧 생산하였다. 뼈갑옷조각의 형태는 긴 네모 모양이 특징
이다. 이와 달리 중국에서는 뼈갑옷을 생산했다는 문헌 기록이 없고 아
직까지 유물이 출토된 바도 없다.

고조선문화권의 이 긴 네모 모양의 뼈갑옷조각이 출토된 곳은 만주
에서는 흑룡강성의 조원현 망해둔 유적, 영안현 대목단둔 유적, 빈현

---

99) 中國科學院考古硏究所內蒙古工作隊, 〈赤峰葯王廟・夏家店遺址試掘報告〉, 《中國
考古集成》 東北卷 靑銅器時代(一), 北京出版社, 1996, 688쪽, 圖版14.
100) 黑龍江省文物考古硏究所, 〈黑龍江賓縣慶華遺址發掘簡報〉, 《考古》 1988年 第7期,
596~598쪽.

경화 유적, 내몽고자치구 적봉시 하가점상층유적 등이 있고, 한반도에
서는 함경북도 무산 범의구석 유적이 있다.

2) 금속갑옷조각

〈그림 8〉
정백동 1호묘에서 나온 갑옷조각

고조선 지역에서는 지금까지 청동갑
옷조각은 출토된 예가 적다. 철갑(鐵
甲)은 고조선의 생산연대가 중국보다
훨씬 앞섰다. 진한과 변한에서 많은 철
이 생산되었고 예(濊), 마한 그리고 중
국과 왜 등에서 이것을 사 갔으며, 모
든 무역에서 철을 화폐처럼 사용하였
다.101) 이는 한(韓)에서 철의 생산이 풍
부했고, 고조선시대부터 이미 철의 생
산이 시작되었을 것이며, 철제의 무기
와 갑옷의 생산도 활발하였을 것이다.
실제로 고조선 후기의 유적으로 평양
시 낙랑 구역 정백동(貞柏洞) 1호묘에서 쇠로 만든 물고기비늘 모양 갑옷
의 조각이 출토되었다(그림 8). 이 유적은 서기전 3세기 무렵의 것으로
추정되었다.102) 위의 자료로 보아 고조선에서는 적어도 서기전 3세기 이
전부터 철갑옷이 생산되었음을 알 수 있다. 그러나 고조선 철갑옷의 전체
모양은 알 수 없다.

내몽고자치구 조로고윤성(朝魯庫倫城)에서 서한 중기에 해당하는 고
조선의 철갑옷조각 3편과 철장식단추 2개가 출토되었다.103) 또한 서한

---

101) 《後漢書》 卷85 〈東夷列傳〉 '韓傳' ; 《三國志》 卷30, 〈烏丸鮮卑東夷傳〉 '弁辰傳'.
102) 조선유적유물도감편찬위원회, 앞의 책, 1989, 112쪽.
103) 蓋山林·陸思賢, 〈內蒙古境內戰國秦漢長城遺蹟〉, 《中國考古集成》 東北卷 靑銅時

시대에 해당하는 요령성 본계시(本溪市) 만족자치현(滿族自治縣) 남전
진(南甸鎭)104)의 적탑보자촌(滴塔堡子村) 유적에서 고조선의 철주편
(鐵胄片) 3편이 출토되었다. 이 유적에서는 고조선의 특징이 있는 비파
형동검과 부채꼴 모양의 쇠도끼 등도 출토되었다.

중국 철갑옷조각의 생산시기와 형태를 고조선의 것과 비교하면 다음
과 같다.

첫째로 고조선의 경우 조로고윤성에서 출토된 철장식단추는 철갑옷
조각과 함께 출토된 것으로 보아 고조선이 갑옷의 구성물로 사용하였
을 것으로 추정되는데, 이는 고조선 갑옷만이 갖는 특징이다.

둘째로 현재까지 고조선 지역에서 출토된 자료에 따르면, 물고기비
늘 모양 갑옷이 생산된 정백동 유적이 서기전 3세기 무렵으로 추정되
기 때문에, 중국에서 물고기비늘 모양 갑옷이 생산된 서한 초기보다 훨
씬 앞섰음을 알 수 있다.

셋째로 고조선의 물고기비늘 모양 갑옷을 보면, 갑옷조각의 형태는
긴 네모 모양의 것과 아래쪽이 둥근 긴 네모 모양과 타원형인 것이 특
징이다. 중국의 서한 초기 묘들에서 발굴된 찰갑옷조각(札甲片)의 형태
는 대체로 고조선의 것과 비슷하나, 무제(武帝)시기에 오면 제법 세밀
하고 긴 타원형의 찰갑이 사용된다.

넷째로 고조선의 갑옷조각은 연결구멍을 쇠줄로 연결시켰으나105)
중국의 갑옷조각은 가죽끈이나 비단끈으로 연결하였다는 차이가 있다.

중국은 무제시기에 비로소 군대에서 철갑의 기마병이 큰 비중을 차
지하였고, 찰갑옷조각의 형태도 고조선의 것과 같이 비교적 세밀하게

代(一), 北京出版社, 1996, 1041~1048쪽.

104) 楊永葆, 〈本溪南甸滴塔堡子發現漢代鐵器〉, 《中國考古集成》 東北卷 秦漢至三國
　　(二), 北京出版社, 1996, 1177쪽.

105) 박진욱, 〈3국 시기의 갑옷과 투구〉, 《고고민속》 1963년, 17쪽 ; 사회과학원 고고학
　　및 민속학 연구소, 〈고조선의 무기〉, 《고고민속》 1966년, 사회과학원출판사, 39쪽 ;
　　주농, 〈고조선의 공예〉, 《문화유산》 1961년 1기, 과학원출판사, 93쪽.

발전하였다. 이 시기는 고조선이 붕괴되어 가는 시기로서, 이와 같은 무제시기 군대장비의 변화는 위만조선과 고조선을 붕괴시킨 한 요인이 되었을 가능성이 있다.

고조선의 특징을 지닌 금속 갑옷조각이 출토된 지역은 내몽고자치구 이극소맹(伊克昭盟) 준격이(準格爾) 기납림향(旗納林鄉) 유가거촌(劉家渠村), 내몽고자치구의 장성지대, 내몽고자치구 조로고윤성, 요령성 본계시 만족자치현, 평양시 낙랑 구역 정백동 1호묘 등이다.

이상과 같이 새김무늬의 특징을 지닌 가락바퀴, 원형 장식의 청동장식 단추, 복숭아 모양 장식, 긴 고리 모양 허리띠 장식, 뼈갑옷조각, 금속갑옷조각 등의 복식자료들이 난하를 서쪽 경계로 하여 한반도와 만주의 전 지역에서 출토된다. 이러한 출토범위는 문헌기록으로 확인된 한민족의 활동지역 즉 고조선의 영역과 일치한다.

Ⅲ. 고조선 복식재료의 사용 지역

1. 가죽과 모직물

고조선은 가죽에 대한 가공기술이 매우 좋았고, 모직도 중국이나 북방 지역보다 그 직조 연대가 앞설 뿐만 아니라 기술 수준도 높았다. 고조선에서 생산했던 가죽은 크게 특수한 고급 가죽과 일반 가죽으로 분류할 수 있다. 특수한 고급 가죽은 비(貔), 붉은 표범, 누런 말곰, 문피(文皮), 표범, 반어(班魚), 흰 사슴, 흰 노루, 자줏빛 노루, 주표(朱豹), 세미계(細尾鷄), 삼각(三角)사슴, 꼬리가 긴 토끼, 붉은 표범, 낙타, 자줏빛 여우, 흰 매, 흰 말 등인데, 이것들을 당시 중국에 수출하거나 예물로 보내기도 했다. 일반 가죽은 멧돼지·사슴·여우·너구리·말·담비·날(貀)·호랑이·곰·노루·꿩·족제비·수달·돼지·개·소·말사슴·사향노루·복작노루·승냥이·토끼·산양·양·낙타·오소리·물소·청서·물개·능에·고래 등으로 그 종류가 매우 다양하고 양이 풍부하여 당시 일반 복식 재료의 큰 비중을 차지했다.

부여와 숙신에서는 담비가죽이 많이 생산되었고,[106] 동옥저 사람들은 담비가죽으로 세금을 냈다는 기록에서[107] 그 생산량이 많았던 것으로 보인다. 또한 출토된 짐승뼈 가운데 많은 것은 사슴과의 짐승들이다. 한반도 북부 지역에 사슴이 많았던 것은 북부여 지역에 '녹산(鹿山)'[108]이라는 지명이 있었던 것으로도 알 수 있으며, 고구려[109]와 백제 지

---

106)《三國志》卷13〈烏丸鮮卑東夷傳〉'扶餘傳';《晋書》卷97〈東夷列傳〉'肅愼'條.
107)《後漢書》卷85〈東夷列傳〉'東沃沮傳'.
108)《資治通鑑》卷97〈晉紀〉'孝宗穆皇帝'條.
109)《三國史記》卷13〈高句麗本紀〉.

역110)에도 사슴이 풍부했다.

　부여의 건국신화에 돼지우리와 마구간이 등장하고, 마가(馬加)·우가(牛加)·저가(猪加)·구가(狗加)111)의 짐승 이름이 관직명으로 사용된 것을 보더라도, 부여에서는 목축업이 발달했음을 알 수 있다. 토성자 유적 등에서는 돼지의 뼈가 대량으로 출토되어112) 부여 사람들이 가축 가운데 돼지를 많이 길렀음을 알려 준다. 숙신 사람들도 돼지를 많이 길렀고, 이들이 세운 나라인 읍루에서도 돼지를 많이 길러, 그 가죽으로 옷을 만들어 입었다.113)

　모직의 경우, 서기전 7세기 무렵인 중국의 춘추시대에 고조선이 중국에 수출했다는 기록이 있어114) 고조선의 모직물 품질이 매우 우수했을 것임을 짐작할 수 있다. 고조선 중기의 유적인 성성초(星星哨) 17호 돌널무덤(서기전 10세기 초)에서 모직천이 출토되어 그러한 사실이 확인되었다.115)

　숙신 사람들은 일찍부터 돼지를 기르고 그 털로 모직물을 생산했고, 고구려 사람들도 돼지털로 짠 모직물인 장일(障日)116)을 생산했다. 마한 사람들117)과 부여 사람들은 화려한 청색 빛깔의 고급 모직물인 계(罽)118)를 생산하여 널리 보급했으며 중국에 수출하기도 하였다.

　중국은 고대에 모직물이 거의 발달되지 않아 한대에 이르기까지 대부분 수입에 의존했다. 고대 호(胡)의 모직물 수준도 중국과 마찬가지였다.

---

110)《三國史記》卷24〈百濟本紀〉.
111)《後漢書》卷85〈東夷列傳〉'夫餘傳'.
112) 吉林省博物館,〈吉林江北土城子古文化遺址及石棺墓〉,《中國考古集成》東北卷 靑銅時代(三), 北京出版社, 1996, 2358～2363쪽.
113)《後漢書》卷85〈東夷列傳〉'夫餘傳'.
114)《管子》卷24〈輕重甲〉.
115) 吉林省博物館·永吉縣文化館,〈吉林永吉星星哨石棺墓第3次發掘〉,《考古學集刊》3, 中國社會科學出版社, 1983, 120쪽.
116)《翰苑》〈蕃夷部〉'高(句)麗條.
117)《後漢書》卷85〈東夷列傳〉'韓傳'.
118)《三國志》卷30〈烏丸鮮卑東夷傳〉'夫餘傳'.

2. 마직물

한반도와 만주 그리고 중국은 신석기시대가 거의 비슷한 시기에 진행되었는데, 가락바퀴의 출현 시기나 마섬유로 실을 생산한 시기 역시 비슷하였다. 그러나 현재까지 출토된 유물에 따르면, 한반도는 중국보다 직기를 사용하기 시작한 연대가 앞서기 때문에[119] 마직물을 생산하기 시작한 연대는 한반도가 중국보다 훨씬 앞섰을 것이다.

한민족이 사용했던 직기는 요기(腰機)로 분류되는데, 그 경사도는 오늘날 베틀의 경사도와 비슷하며, 경사도가 높은 중국의 사직기(斜織機)와는 전혀 다른 형태이다. 이와 같은 고대 한국과 중국의 직기구조의 차이는, 신석기시대부터 발달하기 시작한 고대 한국의 직물 생산기술이 줄곧 독자적으로 진행되어 왔음을 보여 주는 것이다.

한반도와 만주의 모든 지역에서는 마직물을 짜서 복식의 재료로 삼았다. 이들 지역에서는 대마와 저마(苧麻)를 주로 생산했다. 고구려는 대마포를 실크섬유와 함께 복식의 재료로 많이 사용했고 부세로 받았다.[120] 고구려가 생산한 포(布)는 대마로 생산한 추포(麤布), 경마(絟麻)로 만든 세포(細布)인 전(絟)과 저포(紵布)였다. 그 밖에 세백포(細白布)와 60종포(綜布)를 생산했다. 마한과 변한 그리고 진한 사람들은 경마(絟麻)로 생산한 저포와 광폭세포(廣幅細布)나 백저포(白紵布)를 생산하여 계층의 구분 없이 복식의 재료로 이용했다.[121] 부여와 숙신[122] 그리고 동옥저[123]의 경우도 마찬가지였다.

---

119) 박선희, 《한국고대복식》, 지식산업사, 2002, 97~105쪽.
120) 《通傳》 卷186 '高句麗'條.
121) 《三國志》 卷13 〈烏丸鮮卑東夷傳〉 '弁辰'條.
122) 《晋書》 卷97 〈東夷列傳〉 '肅愼'條.
123) 《通典》 卷186.

3. 사직물(絲織物, 누에실로 짠 천, 실크 섬유)

종래의 연구에서 고대 한국의 양잠 기술은 서기전 12세기 말에 기자 (箕子)가 중국에서 수입해 온 것으로 보았다. 이는 문헌자료인 《한서》 와 《후한서》에 실린 서로 다른 내용을 분별없이 해석한 결과였다.[124]

중국의 사직물 생산은 서기전 2700년 무렵부터였고, 고조선 역시 중국과 같은 시기인 서기전 2700년 무렵에 사직물을 독자적으로 생산했다. 고조선 지역의 신석기시대 유적에서 통잎뽕나무 조각무늬가 새겨진 질그릇이 출토되어 한민족의 거주 지역에서 메누에가 토종 뽕누에로 순화된 시기가 신석기시대였음이 밝혀졌다[125]. 그리고 평양의 낙랑 유적에서 출토된 고조선시기의 사직물을 실험, 분석한 결과[126] 고조선이 생산했던 사직물의 독자성과 고유성이 확인되었다.

고조선의 다양한 사직물 생산 기술은 고조선이 붕괴된 뒤 여러 나라에 그대로 이어졌다. 고대 한국에서 생산되었던 사직물의 종류는 금(錦)·견(絹)·면(綿)·주(紬)·겸(縑)·증(繒)·백(帛)·능(綾)·기(綺)·환(紈)·나(羅)·사(紗)·단(緞)·연(練)·사곡(紗穀)·초(綃) 등이었는데 그 특징을 보면 다음과 같다.

금(錦)은 물감을 들인 오색실을 섞어 짠 사직물이다.[127] 고조선에서는 일반적으로 금으로 옷을 만들어 입었다.[128] 고구려 사람들은 공공모임에는 모두 물감을 들인 오색실을 섞어 수놓아 짠 사직물[繡錦] 옷을 입었다.[129] 부여 사람들도 수놓은 금(錦)으로 만든 옷과 청색 빛깔의

---

124) 박선희, 앞의 책, 지식산업사, 2002, 127~136쪽.
125) 조선기술발전사편찬위원회, 《조선기술발전사》 원시·고대편, 1997, 171쪽.
126) 조희승, 〈평양낙랑 유적에서 드러난 고대비단에 대하여〉, 《조선고고연구》, 사회과학원 고고학연구소, 1996년 제1호, 20~24쪽.
127) 《釋名》〈釋采帛〉；《渤海國志長編》 卷17〈食貨考〉第四 "錦綵".
128) 《後漢書》 卷85〈東夷列傳〉'序'.
129) 《後漢書》 卷85〈東夷列傳〉'高句麗傳'.

모직물[罽]옷을 즐겨 입었고,130) 동옥저 사람들은 고구려와 의복이 같았다.131) 한(韓)에서도 금을 널리 생산하고 이를 대중화했다.132) 백제와 신라 사람들도 한의 기술을 이어 금을 생산했다.

　고대 한민족은 금을 널리 대중화하여 사용했는데, 이와 달리 중국에서는 한(漢)에 이르기까지 상인과 평민들은 사용할 수 없었고 지배계층조차도 제한적으로 사용할 수 밖에 없었다.

　면포(緜布)는 굵은 실로 두텁게 짠 사직물로 예(濊)133)와 한(韓)134)에서 생산했다. 겸(縑)은 가늘고 고운 겹실로 매우 치밀하게 짠 것이다. 중국의 경우 겸(縑)을 지배계층에서 외출복으로 삼은 것과는 달리 한(韓)에서는 겸(縑)이 대중화되어 있었다. 마한135)과 진한136)그리고 변진137)에서는 겸포(縑布)를 생산했고, 이어서 신라에서도 이를 생산했다.138) 백(帛)은 흰색의 사직물이다. 고구려에서는 건국 초기 일반 백성들이 백(帛)으로 옷을 지어 입었고139) 신라는 한(韓)에서 생산했던 백이나 채백(彩帛)의 생산을 계승하여 예물이나 폐백으로 사용했다. 나(羅)는 무늬가 성글게 들어간 사직물이다. 고조선의 나는 중국보다 생산시기가 앞설 뿐만 아니라 그 조직이 중국의 나보다 세밀했다. 사(紗)는 가벼운 질감의 견(絹)이다. 고구려와 신라는 고조선의 사 생산기술을 이어 건국시기부터 이를 사용했다. 가야에서도 사를 사용했다.

---

130) 《三國志》 卷30 〈烏丸鮮卑東夷傳〉 ‘夫餘傳’.
131) 《後漢書》 卷85 〈東夷列傳〉 ‘東沃沮傳’ ; 《三國志》 卷30 〈烏丸鮮卑東夷傳〉 ‘東沃沮傳’.
132) 《後漢書》 卷85 〈東夷列傳〉 ‘韓傳’ ; 《三國志》 卷30 〈烏丸鮮卑東夷傳〉 ‘韓傳’.
133) 《後漢書》 卷85 〈東夷列傳〉 ‘濊傳’ ; 《三國志》 卷30 〈烏丸鮮卑東夷傳〉 ‘濊傳’.
134) 주 132와 같음.
135) 《翰苑》 〈蕃夷部〉 ‘三韓’條.
136) 《後漢書》 卷85 〈東夷列傳〉 ‘韓傳’
137) 《三國志》 卷30 〈烏丸鮮卑東夷列傳〉 ‘弁辰傳’.
138) 《南史》 卷79 〈列傳〉 ‘新羅’.
139) 《魏書》 卷100 〈高句麗傳〉.

4. 면직물

고대 한국에서는 매우 일찍부터 면직물을 생산했는데, 고구려에서는 백첩포(白疊布)를 생산했고[140] 신라에서는 백첩포(白氈布)[141]와 면주 포(綿紬布) 또는 시면주포(絁綿紬布)를 생산했다.[142] 이어서 고려는 백 첩포(白氈布)를 생산했다. 이 직물들 가운데 백첩포(白疊布 또는 白氈 布)는 같은 면직물이며 면주포(綿紬布)와 시면주포(絁綿紬布)는 면(綿) 과 사(絲)의 합성 직물이다. 그러므로 한국에서 면직물이 생산되기 시 작한 것은 고려시대 문익점이 원(元)나라에서 목면종자를 들여온 이후 부터라는 일반적인 인식은 잘못된 것이다.

한민족의 면섬유 생산 시작 연대는 잠정적으로 여러 나라의 시작 연 대인 서기전 1세기 중엽 이전으로 추정되지만 여러 나라들은 고조선의 기술을 이어 받았을 가능성이 크기 때문에 면섬유 생산 시작 연대는 고 조선시기로 소급될 가능성이 있다.

고대 중국은 첩포(疊布)를 생산하지 못했다. 당시대까지도 첩포를 생 산하지 못했고 중국의 서부 변경지역인 신강지역에서만 생산되었을 뿐 이었다. 중국은 청조 말년 육지면이 들어오기 이전 모든 지역에서는 중 면(中棉)이 재배되었다. 그러므로 고대 한국에서 생산된 백첩포는 자생 한 야생 면인 초면으로 짠 것으로 중국의 영향과는 무관하다. 고려시대 문익점이 원에서 가지고 온 목면 종자는 바로 인도면인 중면이었다.

이상과 같이 고조선의 직물들이 모두 중국이나 북방 지역보다 생산 연대나 직조 수준이 앞섰으며, 그 사용지역의 범위는 공통적으로 한반 도와 만주 전 지역으로 나타났다. 그런데도 종래의 연구에서 이를 정확 하게 밝히지 못했다. 첫째, 고조선이 어떤 직물을 생산했는가에 대한

---

140) 《翰苑》〈蕃夷部〉'高句麗'條.
141) 《三國史記》卷11〈新羅本紀〉'景文王'條.
142) 《三國史記》卷33〈雜志〉'色服'條.

연구가 부족했고 둘째, 이들 직물들이 언제, 어느 지역에서 생산되기 시작했는가에 대해서도 분명하게 밝히지 못했다.

이러한 결과는 지극히 간략하게 기록된 문헌자료를 가지고 당시의 상황을 상정하고 그것을 근거로 추리했을 뿐, 고고 자료들을 충분히 검토하지 않았기 때문이다. 더욱이 이들 직물과 관련된 고대 문헌자료에 보이는 용어들이 모두 우리의 고유한 말이 아니라 중국의 글자를 빌어 적었기 때문에 생긴 혼란이기도 하다. 한글이 널리 쓰이고 우리 학문이 주체적으로 뿌리내리는 현 단계에서는 마땅히 이러한 한자용어의 문제를 극복하고 이들 용어들을 정성을 들여 우리말로 다듬어 나가는 작업도 매우 중요하다.

Ⅳ. 고조선 복식양식의 착용 지역

1. 모자

고대 한민족의 관(冠)에 대하여 《후한서》의 〈동이열전〉 서(序)에는,

> 동이는 거의 모두 토착민으로서, 술 마시고 노래하며 춤추기를 좋아하
> 고, 변(弁)을 쓰거나 금(錦)으로 만든 옷을 입었다.[143]

고 하였다. 동한(東漢)시대 한반도와 만주에 거주하던 한민족이 공통적
으로 변을 썼는데, 이들은 모두 토착인이라 했으므로 변은 고조선시대
부터 사용해 왔을 것이다. 변(弁)은 《석명(釋名)》의 〈석수식(釋首飾)〉
에서 두 손을 서로 마주칠 때와 같은 모양이라고[144] 설명했는데, 아마
도 고깔 모양이었을 것으로 보인다. 이와 같이 변은 고조선이 멸망한
뒤 여러 나라에서 모두 사용했던 것으로 나타난다.

동부여의 경우, 동한 초기에 속하는 흑룡강성 액이고납우기(額爾古
納右旗) 납포달림(拉布達林)의 묘에서 출토된 자작나무 껍질[樺皮]로
만든 인형장식에서[145] 변의 모습이 실제로 확인된다. 이 유적의 M24
묘에서 출토된 청동방울은 고조선 청동방울의 특징인 타원형이고, M6
묘에서 출토된 잔줄무늬의 청동거울과 청동장식단추 등도 고조선의 특

---

143) 《後漢書》 卷85 〈東夷列傳〉 '序'.
144) 《釋名》 〈釋首飾〉.
145) 內蒙古文物考古硏究所·呼倫貝爾盟文物管理站·額爾古納右旗文物管理所, 〈額爾
　　古納右旗拉布達林鮮卑墓郡發掘簡報〉, 《中國考古集成》 東北卷 兩晋至隋唐(一), 北
　　京出版社, 1996, 114~122쪽.

징을 그대로 갖고 있어 이 유적이 동부여의
것임을 뒷받침한다.

〈그림 9〉
백제 토기 조각의 변

신라는 서기전 57년에 건국했는데, 그 핵심
세력은 고조선시대부터 경주를 중심으로 거주
하던 토착인들로서, 고조선이 붕괴된 뒤 한
(韓)의 일부인 진한의 여섯 부를 형성하고 있
던 세력이었으며, 그들의 의복은 고조선의 것
을 거의 그대로 이었다.146) 관모(冠帽)도, 경주
의 황남리에서 출토된 남자 토우들이 대부분
고깔 모습을 한 관을 쓰고 있어 고조선을 이

어 변을 썼음을 알 수 있다. 백제에서도 변을 사용했음이 부여에서 출
토된 토기 조각에 보이는 변의 모습(그림 9)147)에서 확인된다. 고구려
에서도 백성들은 변(弁)을 쓰고,148) 대가(大加)와 주부(主簿)는 중국의
책(幘)과 비슷한 관을 썼으며, 소가(小加)는 절풍을 썼는데,149) 이 책과
절풍은 변의 모양이 변화된 것으로서,150) 요령성 여순시 철산구(鐵山
區)의 고구려 고묘에서 출토된 흙으로 만든 인형151)은 이 책의 모습을
잘 보여 준다.

고구려는 고조선을 이었으므로 고구려인들이 착용했던 책과 절풍은
변과 마찬가지로 고조선시대부터 사용했던 것이라 하겠다. 실제로 고
조선시대의 유적인 함경북도 무산군 무산읍 범의구석 유적 청동기문화
층에서 출토된 남자 조각품은 머리 위가 둥근 모습으로 높이 올라가 있
어152) 절풍을 쓴 것으로 보인다. 서포항 유적 청동기문화층의 두 곳에

---

146) 박선희, 앞의 책, 2002, 363~458쪽.
147) 부여 박물관 소장, 백제 토기편.
148) 《舊唐書》 卷199 〈列傳〉 '高(句)麗傳' ; 《新唐書》 卷220 〈列傳〉 '高(句)麗傳'.
149) 《後漢書》 卷85 〈東夷列傳〉 '高句麗傳'. ; 《三國志》 卷30 〈烏丸鮮卑東夷傳〉 '高句麗傳'.
150) 《南齊書》 卷58 〈列傳〉 '高(句)麗傳'.
151) 于臨祥, 〈考古簡訊－旅順老鐵山發現古墓〉, 《考古通訊》 1956年 3期, 60~61쪽.

〈그림 10〉
고구려 개마총 벽화의 절풍

서 출토된 흙으로 만든 남자 인형은 모자를 쓴 것으로 보이는데, 머리의 윗부분이 양쪽 옆으로 퍼져 각을 이루고 있어 책의 모습과 흡사하다.153) 이와 동일한 모습의 인형이 길림성 통유현(通楡縣) 오포산(敖包山) 신석기시대 유적에서도 출토되었다.154) 이러한 유물들이 갖는 공통성은 한민족을 형성했던 주체세력이 일찍부터 한반도와 만주에 거주했던 토착인들이었음을 알려 준다.

위에서 살펴본 것처럼, 고대 한민족은 고조선시대부터 변과 책이나 절풍을 모든 지역에서 써 왔음을 알 수 있다. 그러면 이들은 어떻게 사용되었고, 어떤 재료로 만들어졌을까?

고구려에서 남자들은 모두 변과 비슷한 모양의 절풍을 썼으며, 양쪽 옆에 새의 깃을 꽂아 귀천을 가렸는데(그림 10),155) 고구려에서는 주로 가죽으로 절풍을 만들었다.156)

그러나 신라와 가야에서는 자작나무 껍질로도 만들었다. 사인(士人)은 새 깃 두 개를 더 꽂았다고 하므로, 일반인들도 절풍에 새의 깃을 꽂

152) 조선유적유물도감편찬위원회, 《조선유적유물도감》 1-원시편, 조선유적유물도감편찬위원회, 1988, 148쪽.

153) 김용간·서국태, 앞의 글, 1972, 118·131쪽.

154) 王國范, 〈吉林通楡新石器時代遺址調查〉, 《中國考古集成》 東北卷 新石器時代(二), 北京出版社, 1996, 1933~1938쪽 ; 載麗君, 〈敖包山遺址的陶人〉, 《中國考古集成》 東北卷 新石器時代(二), 北京出版社, 1996, 1943쪽.

155) 《魏書》 卷100 〈列傳〉 '高句麗傳'.

156) 《隋書》 卷81 〈列傳〉 '高(句)麗傳'.

았음을 알 수 있다. 고조선시대부터 북부여에서도 관에 새 깃을 꽂았다.[157] 백제는 제사 지낼 때 절풍에 새의 깃을 꽂았던 것으로[158] 보아 고구려와 마찬가지로 일반인들도 새의 깃을 사용했음을 알 수 있다. 이와 같이 모자에 새 깃을 꽂는 풍습은 신라도 마찬가지였다.

한반도와 만주지역의 여러 나라들이 모두 이와 같이 새 깃을 꽂는 풍습이 있는 것은 고조선의 풍습을 이은 것이라 하겠다. 고조선에서는 청동장식단추를 모자에도 다양하게 사용했다. 이는 중국이나 북방 지역에서는 볼 수 없는 화려하고 높은 수준의 복식 양식이다.

이상의 내용으로 보아, 한반도와 만주에 거주하던 고대 한민족은 고조선시대부터 변과 책이나 절풍을 모든 지역에서 써왔음을 알 수 있다. 그리고 고조선의 대부분 지역에서는 초기부터 이들 모자에 새 깃을 꽂거나 나뭇잎 모양과 원형의 장식단추를 달아 사용하였음도 알 수 있다.

2. 웃옷과 겉옷

문헌의 기록을 분석해 보면, 고대 한민족이 입었던 웃옷과 겉옷의 명칭은 삼(衫)·유(襦)·포(袍)로 나뉘는데 이것들이 어떠한 옷이었는지 확인해 보자. 고대 문헌에 나타난 고대 한국 웃옷에 관한 명칭에는 대수삼(大袖衫)[159]·유[160]·복삼(複衫)[161]·삼통수(衫筒袖)[162]·삼용부(衫筩裒)[163]·장유(長襦)[164]·위해(尉解)[165]·곡령(曲領)[166] 등이 있다.

---

157) 李奎報,〈東明王篇〉.
158) 《北史》卷94〈列傳〉'百濟傳'.
159) 《北史》卷94〈列傳〉'高句麗傳'. "服大袖衫." ; 《隋書》卷81〈列傳〉'高(句)麗傳'. "服大袖衫."
160) 《北史》卷94〈列傳〉'高句麗傳'. "婦人裙襦加襈."
161) 《南史》卷79〈列傳〉'百濟傳'. "襦曰複衫."
162) 《舊唐書》卷199〈列傳〉'高(句)麗傳'. "衫筒袖."

〈그림 11〉
무용총 벽화의 무용도

이 가운데 대수삼·유·삼통수·삼용부는 고구려 웃옷의 명칭이며, 복삼은 백제 웃옷의 명칭이고, 위해와 장유는 신라 웃옷의 명칭이며, 곡령은 예 웃옷의 명칭이다. 신라의 의복은 고구려나 백제와 같고,167) 여자는 장유를 입었다168)고 하므로, 위해는 유로 분류된다. 곡령은 예에서 유를 가리킨 이름이었다. 따라서 이를 정리하면 고대 문헌에서 보이는 웃옷은 크게 삼과 유로 구분된다. 《주서》의 〈열전〉 '고(구)려전'과 《수서》의 〈열전〉 '고(구)려전'을 보면 다음과 같은 내용들이 나온다.

남자는 통소매의 삼(衫)에 통이 넓은 바지를 입고 …… 부인은 치마와 유(襦)를 입는다.169)

귀인은 …… 넓은 소매의 삼과 통이 넓은 바지를 입으며 …… 부인은 치마와 유에 선(襈)을 두른다.170)

이렇게 고구려의 남자들은 웃옷으로 삼을 입고(그림 11), 여자들은 웃옷으로 유를 입었음(그림 12)을 알 수 있다. 이는 백제와 신라 역시

---

163) 《新唐書》 卷220 〈列傳〉 '高(句)麗傳'. "衫筒袖."
164) 《新唐書》 卷220 〈列傳〉 '新羅傳'. "婦長襦."
165) 《梁書》 卷54 〈列傳〉 '新羅傳'. "襦曰尉解."
166) 《後漢書》 卷85 〈東夷列傳〉 '濊傳'.
167) 《舊唐書》 卷199 〈東夷列傳〉 '新羅傳'.
168) 《新唐書》 卷220 〈列傳〉 '新羅傳'.
169) 《周書》 卷49 〈列傳〉 '高(句)麗傳'.
170) 《隋書》 卷81 〈列傳〉 '高(句)麗傳'.

마찬가지였다.171)

중국에서 삼(衫)은 부인복으로, 진시황 원년에 명령을 내려 궁인들에게 모두 입게 했는데, 반의(半衣)로 시중 들기 편리하기 때문이었다고 했다.172) 삼을 반의로 설명하는 것에서, 길이가 포보다 짧았다는 것을 알 수 있다. 유는 단의(短衣)라고 하며,173) 무릎 아래로 내려오는 길이의 옷이라고도 설명하고 있어,174) 유와 삼은 긴 웃옷임을 알 수 있다. 또한 진시황의 중국통일 이전 중국에서 삼은 여자의 웃옷이

〈그림 12〉
덕흥리벽화 고분의 부인도

었으나 진시황 원년부터 남자들도 입게 되었다.

중국과 달리 고대 한국에서 삼은 남자의 웃옷을, 유는 여자의 웃옷을 가리켰다.

포는 중국 진시황이 전국을 통일하기 전에는 집안에서 입는 간편한 옷으로 관계(官階)를 나타내지 않았다. 그러나 한나라에 심의제가 정착되었을 때 심의를 입지 못하던 하급관리들이 심의 대신 포를 입기 시작하면서 복제로 정착하기 시작하였다.

고대 한국의 겉옷인 포에 관한 내용은,《삼국지》〈오환선비동이전〉 '부여전'에 따르면, 큰 소매의 포는 고대 한국 복식의 특징적 요소였다. 부여 사람들이 큰 소매의 포를 입었다는 것은 다음과 같은 내용

---

171) 《南史》 卷79 〈列傳〉 '百濟傳' ;《北史》 卷94 〈列傳〉 '百濟傳' ;《北史》 卷94 〈列傳〉 '新羅傳' ;《隋書》 卷81 〈列傳〉 '新羅傳'.

172) 《正字通》·《中華古今注》 참조.

173) 《說文解字》 참조.

174) 《急就篇》 참조.

에서 확인할 수 있다.

> (부여 사람들은) 국내에 있을 때의 의복은 무늬가 없는 것을 숭상했으
> 며, 무늬 없는 포(布)로 만든 큰 소매의 포(袍)와 바지를 입고 가죽신을 신
> 는다.175)

여기서 말하는 부여는 서기전 59년에 해부루왕이 왕조를 열어 서기
494년에 고구려에 병합된 동부여이다. 동부여는 지금의 길림성 북부와
내몽고자치구 동부 일부 그리고 흑룡강성 지역을 차지하고 있었다.176)
따라서 그 위치가 북으로는 호(胡)와 인접하고 있었다. 그럼에도 그들
은 북방 호복계통의 좁은 소매의 옷이 아닌 무늬 없는 큰 소매의 포를
입었음을 알 수 있다.

백(白)은 일반적으로 흰색으로 번역하여, 백의는 흰옷으로 생각한
다. 그러나 백은 무늬가 없거나 단색이라는 의미도 있으므로 백의는 무
늬가 없는 옷 또는 무늬가 있어도 바탕색과 같은 계열의 색으로 무늬가
있어 전체적으로는 같은 색으로 보이는 의미로 해석해야 할 것이다. 실
제 출토 직물들과 고구려 고분 벽화에서 보이듯이 고대의 한민족은 염
색 기술이 매우 발달되어 있었기 때문에 흰옷을 숭상하였던 것이 아니
라, 단아한 무늬가 있는 다양한 색상의 옷을 입었다고 보아야 하겠다.

원래 부여는 고조선의 거수국177)이었고 동부여는 이를 이은 나라였
으므로, 그들의 복식은 고조선의 것을 계승했을 것이다. 고조선시대의
청동기문화층에서 출토된 흙으로 만든 남자 인형들은 모두가 서 있는
형태로 아랫도리가 넓게 퍼져 있거나178) 긴 길이의 포를 입고 있는 모

---

175) 《三國志》 卷30 〈烏丸鮮卑東夷傳〉 '夫餘傳'.

176) 윤내현, 〈扶餘의 분열과 變遷〉, 《祥明史學》 第三·四合輯, 1995, 463~477쪽.

177) 윤내현, 〈고조선의 국가 구조〉, 《겨레문화》 6, 한국 겨레문화 연구원, 1992, 67~
112쪽.

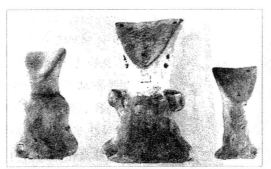

〈그림 13〉 서포항 유적에서 출토된 남자 인형

습인데(그림 13),[179] 이는 부여에서 입었던 큰 소매 달린 포의 원형이었을 가능성이 크다. 한반도 남부의 한(韓)에서도 북방의 동부여와 마찬가지로 포를 입었다. 여러 나라 가운데 가장 북쪽에 있던 동부여와 가장 남쪽 한반도 남부에 있던 한(韓)에서 같은 포를 입었다는 사실은 만주와 한반도에 있던 우리 민족의 여러 나라에서 모두 포를 입었음을 말해 준다. 고조선이 붕괴되고 여러 나라로 독립하여 세력을 확장해 가는 과정에서 건국한 고구려·백제·신라의 복식에는 포가 그대로 계승되었다.

　그런데 고구려의 의복은 부여와는 다른 점이 있으나,[180] 동옥저와 백제, 신라와는 같다고[181] 했는데, 이는 부여가 주로 포를 많이 입었고 고구려 등의 나라들이 포 이외에 삼이나 유를 많이 입었음을 말하는 것이다. 그러므로 이 말은 의복의 양식이 다르다는 뜻이 아니라 포·삼·유의 착용 비율에 차이가 있었음을 뜻하는 것으로 생각된다.

178) 김용간·서국태, 앞의 글, 1972, 117쪽.
179) 조선유적유물도감편찬위원회, 앞의 책, 1988, 204쪽.
180) 《三國志》 卷30 〈烏丸鮮卑東夷傳〉 '高句麗傳'.
181) 《舊唐書》 卷199 〈東夷列傳〉 '新羅傳' ; 《魏書》 卷100 〈列傳〉 '百濟傳' ; 《後漢書》 卷85 〈東夷列傳〉 '東沃沮傳' ; 《三國志》 卷30 〈烏丸鮮卑東夷傳〉 '東沃沮傳'.

〈그림 14〉 무용총 벽화의 포

동부여는 큰 소매의 포를 입었고,[182] 백제의 왕은 큰 소매의 자줏빛 포를 입었으며,[183] 일반 남자의 의복은 대략 고구려와 같고 부인의 의복은 포와 같은데(그림 14), 소매가 약간 크다고 했다.[184] 이와 같이 백제와 동부여의 포의 모습이 서로 같은 것은 백제의 건국시조나 왕실의 혈통 그리고 건국한 곳과 관계가 있다. 백제의 건국시조인 비류와 그의 뒤를 이은 온조왕은 부여계의 혈통이므로 백제 부인들의 일반적 의복이 부여의 복식인 큰 소매의 포와 같은 모습을 한 것은 매우 당연하다. 그런데 고구려의 의복이 부여와 다른 점이 있었다고 한 것은, 고구려는 남자들이 포를 입기도 하지만 소매가 넓은 삼을 많이 입었기 때문일 것이다.[185]

이와 같은 모습은 고구려 고분 벽화에서 확인된다. 그러나 전반적인 복식의 양식에서 고구려·부여·동옥저는 고조선의 복식 양식을 그대로 계승했기 때문에 큰 차이를 갖지 않는다. 이는 이후 고구려·백제·신라의 복식이 거의 같았다는 기록과 함께, 고구려 고분 벽화에 보이는 고구려의 복식과 고구려·백제·신라의 사신을 그린 것으로 현존하는 왕회도(王會圖)에 보이는 삼국 사신들의 복식이 크게 다르지 않은 점에서도 확인된다. 또한 여러 나라 시대[列國時代]의 동부여·고구려·백제·신라·가야의 갑옷 양식이 모두 고조선 갑옷의 양식을 그대로 계

---

182)《三國志》卷30〈烏丸鮮卑東夷傳〉'夫餘傳'
183)《舊唐書》卷199〈東夷列傳〉'百濟傳'.
184)《周書》卷49〈列傳〉'百濟傳'.
185)《周書》卷49〈列傳〉'高(句)麗傳'.

승한 모습186)이라는 점에서도 이 사실이 증명된다.

이상의 내용으로 한반도와 만주의 고대 한민족이 고조선시대부터 입었던 웃옷과 겉옷은 크게 삼과 유나 포로 구분되는데 남자들은 삼을 입고, 여자들은 유를 입었으며, 포는 긴 길이와 넓은 소매를 특징으로 하는 겉옷으로 남녀 모두 입었음을 알 수 있다.

3. 아래옷

고대 한민족이 착용한 아래옷인 고(袴, 바지)와 군(裙, 치마)에 대하여 알아보자.

중국의 문헌자료에 따르면 고구려에서는 귀족과 대신187)뿐만 아니라 평민들도 모두 '통이 큰 바지'188)를 입었고, 부여와 동옥저에서도 고를 입었다.189) 종래의 복식사 연구에서는 고구려 고분 벽화에 비교적 폭이 좁게 그려진 몇몇 고의 모양과 삼과 고를 한 벌로 입은 복식의 모양 때문에 고구려에서 입었다는 궁고(窮袴)190)는 세고(細袴)이고, 북방계통

〈그림 15〉
무용총 벽화의 무용도

---

186) 박선희, 앞의 책, 2002, 613~673쪽.

187) 《北史》 卷94 〈列傳〉 '高(句)麗傳'；《新唐書》 卷220 〈列傳〉 '高(句)麗傳'.

188) 《周書》 卷49 〈列傳〉 '高(句)麗傳'.

189) 《三國志》 卷30 〈烏丸鮮卑東夷傳〉 '夫餘傳'；《後漢書》 卷85 〈東夷列傳〉 '東沃沮傳'；《三國志》 卷30 〈烏丸鮮卑東夷傳〉 '東沃沮傳'.

190) 《南齊書》 卷58 〈列傳〉 '高(句)麗傳'.

의 호복인 고습(袴褶)이라고도 하였다. 그러나 궁고는 바로 '통이 큰 바지'이며 당(襠)이 있는 고(그림 15)를 말한다.[191] 고대 한국의 고는 모두 당을 대었지만 끈을 사용하지 않고 재봉으로 여밈새를 처리했으며 바지폭은 다양했다.

백제에서는 바지를 곤(褌)이라 부르고,[192] 신라에서는 가반(柯半)이라고 부르는[193] 등 그 명칭이 달랐을 뿐, 모두 고구려와 같이 '통이 큰 바지'를 입었다.[194] 이와 같이 한민족의 모든 지역에서 신분에 관계없이 모두 '통이 큰 바지'를 입었다고 했을 뿐 통이 좁은 바지를 입었다는 기록은 없다. 따라서 '통이 큰 바지'는 한민족 바지의 고유한 양식이라고 할 수 있다.

이 같은 한민족의 고와 중국의 고는 기본적으로 다음과 같은 차이가 있다.

한나라 이전부터 중국은 당이 있는 곳이 터진 고를 겉에 입고 그 안에 군을 걸쳤지만, 고구려 등은 이 같은 바지를 입지 않고 당으로 막은 바지를 입었다. 고구려에서는 남자들은 신분에 관계없이 모두 길이가 허리까지 오는 웃옷만을 입었기 때문에 중국의 당이 터진 고를 입을 수 없었다. 만일 고구려가 중국의 영향을 받았다면 개당고(開襠袴)를 원류로 삼았을 것이다. 그러나 고구려에서는 중국의 영향을 받지 않고 고유의 바지를 입었음에 틀림없다. 백제에서 바지를 곤으로 불렀던 것도 중국의 고보다는 곤에 가깝기 때문이었을 것이며, 신라에서 '가반'이라고 불렀던 것도 중국의 고나 곤과 그 원류를 달리했기 때문이었다고 하겠다.

다음으로 고구려의 고유복식인 대구고(大口袴)가 중국 서북쪽을 중심으로 활동하였던 융족의 옷인 고습과 그 원류를 달리하고 있는 것에

---

191) 박선희, 앞의 책, 2002, 413~422쪽.
192) 《梁書》 卷54 〈列傳〉 '百濟傳'.
193) 《梁書》 卷54 〈列傳〉 '新羅傳'.
194) 《南史》 卷79 〈列傳〉 '百濟傳'.

대하여 살펴보면 다음과 같다.

〈그림 16〉 고습에 보이는 요대

문헌자료나 실제 고고학 출토자료인 도용에서 보이는 고습의 고와 습의 모습으로부터, 고대 우리 민족의 고유 복식이 북방계 호복인 고습이라는 일반적인 견해가 잘못임이 확인된다. 고습의 고는 넓은 폭으로 길이는 땅에 끌릴 정도로 길고 무릎 바로 밑에서 묶어지며 바지부리가 고대 한국의 고와 같이 여며지지 않았다(그림 16). 고의 위에 입은 습은 길이가 무릎 위까지 오며 소매는 통이 넓고 긴 소매와 반소매의 두 가지 형태이며 여밈새는 맞여밈과 크게 여민 모양이다. 그리고 여며진 깃의 바로 밑에서 대가 늘어뜨려지는 일 없이 단단히 묶여 있다. 이 같은 고습이 갖는 여밈새, 소매와 바지의 양식, 대의 모습은 고대 한국의 복식 양식에서는 전혀 보이지 않는다.

고구려 벽화는 대부분 4세기에서 6세기에 속하는 것이다. 이때 고구려는 서역으로부터 불교뿐만 아니라 다른 문물도 많이 받아들였기 때문에 북방 지역의 복식에 대해서도 물론 잘 알고 있었다. 그러나 그들의 복식을 입지는 않았다. 이는 고습과 고구려의 복식이 그 양식에서 완전히 다름을 고구려 사람들 스스로 잘 알고 있었기 때문일 것이다. 즉, 고구려가 북방 복식의 영향을 받지 않고 자신들의 고유한 복식을 지켜 왔기 때문이었다고 밖에 설명되지 않는다. 따라서 고대 한민족의 복식이 북방계 호복 또는 고습이라고 하거나 북방계 호복의 영향을 받았다는 주장은 재고되어야 할 것이다.

그리고 고대 중국 고(袴)의 특징을 분석하면 다음과 같다. 1986년 사천성 광한시(廣漢市) 삼성퇴(三星堆)에서 출토된 상(商)의 청동으로 만든 서 있는 사람의 모양은[195] 좁은 폭의 포 안에 꼭 붙는 좁은 바지를 입고 있다. 바지의 끝 부분에는 두 줄로 된 무늬 있는 좁은 선(襈)을 둘렀다. 이후 춘추 중기로 추정되는 산서성 후마(侯馬) 상마촌(上馬村) 13호 유적에서 나온 인물 도범(陶范)은 둘 다 반리(蟠螭) 무늬의[196] 긴 포 안에 통이 좁은 바지를 입었다. 전국시대로 오면, 서역과 국경을 맞대고 있던 조(趙)나라 등이 고습을 입기도 했다. 진·한시대에 오면 일반 남자들은 무릎까지 내려오는 웃옷 안에 비교적 통이 넓은 바지를 입고,[197] 무릎 밑에서 동여매었다. 양진남북조시대의 시중드는 사람들이 포 안에 입은 바지[198]는 길이가 길고 폭이 너무 넓어 땅에 끌리게 입었다. 또 통이 넓은 바지를 무릎 아래에서 동여매고 발등을 덮을 정도로 길게 입기도 하였다.

이상에서 보면, 중국의 고는 상나라부터 양진남북조시대에 이르기까지 길이가 길고 폭이 넓은 형태나 통이 좁고 긴 형태가 공존했음을 알 수 있다. 그러나 고구려 고분 벽화에서는 이 같은 중국의 고나 곤의 모습은 보이지 않는다. 고구려 고분 벽화에 보이는 바지는 폭의 넓이가 비슷하고 바지부리는 모두 여몄으며, 땅에 끌릴 정도로 긴 것은 없다. 이와 같은 바지부리의 여밈 방식은 고대 한국의 고유한 양식으로, 중국의 고와 가장 크게 다른 점이다.

이상의 분석과 비교로, 고대 한국의 바지는 고조선시대부터 내려온 오랜 의복의 양식으로서 중국이나 북방 지역 바지의 양식과는 다름을 거듭 확인할 수 있다.

---

195) 黃能馥·陳娟娟, 《中華服飾藝術源流》, 高等教育出版社, 1994, 45쪽.
196) 覃旦冏, 《中華藝術史綱》 上冊, 臺北 : 光復書局, 1972, 丙 圖版27 C·D.
197) 上海市戱曲學校中國服裝史硏究組編著, 周迅·高春明 撰文, 《中國服飾五千年》, 商務印書館香港分館, 1984, 39쪽.
198) 黃能馥·陳娟娟, 앞의 책, 1994, 58쪽.

다음 군(裙)에 대하여 알아보자. 삼국 이전 우리나라에서는 여자만 군을 입었으며, 남자는 군을 입은 적이 없다. 이는 고분 벽화나 문헌자료를 가지고 확인할 수 있다. 군(裙)이라는 글자는 중국에서 서한 중기 이후에 나타난다. 중국에서 군(裙)은 본래 옷에 따른 부속물에서 점차 옷으로 바뀌고 상(裳)이라는 독자적인 이름을 갖게 되었다.199) 중국에서는 동한 말에서 삼국시대에 남녀 모두 상과 함께 군을 입기도 했다. 그러나 이때의 여자의 군은 속옷으로 입던 협의(脅衣)에서 외출복인 군으로 바뀐 것이고, 남자의 옷은 고가 군을 대치하기 시작했다.

중국과는 달리 《주서》의 〈열전〉 '고(구)려전'과 《북사》의 〈열전〉 '고(구)려전'에 나오는 다음의 내용에서, 고구려의 남자들은 고를 입었고, 부인들은 도련에 선을 두른 군(裙)을 입었음을 알 수 있다.

남자는 동수삼(同袖衫)과 통이 넓은 바지를 입고, 흰 가죽띠를 하고 누런 가죽신을 신었다 …… 부인은 군(裙)과 유(襦)를 입었고, 도련과 끝동은 모두 선(襈)을 둘렀다.200)

부인의 군과 유에 선을 둘렀다.201)

또한 다음의 내용을 보면, 한(삼한)에서도 모든 여자들이 신분의 구별 없이 같은 치마를 입었음을 알 수 있다.

신이 삼한의 의복제도는 들었으나 염색은 듣지 못했습니다. 다만 꽃무늬는 금해졌고 …… 옛 풍속에 여자의 옷은 무늬 없는 저로 만든 황색치마였는데, 위로는 공족(公族)과 귀가(貴家)에서 아래로는 평민과 처첩에

---

199) 《說文解字》·《史記》·《漢書》 참조.
200) 《周書》 卷49 〈列傳〉 '高(句)麗傳'.
201) 《北史》 卷94 〈列傳〉 '高(句)麗傳'.

이르기까지 한 모양이어서 구별이 없습니다.[202]

고구려와 한(韓)에서 입었던 치마의 양식이 어떠한지 고구려 고분 벽화와 출토된 토우를 한층 더 상세히 검토해 보면 다음과 같다.

〈그림 17〉 신라의 토우

고구려 고분 벽화에 보이는 치마와 경주 황남동에서 출토된 여자 토우가 입은 주름 잡힌 치마(그림 17)[203]는 그 모습이 같다. 신라의 토착민들은 고조선시대부터 그 지역에 살면서 고조선의 문화와 풍속을 계승했기 때문에 복식도 그대로 계승했을 것이다. 따라서 고구려 고분 벽화에서 확인된 군(裙)의 특징은 고조선 사람들이 입던 군의 모습이라 하겠다.

첫째로 군은 도련까지 주름이 잡힌 군과 허리에만 주름이 잡힌 군으로 구분된다. 도련까지 주름이 잡힌 군은 그 주름의 폭이 넓은 것과 좁은 것이 있는데, 덕흥리 고분 벽화 우교차도의 내용과 수산리 고분 벽화 시녀도의 내용으로 보아 신분에 따른 구분은 아닌 것 같다. 허리에만 주름이 잡힌 군은 큰 폭과 작은 폭이 있는데, 일하는 여자들은 주로 작은 폭의 군을 입었다. 둘째로 군을 입은 모든 여자들은 군 안에 바지부리가 여며진 고(袴)를 입고 있다. 따라서 고대 한국의 여자들은 겉옷으로 반드시 군을 입고 속에 고를 입었음을 알 수 있다. 셋째로 유나 포와 함께 입은 군은 모두 도련에 선(襈)이 둘려 있는데 유에 입은 군의 선은 가늘고 포에

202) 《宣和奉使高麗圖經》 卷20 '婦人'.
203) 이난영, 《신라의 토우》, 세종대왕기념사업회, 1976, 그림 41.

입은 군의 선은 이보다 넓다. 넷째로 수산리 고분 벽화의 부인도에 보이는, 주인공이 입은 큰 폭으로 주름잡힌 군의 주름이 여러 색으로 되어 있어서(그림 18) 일반 군보다 화려한 모습으로 신분의 차이를 보여 준다. 그러나 그 양식에서는 신분의 차이가 없었다. 이는 《선화봉사고려도경(宣和奉使高麗圖經)》에서 한(삼한)의 부인들은 신분의 구별 없이 모두 같은 군을 입었다고 한 것으로도 충분히 증명된다.

고대 한국의 군은 '중국 계통의 의복에서 원류한 것'이라는 견해가 있는데, 이러한 견해가 타당한지 위에서 정리한 고대 한국의 군을 중국이나 북방 지역의 그것과 비교해 보자.

〈그림 18〉 수산리 고분 벽화 부인도의 군

고대 한국에서 여자들이 군을 입은 것과 달리 고대 중국에서는 남자들도 군을 입었다. 중국의 상(商)시대와 주(周)시대의 남자들은 짧은 길이의 포(袍)와 유(襦)의 아래에 군을 입었다. 전국시대에 오면 조(趙)와 중산국(中山國) 등이 호복을 받아들여 좁은 소매의 짧은 유에 주름이 없는 보통 폭의 군을[204] 입었다. 또한 겉옷의 길이를 길게 하고 폭을 넓힌 곡거심의(曲裾深衣) 안에 큰 폭의 주름진 군을 입기도 했다. 진·한대에 오면서 남자들은 포 안에 주름이 없는 보통 폭의 군을 입었다.

북방 지역에서 현재까지 출토된 자료를 보면, 중국의 동한시대에 속하는 신강(新疆) 민풍현(民豊縣) 니아(尼雅) 고묘에서 출토된 폭이 넓고 주름이 없는 군이 있다.[205] 그러나 이들 군이 언제부터 그런 형태로

204) 上海市戱曲學校中國服裝史硏究組 編著, 周迅·高春明 撰文, 앞의 책, 1984, 24쪽.

발전했는지 현재로서는 확인되지 않고 있다. 이후에는 주로 고를 입었음이 확인될 뿐이다.

이상을 정리하면, 고대 한국과 고대 중국이나 북방 지역 사이에는 다음과 같은 큰 차이가 있음을 알 수 있다. 첫째, 고대 한국은 여자만이 군을 입었지만 중국은 남녀 모두 군을 입었다. 둘째, 고대 한국과 고대 중국은 모두 포와 유의 속에 군을 입었는데, 고대 중국은 유의 길이가 매우 짧고 군의 도련에 선을 두르지 않았다. 그러나 고대 한국은 유의 길이가 길며 모든 군의 도련에 반드시 선을 둘렀다. 셋째, 북방 지역에서는 여자들도 주로 고를 입었으나, 고대 한국의 여자들은 군의 안에 고를 입는 등 고와 함께 군이 의복의 주요 양식이었다. 따라서 고대 한국의 군이 중국 계통의 의복에 뿌리를 두고 있다고 볼 수 없으며, 북방 계통의 고습이라고도 할 수도 없다.

이상의 고찰에서, 한반도와 만주에 살던 고대 한민족의 군은 고와 마찬가지로 고조선시대부터 내려온 복식으로 '중국 계통의 의복에서 원류한 것'이 아님을 확인할 수 있다.

4. 신

고대에는 한민족이나 중국 모두 목이 없는 이(履)를 신의 기본 양식으로 하였다. 차이가 있다면 중국은 혜(鞋)와 같이 앞을 높이 들린 모양을 의례(儀禮)로 삼았고, 한민족은 모양을 바꾸지 않고 금이나 은 등으로 장식하는 것을 의례로 삼았다.

문헌자료에 따르면, 고대 한국의 신은 크게 이(履)와 화(靴)로 나눌 수 있고, 화는 다시 목이 긴 화와 목이 짧은 화(鞹)로 나눌 수 있다.

---

205) 李肖冰, 《中國西域民族服飾硏究》, 新疆人民出版社, 1995, 76~77쪽.

〈그림 19〉 안악 3호분 묘주 부인의 이   〈그림 20〉 무령왕릉의 이

우리의 신과 관련된 자료는 다음과 같다. 고구려의 귀족과 대신들이
나 일반 남자들은 모두 누런 가죽으로 만든 이를 신었다.[206] 고구려와
의복을 같이한 동옥저에서도 마찬가지였을 것[207]이며, 부여의 지배계
급은 '혁탑(革鞜)'을 신었다.[208] 신라와 백제가 분열되어 나온 한(韓)에
서는 '혁교답(革蹻蹋)'[209] 또는 '혁리(革履)' 외에도 '초리(草履)'[210]를 신
었고, 백제의 왕은 '검은 혁리[烏革履]'를 신었다.[211]

고구려 벽화에서 이와 관련된 자료는 다음과 같다. 안악 3호분 묘주
부인도의 부인 앞에 놓인 붉은 이는 목이 없으며 콧등에서 발등까지 수
평을 이루고 있어(그림 19) 무령왕릉에서 출토된 금동리(金銅履)(그림
20)와 비슷하다. 또한 의장기수도의 기수, 각저도의 뿔나발을 부는 사람
은 이를 신고 있고, 대행렬도의 관리들도 마찬가지의 목이 없는 이를
신고 말을 타고 있다. 덕흥리 고분 벽화 수렵도의 말을 타고 사냥하는

206) 《隋書》 卷81 〈列傳〉 '高(句)麗傳' ; 《舊唐書》 卷199 〈列傳〉 '高(句)麗傳' ; 《周書》 卷
　　 49 〈列傳〉 '高(句)麗傳'.
207) 《三國志》 卷30 〈烏丸鮮卑東夷傳〉 '東沃沮傳'.
208) 《三國志》 卷30 〈烏丸鮮卑東夷傳〉 '夫餘傳'.
209) 《三國志》 卷30 〈烏丸鮮卑東夷傳〉 '韓傳'.
210) 《後漢書》 卷85 〈東夷列傳〉 '韓傳' ; 《晋書》 卷97 〈列傳〉 '馬韓傳'.
211) 《舊唐書》 卷199 〈列傳〉 '高(句)麗傳'.

무사들도 안악 3호분과 같은 이를 신고 있으며, 묘주 실내 생활도의 시녀들과 공양도의 남자들도 목이 없고 바닥을 높이지 않은 이를 신고 있다. 대안리 1호분의 현실 서쪽 벽화의 남자들과 무용총의 무용도에서 남자 무용수도 같은 이를 신었다(그림 21).

4세기에서 6세기까지의 고구려 고분 벽화를 보면 고구려 사람들은 신분이나 관직에 관계없이 이를 신었고, 안악 3호분 묘주 부인의 신만이 붉은색일 뿐 다른 신들은 검은색이거나 흰색이다. 이는 고구려에서 신분이나 관직에 따라 신의 색을 구분하지 않았음을 보여주는 것이라고 하겠다.

그러면 신라와 백제가 분열되어 나온 한(韓)의 남부에서 신었다는 '교답(蹻蹋)'은 어떤 신일까. 가죽으로 만들었다는 기록으로 보아 재료의 차이를 지적한 것이 아니라 이에 정이 달린 장치를 달았을 것으로 생각된다.212)

고구려 삼실총 제2실 서쪽 벽의 갑옷을 입은 무사가 정이 달린 이를 신고 있다. 말을 달릴 때 신의 바닥이 평평하면 쉬 벗겨지기 때문에 뒤를 높이거나 바닥에 정 같은 것을 달아 앞으로 쏠리거나 말의 등자에서 벗겨지지 않도록 하였을 것이다. 또한 전쟁에서 상대를 위협할 수 있는 기능도 했을 것이다.

《삼국지》〈오환선비동이전〉에, 고구려 사람은 "행보(行步) 때는 모두 달렸다(行步皆走)"고 하였다. 즉, 고구려에서는 병사뿐만 아니라 백성들도 천천히 걷지 않고 달리듯 걸었다. 이렇게 달리듯 걷기 위해서는 가죽신 등에는 단단한 것을 달아야 한다. 그러나 짚신과 같은 부드러운 재료에는 정 등을 달 수 없기 때문에 같은 구실을 할 수 있도록 뒤를 높여야 한다.

백제 무령왕 부부의 금동으로 만든 신에 정과 같은 것이 바닥에 달려 있다. 이(履)인지 모르겠지만 고구려에서도 집안(輯安)에서 철정과

---

212) 《說文解字》;《漢書》〈王褒傳〉;《類篇》;《釋名》;《史記》〈蘇秦列傳〉·〈史記集解〉;《呂氏春秋》〈仲春紀〉.

유금동정(鎏金銅釘)을 바닥에 단 것이 발굴되었다.213) 우리나라 국립박물관에도 5㎝ 정도 크기의 철정이 40여 개 달린 고구려의 금동리(金銅履)가 소장되어 있다. 신라의 천마총에서 금동리에 정을 박은 것이 출토되었다. 이 같이 정을 단 형태의 신이 백제와 신라에서 모두 사용되었고, 중국이나 북방 지역에서는 보이지 않는 점으로 보아 이것은 고조선시대부터 이어진 양식의 하나였을 것으로 생각된다.

이상으로 보아, 고대 한국의 고유한 신의 양식은 이에서 보인다. 이는 남녀, 신분, 직업 등을 가리지 않고 모두 신었고, 모양은 바닥이 얇고 목이 없으며 앞부분을 조금 뾰족하게 올렸을 뿐이다. 이의 재료는 가죽과 마직물 그리고 짚 등이 사용되었고, 짚으로 만들었다는 초리(草履)는 겉은 가죽 등으로 만들고, 안은 부드러운 풀을 짜 만든 것으로 보인다. 이는 백제와 신라 등에서 발굴된 금동리의 구조 등에서 확인된다. 이는 옅은 갈색이나 짙은 갈색 또는 검은 색을 주로 하고 있지만 신분이나 복색에 따라 구분하지는 않았다.

중국의 출토자료나 문헌자료를 정리하면, 전국(戰國)에서 당(唐)나라까지 이가 기본 양식이고, 앞이 높게 들리고 폭이 넓은 혜(鞋) 등을 의례의 양식으로 하였다. 그러나 우리나라에서는 비록 4세기 이전의 발굴자료나 그림 자료 등이 아직 발굴되지 않고 있지만, 4세기 이후의 자료로 추리해 보면, 우리 이는 앞과 뒤가 수평을 이루는 양식을 기본으로 하고 있을 뿐 중국의 혜와 같은 변형을 추구하지 않았다. 중국이 모양을 변형시켜 의례용으로 삼은 것과는 달리, 우리 민족은 변형을 시키지 않고 얇은 금동판 등으로 덧씌우고 그 위에 장식을 달아 의례용으로 삼았다고 하겠다. 마왕퇴 1호묘의 혜는 분명 서한의 무제(武帝)가 고조선 서부 지역에 한(漢)의 군현을 설치하기 이전의 자료다. 한의 군현이 설

---

213) 耿鐵華, 〈高句麗文物古蹟四題〉, 《中國考古集成》 東北卷 兩晉至隋唐(二), 北京出版社, 1996, 465～467쪽.

치된 뒤 삼국이 건국한 것으로 본다면 삼국에서도 중국의 혜(鞋)와 같은 양식의 영향을 받았을 수 있다. 그러나 우리 민족은 이러한 영향을 받은 흔적이 전혀 보이지 않는다. 따라서 고구려나 신라와 백제 등 한민족은 중국의 영향을 받지 않고 독자적인 고유 양식인 이를 그대로 신고 있었다고 하겠다. 이는 4세기에서 6세기에 걸쳐 만들어진 고구려 벽화에서 관리나 병사들도 일관된 양식의 이를 신고 있음에서 확실하다. 그리고 한(韓)에서 신었다는 혁교답(革蹻蹋)은 무령왕릉과 고구려의 유적에서 출토된 정이 달린 이를 말한 것으로 생각되고, 중국이나 북방민족의 유물에서 정을 단 예가 없는 것으로 보아 이것도 고조선 고유한 양식의 하나였을 것으로 생각된다.

한민족의 문화는 중국과 다르고, 또 호 등 북방민족과도 다르다. 고대의 우리 민족은 중국보다 호 등 북방민족과 문화의 흐름을 같이 했을 것으로 보았기 때문에 문헌자료나 고구려 벽화 등에 나오는 화(靴) 또는 화(鞾)는 호 등 북방민족의 것을 받아들인 것으로 추측하기도 하였다. 그러나 고구려에는 목이 긴 화(靴)는 나타나지 않고, 목이 짧은 화(鞾)만 나타난다. 그리고 이것도 일반화한 것이 아니라 묘주 등 특수계층만 신고 있다. 만일 북방민족과 문화의 흐름을 같이 하였다면 화는 일반화했을 것이나, 벽화 등의 사례는 그렇게 나타나지 않고 있다. 그리고 고구려는 건국 때부터 중국과 접촉하였으면서도 중국의 혜(鞋) 등을 받아들이지 않았다. 이는 고구려 등 한민족이 북방민족이나 중국과 다른 고유한 문화를 굳게 지키고 있었다는 중요한 증거가 된다. 우리는 이 고유한 문화를 고조선이라는 문화권을 넘어서 정치권으로까지도 보아야 할 것이다.

V. 복식으로 본 고조선 강역

　지금까지 필자는 무늬나 양식에서 중국이나 북방 지역과 구별되는 고조선 복식자료의 특징과 그 출토지를 고찰하였다. 또한 같은 복식재료를 생산하고 사용했던 지역과 같은 의복을 입었던 지역을 확인하였다. 이들의 출토지를 각 내용별로 지도에 표시하면 다음과 같다(〈지도 1〉참조).

　〈지도 1〉에서 다음과 같은 결론을 끌어낼 수 있다.

　첫째, 고조선은 북경(北京) 근처에 있는 난하 유역과 갈석산 지역을 중국과 경계로 삼았으며 한반도와 만주 전 지역을 그 영역으로 하였음이 확인된다. 이것은 문헌 자료에 따라 확인된 고조선의 강역과 일치한다. 그리고 비파형동검·청동거울·새김무늬 질그릇 등이 출토되는 고고학 자료에 근거하여 설정된 고조선의 영역과도 일치한다. 복식자료와 복식재료나 그 양식으로도 다시 한번 그러한 고조선의 강역이 확인된 것이다.

　둘째, 이들 복식자료 가운데 가락바퀴는 신석기시대부터 청동기시대까지의 출토물들이고, 장식물들과 갑옷조각은 청동기시대와 철기시대의 것으로 이들의 출토 분포가 같은 지역으로 나타난다. 또한 같은 방식의 생산도구로 만들어진 의복재료들의 생산 지역과 장식물들의 출토 지역이 같은 것으로 나타나며 의복 양식 또한 같은 지역 범위로 나타난다. 이는 이 같은 복식재료를 생산하고 사용했던 사람들이 같은 지역에서 줄곧 살아오면서 하나의 문화권을 형성하고 같은 정치체제를 가진 하나의 국가를 이루고 있었던 거주민이었음을 알려 주는 것이라 하겠다.

　액이고납하(額爾古納河) 유역과 흑룡강성 북부 지역에서는 유물들이

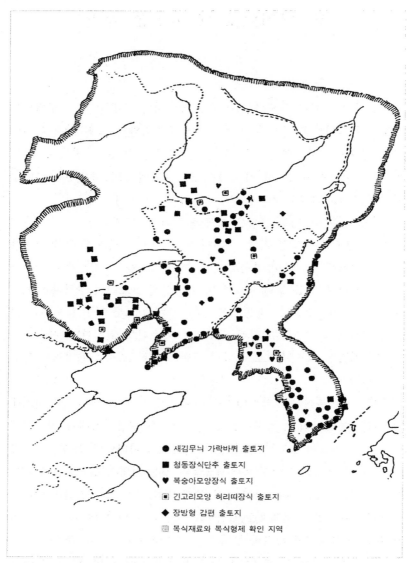

● 새김무늬 가락바퀴 출토지
■ 청동장식단추 출토지
♥ 복숭아모양장식 출토지
▣ 긴고리모양 허리띠장식 출토지
◆ 장방형 갑편 출토지
▧ 복식재료와 복식형제 확인 지역

〈지도 1〉 한민족 특징의 복식유물 출토지와 복식재료 및 복식형제 확인 지역

거의 출토되지 않고 있는데, 이는 액이고납하 아래에는 대홍안령(大興安嶺)산맥이 있고 흑룡강 아래에는 소홍안령(小興安嶺)산맥이 가로 놓여 있는 고산지대이므로 사람들이 거주하기에 적합하지 않았던 지역이기 때문일 것이다. 그리고 흑룡강성 지역에서는 다른 지역에 견주어 고고학적 발굴이 거의 없었다는 점도 이유가 될 수 있을 것이다. 이 지역에서는 고조선에 관한 고고학의 자료뿐만 아니라 다른 성격의 유물도 출토된 예가 거의 없다.

이상으로, 고대 우리 민족은 신석기시대부터 한반도와 만주 전 지역에서 거주하면서 하나의 복식문화권을 형성해 왔으며, 청동기시대에는 고조선이라는 국가를 건립하여 하나의 민족을 이루었음을 알 수 있다.

제3편

고인돌을 통해 본 고조선

하 문 식

Ⅰ. 고조선과 고인돌

1. 고조선과 고인돌의 관계

고조선은 우리 역사의 뿌리를 찾는 출발점이기 때문에 지금까지 한국사의 어느 부분보다 많은 관심의 대상이었다. 그 관심 가운데 고조선의 강역 문제와 중심지에 대한 것은 우리뿐만 아니라 주변의 중국이나 일본의 연구자들도 주목하게 되었다.

왜 고조선의 강역 문제가 중요한가? 이것은 무엇보다 우리 민족사와 직접 관련이 있기 때문이다.[1] 다원화와 세계화가 중요한 관심사로 떠오르고 있는 오늘날, 한민족의 정체성은 올바른 역사 인식에서 출발하고, 올바른 인식은 곧 다변화하고 있는 이 시대에 우리가 누구인가를 이해하는 첫걸음이 된다.

우리는 고조선의 실체에 접근할 때, 여러 가지 사료(史料)와 고고학적인 자료를 그 근거로 제시한다. 고고학 자료에는 비교적 뚜렷한 성격과 지역성을 보여 주는 유물과 유적으로 비파형동검, 미송리형 토기, 고인돌 등이 있다. 이 가운데 가끔 비파형동검과 미송리형 토기가 고인돌에서 출토되고 있어 고조선에 대한 수수께끼를 풀어 줄 대표적인 고고학 자료로 인식되고 있다.

1) 고인돌이란

고인돌은 작은 돌이 큰 돌을 받치고 있다는 뜻으로 우리나라에서는

---

1) 윤내현, 〈고조선의 중심지 변천〉, 《고조선 연구》, 일지사, 1994, 331~357쪽.

괸돌, 지석묘(支石墓) 또는 탱석(撑石)이라고 부르며, 마을 이름에도 괸
마을, 괸돌 마을, 지석리 등이 있다. 영어로는 돌멘(Dolmen)이라고 하는
데 본디 켈트어(Celt語)에서 온 말이다. 일본에서는 지석묘라고 부르는
데, 이 말의 뜻은 '굄돌이 있는 무덤'이란 의미로 고인돌의 기능을 무덤
으로만 해석하고 있어 문제가 있다. 중국에서는 석붕(石棚), 대석개묘
(大石蓋墓)라고 한다. 석붕은 납작한 판자돌로 만든 돌방이 지상에 드
러나 있는 탁자식 고인돌을 일컫는 말로 '돌로 만든 막'이란 뜻이고, 대
석개묘는 무덤방이 땅 속에 묻혀 있고 그것을 나타내는 커다란 돌이 지
상에 놓여 있는 것으로 '큰 돌로 무덤방을 덮은 것'이란 의미다.

고인돌은 축조 당시의 사회상을 잘 반영하고 있다. 많은 노동력이 필
요한 고인돌 축조는 당시 사회의 어떤 일보다 중요한 대역사(大役事)였
다. 그러므로 건축과 역학적인 것뿐만 아니라 축조에 동원된 노동력,
당시 사회의 구조와 그 성격을 이해할 수 있는 중요한 의미가 담겨 있
다. 축조는 고인돌의 크기에 따라 약간의 차이가 있지만, 대체로 공동
체 나름의 집단적인 참여 속에서 이루어졌을 가능성이 높다.

고인돌의 분포 지역은 상당히 넓은 범위에 걸쳐 있다. 유럽 지역은
프랑스를 비롯하여 포르투갈, 덴마크, 네덜란드, 영국, 스웨덴 남부 등
북반구까지 분포하며, 지중해의 미노르카, 말타 그리고 흑해 지역의 카
프카스에도 있다. 또 아프리카의 에티오피아, 수단에도 드물게 있으며,
팔레스타인, 이란, 파키스탄, 티베트, 인도에도 분포한다. 그런데 인도
지역은 최근에도 고인돌을 축조하는 풍습이 있다. 동남아시아에서는
인도네시아, 보르네오, 말레이시아에 분포한다.

한편 동북아시아 지역은 한반도를 비롯하여 중국 동북 지역(요령성
과 길림성)과 절강성, 일본 큐슈 지역에도 있다. 특히 요령성 지역의 고
인돌은 지금까지 요하(遼河)의 서쪽에서는 발견되지 않는다. 일본의 고
인돌은 한반도와 가까운 큐슈 지역의 나가사키, 사가, 후쿠오카에 집중
되어 있다.

2) 고인돌에 대한 옛 기록

고인돌은 다른 어느 유적보다 커다란 덮개돌이 밖으로 드러나 있기 때문에 상당히 오래 전부터 사람들의 관심을 끌어 왔다.

우리나라에서는 고려 때 이규보(李圭報)가 금마 지역(오늘날 익산)을 여행하고 쓴 〈남행월일기(南行月日記)〉에 이 지역의 고인돌이 기록되어 있다. 그리고 고조선 지역에서는 더 이른 시기인 서기전 78년에 고인돌에 관한 것이 반고(班固)가 지은 《후한서(後漢書)》에 처음 나타난다. 이 기록을 보면 고인돌의 외형적인 면을 관찰하여 덮개돌과 굄돌의 관계에서 굄돌(마구리돌 포함)이 3개 있다는 점을 지적하였는데, 이것은 그 이후의 《삼국지(三國志)》 〈위서(魏書)〉, 《조야험재(朝野險載)》, 《압강행부지(鴨江行部志)》 등 옛 문헌에서도 찾아볼 수 있다. 그리고 고인돌을 가리키는 용어를 《삼국지》 〈위서〉는 '관석(冠石)'이라 하였으며, 《압강행부지》에서는 오늘날 중국학자들이 사용하는 '석붕(石棚)'이란 말이 처음 나온다.[2]

이러한 옛 기록은 고고학이 근대 학문으로 자리 잡기 이전의 고인돌에 대한 인식 범위를 살펴볼 수 있는 자료로서, 일찍부터 사람들이 고인돌의 외형적인 모습을 사실적으로 관찰하였으며, 큰 돌로 만들어진 것이기에 신비하게 느끼고 관심을 가져 왔음을 알 수 있다.

2. 고조선 지역의 고인돌 분포

고인돌은 사람들의 생활과 밀접한 관련이 있기 때문에 축조 당시 사람들의 살림터나 활동 영역 주변에 자리한다. 고조선 지역의 고인돌 유

---

2) 하문식, 《古朝鮮 地域의 고인돌 硏究》, 백산자료원, 1999, 2~5쪽.

적은 옆에서 같은 시기의 집터가 발견되거나 고인돌이 있는 바로 그 곳에 집터의 흔적이 있어 이러한 사실을 뒷받침하여 준다.

1) 고인돌의 지리적 분포

고조선 지역의 고인돌 유적은 세계적인 분포 정도와 견주어 볼 때 그 중심지 구실을 할 만큼 집중적으로 분포하고 있다. 이곳의 고인돌 분포 모습을 지역적으로 보면, 요령 지역은 요동반도를 중심으로 요남 지구의 대련(大連), 영구(營口)에 집중되어 있다. 이들 지역에서도 보란점시(普蘭店市), 와방점시(瓦房店市) 북부와 개주시(盖州市) 남부의 구릉지대와 낮은 산기슭에 많은 고인돌이 있다. 특히 벽류하(碧流河), 대양하(大洋河), 혼하(渾河) 유역에 집중 분포하고 있어 지세와의 관련성을 일러 준다.

지금까지 요령 지역에서 조사된 고인돌 유적의 지리적 분포에서 나타나는 특징은 요하의 서쪽, 즉 요령의 서부 지역인 금주(錦州), 부신(阜新), 조양(朝陽) 지구에서는 고인돌이 발견되지 않아 요하가 그 경계선을 이룬다. 이것은 고조선 시기에 청동기문화의 성격이 요하를 중심으로 조금씩 차이를 보이는 것과 함께 주목된다. 요령 지역의 고인돌 분포는 요령의 동부 지역 비파형동검 분포권과 거의 비슷한데, 특히 개석식 고인돌에서 실제로 비파형동검 등 같은 문화 성격의 유물이 발견되고 있어 문화의 동질성을 보여 준다.[3]

그리고 요령 지역 고인돌의 밀집 정도를 보면, 요남 지역인 요동반도 쪽은 집중적인 분포를 보이는 반면, 요북이나 단동(丹東), 본계(本溪), 무순(撫順) 등지의 요동 지역은 요남지구에 비하여 그 밀집 정도가 낮

---

3) 許玉林,〈遼東半島石棚之硏究〉,《北方文物》3, 1985, 16~17쪽 ; 김정배,〈韓國과 遼東半島의 支石墓〉,《先史와 古代》7, 1996, 78~81쪽 ; 하문식,〈中國 東北地域 고인돌의 分布와 構造〉,《古文化》51, 1998a, 43~44쪽.

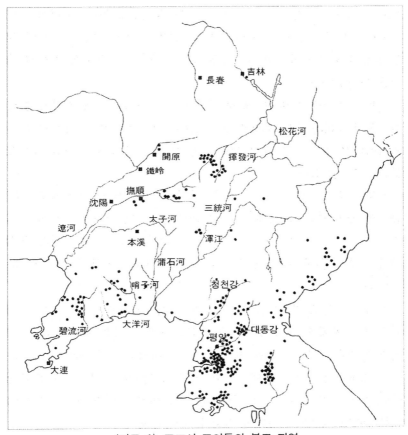

〈지도 1〉 고조선 고인돌의 분포 지역

거나 거의 발견되지 않아 고인돌의 분포 관계에서 지역적인 특징이 뚜
렷하다.

　이처럼 요남지구에서 요북지구로 갈수록 고인돌의 밀집 정도가 낮은
것은 두 지역의 조사정도에 따른 제한적인 요인도 있겠지만, 1차적으로
는 고인돌의 전파 과정과 그 관계를 나타내는 것으로 여겨진다. 탁자식
고인돌은 요남지구는 큰 것부터 작은 것까지 비교적 여러 가지가 단독

으로 있거나 아니면 한 유적에 섞여 있다. 하지만 요북지구에서는 규모
가 큰 것은 거의 없고 작은 탁자식 고인돌만 있으며, 고인돌과 관련 있
는 출토 유물도 요남지구보다 이른 시기의 자료가 나오지 않아 이런 사
실을 뒷받침한다.4)

이러한 지역에 따른 고인돌의 밀집 정도의 차이는 요북 지역의 경우,
고인돌이 자리한 주변 지세를 보면, 산등성이나 산마루 등 대부분 산간
지역이어서, 요남 지역과 비교하여 볼 때, 축조에 따른 지형의 차이도
있음을 알 수 있다.

길림 지역의 고인돌 분포는 지금까지의 조사 결과, 합달령(哈達嶺)
남쪽과 장백산지(長白山地) 동쪽의 산과 높은 구릉지대에 주로 분포하
고 있는 것으로 밝혀졌다. 그리고 이 가운데에서도 요령과 길림의 경계
지역인 분수령(分水嶺) 부근의 휘발하(輝發河) 유역에 집중된 모
습이다.

지리적인 분포 관계를 좀 더 자세히 보면, 무송 무생둔 고인돌 유적
이 가장 동쪽에 있고 길림 난기둔 고인돌 유적이 가장 북쪽에 있다. 그
리고 지금까지 밝혀진 분포 지역은 제한된 지역의 조사 결과이지만, 유
하를 비롯하여 동풍, 매하구, 통화, 길림, 혼강, 무송 지역에 집중되어
있다. 특히 동풍현 지역의 매하(梅河), 횡도하(橫道河) 옆의 산등성이나
산마루에는 개석식 고인돌이 집중 분포되어 주목된다.5)

또 길림 지역의 고인돌 유적 가운데 매하구 험수유적의 분포 모습을
보면 좀 특이한 점이 있다. 이곳의 고인돌은 동서 방향으로 뻗은 산마
루에 탁자식 16기와 개석식 6기가 산 흐름에 따라 한 줄로 분포하고 있
다. 그런데 양쪽 끝에 탁자식 고인돌이 자리하고 그 사이에 개석식과
탁자식이 끼어 있는 모습인데, 축조 과정에 있었던 무덤의 정연성을 고

---

4) 許玉林, 《遼東半島石棚》, 遼寧科學技術出版社, 1994, 66~69쪽.
5) 하문식, 〈中國 吉林地域 고인돌 研究〉, 《韓國上古史學報》 27, 1998b, 38~39쪽.

려하여 볼 때 먼저 탁자식으로 고인돌의 축조 범위를 구획한 것이 아닌
가 여겨진다.

2) 환황해(環黃海) 고인돌 문화권

북한 지역의 고인돌 유적은 황해 지역부터 청천강 유역, 함북 지역
등 전지역에 분포하고 있다.6)

이 지역에서 조사된 고인돌 유적의 지리적 분포에서 나타나는 특징
은 평안과 황해 지역의 서해안에 집중적으로 분포하고 있다는 사실이
다. 이것은 고인돌문화가 서해를 거쳐 바다와 밀접한 관계를 가지면서
전파되어 발전하였을 가능성을 일러 준다. 특히 북한 서쪽 지역의 고인
돌 유적 가운데 서해와 가까운 지역에 규모가 큰 탁자식 고인돌이 몇
기 분포하고 있다. 대표적인 유적으로는 안악 노암리, 은율 관산리, 연
탄 오덕리, 배천 용동리 등인데, 이러한 탁자식 고인돌이 서해 바다를
중심으로 요동반도의 개주 석붕산, 보란점 석붕구, 장하 대황지, 해성
석목성의 고인돌과 둥글게 호를 이루면서 분포[環狀的 分布]하고 있어,
고인돌의 교류 가능성은 물론 문화권 설정에도 암시하는 바가 많다.

이렇게 규모가 큰 탁자식 고인돌이 분포하는 곳의 위치나 지세는 물
론, 축조한 배경은 고인돌 사회의 성격 규명에 중요한 실마리를 제공하
는 동시에 고조선의 중심체를 이해하는 데 좋은 단서가 되고 있다. 최
근 북한 학계에서는 규모가 큰 이런 탁자식 고인돌이 지역적으로 일정
한 거리를 유지하고 있다는 점에 유의하여 소국(小國)의 지배자와 관련
시키고 있다.7)

이와 같이, 동북아시아에서는 요령 지역을 비롯하여 황해를 중심으

---

6) 하문식, 〈고조선의 무덤 연구〉, 《단군학연구》 12, 2005, 137~176쪽.
7) 석광준, 〈로암리 고인돌에 대하여〉, 《조선고고연구》 1, 1993, 6~7쪽.

로 길림과 한반도에 고인돌이 밀집 분포하고 있으므로, 분포 면에서 보면, '환황해(環黃海) 고인돌 문화권'의 설정이 가능할 것으로 기대된다.

3) 짝을 이룬 고인돌

요령 지역의 고인돌 가운데 한 유적에서 크기가 다른 2기의 고인돌이 짝을 이룬 경우가 있다. 이런 유적으로는 금현 소관둔, 해성 석목성·패루, 수암 흥륭·산두·홍석, 장하 양둔·분방전, 개주 연운채 등이 조사되었다. 이렇게 한 곳에 고인돌이 짝을 이루고 있는 것 가운데 해성 석목성과 수암 흥륭 고인돌은 별칭으로 고수석(姑嫂石)이라 부르고 있어, 고인돌 그 자체를 의인화 대상으로 여기고 있다. 또 짝을 이룬 고인돌은 모두 탁자식이며, 덮개돌과 고인돌의 전체적인 크기를 보면 대부분 1기는 크고 다른 1기는 좀 작아 외형적인 측면에서 서로 대비를 이루고 있는 점이 하나의 특징이다.

4) 고인돌의 입지 조건

고인돌이 있는 곳의 지세는 거의 강이나 바닷가 옆의 평지, 구릉 지대이고 드물게는 산기슭이나 산마루에서도 발견된다. 이렇게 고인돌의 분포가 유적 주변의 자연 지세와 관련 있는 점은 당시 사회에 전통적으로 내려오는 자연숭배 사상과 연관이 있을 것으로 생각된다. 그리고 발굴 조사 결과, 고인돌 옆에 집터가 있어 이 시기에 삶과 죽음의 공간은 서로 인접하였던 것으로 보인다.

평지에 자리한 고인돌은 대부분 강이나 냇물이 흐르고 있는 계곡 평지에 있으며, 덮개돌(또는 무덤방)은 강물의 흐름과 나란한 점이 특이하다.[8] 이렇게 고인돌이 물과 관계있는 것은 당시의 생활에서 물이 중요하였던 것으로 여겨지며, 고인돌에 묻힌 사람이 물과 더불어 영생하

리라는 고인돌 사회의 내세관, 세계관과도 연관시켜 볼 수 있다.

다음은 고인돌이 구릉지대에 분포하는 경우인데, 구릉 가운데에서도 산줄기와 연결되면서 점차 낮게 뻗어 내린 기다란 구릉 위에 많은 고인돌이 자리잡고 있으며, 이런 곳에 떼를 지어 있을 때 대부분 구릉의 방향과 나란하게 분포하는 점이 돋보인다. 이처럼 구릉지대에서 많은 고인돌이 발견된 것은 당시 사람들이 농경을 바탕으로 살림을 꾸린 곳이 바로 구릉 지대였기 때문으로 판단된다.

산기슭에 있는 고인돌은 주로 산줄기가 흘러내린 비탈면이나 기슭의 널따란 지역에 있다. 고조선의 고인돌도 산줄기와 나란히 분포하는 점이 독특하다. 그런데 평지나 구릉지대보다 조금 높다란 지역인 산기슭이나 산마루에 분포하는 고인돌은 조망 문제를 고려하여 주변이 훤히 보이는 곳에 의도적으로 축조함으로써 암시하는 바가 많으며, 제단의 기능도 가졌을 가능성이 높다.

고조선 지역의 고인돌 유적은 지역에 따라서 입지 조건이 조금씩 다른 것 같다. 먼저 요령 지역의 고인돌이 분포하는 지세를 보면, 유적 주변의 자연 지세가 최대한 고려되었음을 알 수 있다.9) 고인돌은 유적 바로 옆의 산줄기나 강 흐름과 나란히 있거나 의도적으로 물줄기 근처에 축조하였던 것 같다. 특히 보란점 소둔이나 무순 산용 유적의 고인돌 분포 모습을 보면, 어떤 절대적인 방위 개념보다는 산의 흐름과 나란히 자리잡고 있음을 알 수 있다. 또한 고인돌 유적 가운데 상당히 많은 곳이 바로 옆에 큰 강의 샛강이 흐르고 있는 것으로 조사되어 주목된다. 이처럼 강물과 가까이 있거나 강 흐름과 나란하여 서로 연관이 있는 것으로 여겨지는 대표적인 유적은 보란점 유둔 유적을 비롯하여 와방점 대자, 장하 대황지, 개주 이백룡지·추둔, 대석교 석붕욕, 청원 낭두구,

---

8) 손진태, 《조선 민족문화의 연구》, 을유문화사, 1948, 32쪽 ; 이융조, 〈한국 고인돌사회와 그 의식(儀式)〉, 《東方學志》 23·24, 1980, 290~292쪽.

9) 陳大爲, 〈試論遼寧"石棚"的性質及其演變〉, 《遼海文物學刊》 1, 1991, 82~83쪽.

신빈 남가화·조가분·홍산 고인돌 등이 있다.

이처럼 요령 지역 고인돌 유적의 입지는 대부분 구릉지대의 높다란 곳이나 작은 산마루이므로 주변의 어디에서나 쉽게 바라볼 수 있는 곳이며, 사방이 틔어 조망이 좋다. 이렇게 주변의 지세가 의도적으로 고려된 곳의 탁자식 고인돌이 북한 서쪽 지역에서도 조사되었다.10)

그런데 길림 지역은 고인돌이 산마루나 산기슭에 있을 경우, 요령 지역보다 지대가 높고 눈에 잘 띄지 않는 곳에 있다. 길림 지역이 산세가 험한 내륙 지역인데 견주어, 요령 지역(특히 요동반도)은 바다와 가까워 비교적 산세가 완만하여 고인돌이 자리한 곳의 조망이 차이가 있는 것으로 보인다.

길림이나 북한 지역의 고인돌 유적 입지도 요령 지역처럼 산줄기나 강 흐름과 나란한 모습이어서, 주변의 자연 지세가 고려되었음을 알 수 있다. 길림 지역은 대부분 높은 산등성이나 산마루 근처의 편평한 곳이 많고 가끔 강 옆의 평지에 있는 경우도 있다. 이 지역에서 지금까지 조사된 고인돌 가운데 매하구, 백석구 유적이 가장 높은 산마루에 있는 것으로 밝혀졌다. 북한 지역도 강 옆의 평지나 높다란 구릉에 많이 자리한다. 고인돌이 산기슭에 있을 경우 그렇게 높지 않은 곳에 있으며, 산마루에 있는 것은 은율 관산리 1호 고인돌이 대표적이다. 그리고 비교적 주변 지역보다 조망이 좋은 높다란 곳(낮은 산마루나 구릉지대)에는 규모가 큰 탁자식 고인돌이 1기 있는 경우가 가끔 있다.

이와 같이 요령과 북한 지역에는 탁자식 고인돌이 주변의 어디에서나 쉽게 바라볼 수 있도록 사방이 훤히 틔어 조망이 좋은 곳에 분포하고 있어 그 성격을 규정하는 데 일러 주는 바가 많다. 이들 고인돌은 입지에 따른 기능 문제와 함께 황해를 사이에 두고 있어 서로의 관련성을 짐작하게 한다.11)

---

10) 하문식, 앞의 책, 1999, 170~172쪽.

한편, 고인돌 규모는 분포한 곳의 지세와도 관련이 있는 것 같다. 요령 지역 고인돌은 규모가 비교적 큰 것이 많은데, 입지 선정 과정에서 맨 먼저 덮개돌 운반 등 축조 과정에 필요한 노동력 문제가 고려되었을 것이다. 실제로 이곳 고인돌은 다른 지역보다 구릉이나 평지에 많다. 더욱이 이 지역의 탁자식 고인돌의 덮개돌 길이가 500㎝가 넘는 것이 9기이며, 이 가운데 구릉이나 평지에 있는 것이 7기나 되어 이러한 사실을 뒷받침하여 준다.

---

11) 김정배, 앞의 글, 1996, 88~90쪽.

Ⅱ. 고조선 지역 고인돌의 특징

1. 고인돌의 형식과 짜임새

고인돌의 짜임새는 형식에 따라 약간의 차이는 있지만, 몇 톤에서 몇 십 톤에 이르는 덮개돌의 운반과 축조에 대한 문제와 무덤방 구조의 특 징이나 성격을 잘 반영하고 있으므로 상당히 중요하다.

고인돌의 축조에 따른 짜임새는 당시 사람들의 건축 방법이나 도량 형과 밀접한 관련이 있을 것이다.

탁자식 고인돌에서 굄돌이 덮개돌을 지탱하려면 반력이 고려되어야 하는데, 굄돌이 받칠 자리의 거리 비율이나 맞닿는 부분이 중요하다. 이 문제는 구조 역학적 검토가 있어야 가능할 것이다. 그런데 최근 고 조선 지역의 고인돌 조사에서 굄돌의 안기울임이나 덮개돌의 균형 유 지를 위한 수평 관계에 대한 조사 보고가 점차 증가하고 있어서 주목 된다.

고인돌의 형식은 일반적으로 외형적인 짜임새의 특징에 따라 탁자 식, 개석식, 바둑판식으로 분류되며, 개석식이나 바둑판식은 지하의 무 덤방 구조가 복잡하므로 여러 속성에 따라 다시 나누어진다.

1) 고인돌의 형식

고인돌의 형식에 관한 일반적 분류 기준은 먼저 지상에 드러난 모양 에 따라 분류하고, 무덤방의 구조에 나타나는 속성에 따라 2차적으로 분류하는 것이 일반적이다. 여기서는 형식 분류를 단순화하면서 앞으 로 더 깊은 연구가 이루어질 때까지 잠정적으로 크게 고인돌의 외형적

인 모양에 따라 탁자식과 개석식 그리고 바둑판식으로 분류하고
자 한다.

탁자식12) 고인돌은 판판한 굄돌을 세워서 땅 위에 상자처럼 네모꼴
의 돌방[石室]을 만들고 그 위에 덮개돌을 올려놓은 것으로 마치 탁자
나 책상 모양을 하고 있다. 이 고인돌은 고조선 지역에 매우 큰 규모의
것이 있어 당시 사람들의 슬기와 지혜를 가늠해 볼 수 있다.

바둑판식13) 고인돌은 땅 위에 놓인 3~4개 또는 그 이상의 받침돌이
덮개돌을 받치고 있어 마치 바둑판 모양을 하고 있으며, 땅 속에 있는
무덤방은 돌덧널, 돌널, 구덩이 등 여러 가지이다. 가끔 덮개돌은 굉장
히 크나 무덤방이 없는 경우 제단 고인돌로 해석되기도 한다. 고조선
지역에서는 아직까지 바둑판식 고인돌이 발견되지 않았다.

개석식14) 고인돌은 땅 위에 커다란 덮개돌만 드러나 있고 무덤방은
땅 속에 있다. 가장 널리, 그리고 많이 분포하고 있어 고인돌의 기원 문
제를 밝히는 데 중요하다.

요령과 길림 등 중국 동북지역의 고인돌 연구에서 최근까지 개석식
고인돌보다는 탁자식 고인돌에 대한 조사와 연구가 보편화해 왔기에
탁자식이 훨씬 많이 보고되었다. 그러나 최근 조사된 탁자식 고인돌 유
적 근처에 개석식 고인돌이 있다는 보고가 상당히 많이 있어 앞으로 조
사가 진행되면 크게 늘어날 가능성이 높다.

지금까지 고조선 지역에서 발굴 조사된 고인돌의 형식을 분류하여
보면, 탁자식이 개석식보다 조금 많다.15)

이것은 중국 동북 지역에서 지금까지 주로 탁자식 고인돌이 집중적으
로 조사되었기 때문에 제한적인 자료의 분석 결과로 해석할 수도 있지만,

---

12) 북방식 고인돌로 전형적인 양식을 보여 준다. 석붕(石棚)이라고도 한다.
13) 남방식 고인돌로 석붕의 변형된 양식을 보여 준다. 기반식 고인돌이라고도 한다.
14) 남방식 고인돌로 무지석식 고인돌[大石蓋墓]이라고도 한다.
15) 하문식, 앞의 책, 1999, 217~219쪽.

요동반도를 중심으로 한 요남지구에서는 상대적으로 탁자식 고인돌이 많이 분포하고 있어 지역에 따라 형식의 차이가 있는 것 같다.

요령 지역의 탁자식 고인돌 가운데 그 규모가 큰 것('大石棚'으로 분류되는 것)이 자리 잡은 곳의 지세를 보면 대부분 낮은 산마루나 높다란 구릉지대에 있고, 요동반도에 집중 분포하고 있어 주목된다. 이러한 집중 분포 현상을 일부에서는 고인돌의 성격이나 고인돌 사회의 발전 단계와 연관시켜 해석하고 있지만,16) 아직까지 그러한 해석을 뒷받침해 줄 뚜렷한 껴묻거리나 고인돌 축조 과정의 특징이 발견된 것은 아니다. 그러나 고인돌의 성격(기능)을 무덤뿐만 아니라 제단과 같은 상징적인 기능을 가진 것으로 이해한다면, 고인돌의 입지 조건과 관련시켜 해석할 필요가 있을 것 같다.

고인돌의 형식에 따른 각 지역의 특징을 보자. 먼저 요령 지역 고인돌의 무덤방 구조는 개석식 고인돌에만 딸린방[副槨]이 있다. 이것은 개석식 고인돌의 무덤방 위치가 지하에 있는 이유와 관련이 있는 것으로 여겨진다. 또 껴묻거리 가운데 비파형동검을 비롯한 청동 유물은 탁자식보다 개석식 고인돌에서만 발견되고 있어 주목된다. 이러한 것이 고인돌의 축조 연대와 관련 있는지, 아니면 축조 집단의 특성인지는 그 예가 적어 해석에 어려움이 있지만, 지금까지 조사된 것을 보면 형식에 따른 하나의 특징으로 볼 수 있다.

또 길림 지역 개석식의 무덤방은 크기가 크고 무덤방 안에서 사람 뼈가 많이 발견되는 것이 특징이다. 특히 개석식에서 두드러지게 발견되는 화장은 이 지역에서 보편적으로 유행하였던 장례 습속이었던 것 같다.17)

---

16) 許玉林, 앞의 책, 1994, 69~79쪽.
17) 王洪峰, 〈石棚墓葬研究〉, 《青果集》, 吉林大學考古專業成立二十周年考古論文集, 1993, 252~253쪽.

2) 고인돌의 표상(表象), 덮개돌

고인돌의 축조에서 중요시되는 것은 덮개돌이다. 당시 사람들은 덮개돌의 마련과 운반, 특히 탁자식 고인돌의 경우는 굄돌 위에 올려놓는 것이 힘들었을 것이다. 또한 고인돌의 축조 과정에 많은 노동력이 필요했을 것이며, 널리 알려진 축조 방법과 그 절차가 있었던 것으로 여겨진다.

덮개돌은 고인돌의 외형적인 모양을 나타내므로 상징적인 중요성을 갖는다. 또 외형적인 중요성 못지않게 그 자체가 위엄이 있어, 일찍부터 많은 사람들이 고인돌에 관심을 갖게 하였다.

고조선 지역의 탁자식 고인돌은 덮개돌이 다른 지역 고인돌보다 유난히 크고, 굄돌과 잘 맞추어져 있어 멀리서 보면 마치 돌로 만든 탁자 모습을 하고 있다. 이런 점에서 사람들은 일찍부터 탁자식 고인돌을 '탁석(卓石)', '관석(冠石)', '관면식(冠冕式)'이라고도 불렀다.18)

요령 지역의 탁자식 고인돌 가운데 덮개돌이 굄돌 밖으로 나와 처마를 이루고 있는 것이 12기 보고되었다. 이 가운데 개주 석붕산 고인돌의 덮개돌은 이 지역 고인돌 가운데 가장 크며, 사방 모두 굄돌 밖으로 나와 처마를 이루었는데, 그 정도는 동쪽 170㎝, 서쪽 160㎝, 남쪽 280㎝, 북쪽 325㎝이다. 이 고인돌은 사방으로 나온 처마와 큰 덮개돌이 조화를 이루어 웅장하고 위엄이 있는데, 이러한 축조 방법에서 당시 사회의 발달된 건축, 역학적인 기술을 엿볼 수 있다. 또한 와방점 대자 고인돌은 덮개돌이 처마를 이룬 모습을 더욱 시각적으로 나타내기 위하여 계단식 처마를 만들어 주목된다.

덮개돌의 길이(크기)는 고인돌의 축조 과정에서 운반에 따른 노동력 문제와 큰 바위에서 덮개돌을 떼어낼 때 필요한 기술 문제를 고려하여

---

18) 許玉林, 앞의 책, 1994, 79쪽.

결정되었을 것으로 생각되어 고인돌사회의 기술 발전 단계를 살펴볼
수 있다.

덮개돌의 길이와 너비의 상관관계를 살펴보면, 1 : 1에서 2 : 1 사이의
범위에 집중 분포하고 있으며, 특히 요령이나 북한 지역의 덮개돌은
1.5 : 1의 중심축을 사이에 두고 밀집되어 있음을 알 수 있다. 이와 같이
길이와 너비가 일정한 비율을 이루고 있다는 것은, 당시 사람들이 의도
적으로 덮개돌의 크기를 결정하여 마련하였을 가능성이 많다는 것을
암시한다.

덮개돌의 돌감은 일정하지 않고, 고인돌 주변의 지질과 깊은 관계가
있으며, 부근에서 쉽게 구할 수 있는 암석을 선택하였던 것 같다. 많이
이용된 돌감은 지역에 따라 차이가 있는데 요령 지역은 대부분 화강암
이고, 길림은 화강암을 비롯하여 각력암, 사암이 많으며, 북한 지역은
화강암, 석회암, 점판암, 편마암 등 상당히 다양하다. 이 가운데 편마암
은 그 속성으로 볼 때 층을 이루고 있어 다른 암질보다 큰 바위에서 크
고 납작하게 떼어내기가 쉬워서 많이 이용되었던 것으로 해석된다. 이
러한 덮개돌의 돌감 선택은 1차적으로 고인돌의 축조에 따른 노동력
문제가 고려되어 세운 곳과 가까운 곳에서 가져왔을 가능성이 높다.

특히 북한 지역의 고인돌 유적 옆에서는 덮개돌과 같은 큰 돌을 떼
어낸 채석장이 조사 보고되었는데19) 더 자세한 자료가 밝혀지면, 앞으
로 채석과 운반에 따른 복원 자료로 이용할 수 있을 것 같다.

덮개돌이 놓인 긴 방향은 조사된 자료가 적어 방위 개념을 추론하기
에 어려움이 많다. 그러나 조사된 자료가 제한적이지만, 이것을 자세히
검토하여 보면 절대적으로 정하여진 방향에 따라서 놓인 것은 아니고,
고인돌 주변의 자연 지세인 산줄기나 물의 흐름과 나란한 것으로 밝혀

---

19) 석광준, 〈우리나라 서북지방 고인돌에 관한 연구〉, 《고고민속론문집》 7, 1979, 112~
113쪽 ; 《각지 고인돌 무덤 조사, 발굴 보고》, 백산자료원, 2003, 436~437쪽.

져 우리의 관심을 끈다. 이러한 사실은 고인돌 사회의 사람들이 축조 당시에 전통적으로 내려오는 절대적인 방위 개념을 가지고 있었다기보다 고인돌 축조와 같은 역사(役事)를 할 때는 주변의 자연 지세를 고려하여 방위를 정하였던 것으로 이해된다. 자연 지세에 따른 방위 개념은 당시 사람들이 살림을 꾸리면서 자연에 크게 의존하였기 때문에 자연 숭배 사상과도 관련이 있을 것 같다.[20]

3) 고조선 고인돌의 무덤방

고인돌의 무덤방은 그 형식에 따라 큰 차이가 있다. 무덤방이 자리한 곳을 보면 탁자식은 지상에 있지만, 개석식은 거의가 지하에 있다. 그러나 고조선 지역 고인돌 가운데 이러한 보편적인 모습을 벗어난 것이 있어 주목된다. 보란점 벽류하 21호 고인돌은 그 형식이 개석식인데, 무덤방이 지하가 아닌 지상에 만들어져 있다. 무덤방을 만든 모습을 보면 당시의 지표면 위에 돌을 쌓아 무덤방을 만들었다. 이와 같이 개석식 고인돌에서 지상에 무덤방이 발견된 것은 매우 드문 경우로, 앞으로 다른 지역의 자료가 모이면 비교, 검토해 볼 수 있을 것 같다.

무덤방의 구조를 보면, 탁자식은 크고 넓적한 돌을 가지고 만들었지만, 개석식은 맨땅을 판 다음 넓적한 돌을 세워 돌널을 만든 것, 길쭉한 막돌을 쌓은 돌덧널, 구덩이 등 여러 가지가 있다.

고조선 지역 고인돌 가운데 굄돌이 덮개돌을 받치고 있는 모습에서 수평을 유지하기 위한 흔적이 여러 유적에서 보인다. 무순 산용 1호를 보면 남쪽 굄돌은 북쪽 것과 높이를 맞추기 위하여 넓적한 돌 위쪽 끝에 길쭉한 돌을 2층으로 얹어 놓았으며, 북쪽 굄돌은 3줄의 돌을 얹어

---

20) 지건길, 〈支石墓社會의 復元에 관한 一考察〉, 《梨大史學研究》 13·14, 1983, 5~6쪽 ;
  이은봉, 《韓國古代宗敎思想》, 集文堂, 1984, 215~218쪽.

서로 수평이 되게 하였다. 유하 태평구 11호와 매하구 험수 10호 고인
돌에서도 이런 것이 조사되었는데, 수평을 위한 축조 방법의 일환으로
굄돌 위에 끼워 넣은 돌은 일종의 쐐기돌 구실을 하는 것으로 밝혀졌
다.21) 그리고 안악 노암리, 용강 석천산 12호에서도 발굴되었다. 노암리
는 굄돌과 마구리돌을 세운 다음 틈 사이에 돌을 끼워 쐐기돌이 되게
하였으며, 석천산 12호 고인돌에서는 굄돌과 마구리돌의 전체적인 균형
(수평)을 위하여 밑부분에 작은 돌을 끼워 놓았다.

  은천 약사동 고인돌에서는 덮개돌의 무게 때문에 굄돌이 밀리지 않
도록 굄돌의 바깥 끝 쪽에 버팀돌을 놓기도 하였다.22)

  고인돌 축조 과정에서 굄돌을 똑바로 세우지 않고 전체적인 안정감
을 고려하여 굄돌을 안쪽으로 조금 기울어지게 세운 것이 고조선 지역
의 탁자식 고인돌의 보편적인 특징이다.23) 이것은 고인돌 사회의 사람
들이 축조 기술의 발전에 따라 터득한 건축 역학의 한 원리로 해석된
다. 이러한 안기울임이 있는 고인돌을 보면 덮개돌이 비교적 큰 것 가
운데 많으며, 기운 정도는 조금씩 차이가 있는 것으로 밝혀졌다. 대표
적인 유적으로는 보란점 석붕구 1호, 와방점 대자, 장하 백점자, 대석교
석붕욕, 해성 석목성, 수암 흥륭 고인돌을 비롯하여 유하 대사탄 1호,
매하구 백석구 2호, 은율 관산리 1호, 연탄 송신동 22호, 용강 석천산,
강동 문흥리 고인돌 등이 있다.

  또 굄돌과 마구리돌이 잘 맞추어져 무덤방이 안정감을 이루면서 완
전 폐쇄된 공간을 이루도록 서로 맞닿는 부분의 굄돌에 길쭉한 홈이 파
여진 것이 발견되었다. 이러한 고인돌은 개주 석붕산, 장하 백점자와
대황지, 해성 석목성 1호 고인돌을 비롯하여 유하 태평구 11호, 대사탄
1호, 삼괴석 1호, 안악 노암리 등이다. 특히 개주 석붕산 고인돌은 굄돌

---

21) 하문식, 〈북한 지역 고인돌의 특이 구조에 대한 연구〉, 《先史와 古代》 10, 1998c, 61쪽.
22) 라명관, 〈약사동 고인돌 발굴보고〉, 《조선고고연구》 2, 1988, 47~48쪽.
23) 하문식, 앞의 책, 1999, 189~191쪽.

이 마구리돌은 물론 덮개돌과도 잘 맞물려 있어 고조선 지역 고인돌 가운데 가장 안정감을 이루고 있다.

북한 서쪽 지역의 개석식 고인돌 가운데에는 덮개돌 밑에서 무덤방이 2개 있는 것도 있다. 무덤방이 2개 있는 유적 가운데서 황주 천진동 5호와 6호, 황주 극성동 11호는 집체(集体)무덤이고, 황주 긴동 7호와 극성동 1호는 독립된 고인돌 유적이다. 지금까지 고인돌 옆에서 딸린방이 조사된 예처럼, 하나의 덮개돌 밑에 무덤방이 2개 있는 것도 고인돌 사회의 묻기를 이해하는 데 도움이 될 것이다.

한편 요령 지역의 개석식 고인돌 가운데 보란점 벽류하 유적의 15호·16호·24호와 봉성 동산 19호, 그리고 서산 1호에서는 무덤방 옆에서 딸린방이 발견되었다. 그런데 이러한 딸린 방은 유적에 따라 그 구조가 조금씩 다르지만, 고조선 지역 고인돌의 한 특징이다. 동산과 서산 유적의 딸린 돌덧널은 벽류하 유적과 구조적인 차이가 있을 뿐 무덤방 바로 곁에 자리하고 있는 것은 비슷하다.[24]

이러한 고인돌의 딸린방에는 껴묻거리가 발견되었다. 여기에서 출토된 껴묻거리는 토기와 석기이며, 무덤방에는 껴묻거리가 없거나 벽류하 24호와 서산 1호처럼 일부만 발견되어 딸린방은 껴묻거리를 넣기 위하여 만든 것으로 해석된다. 이러한 딸린방은 고인돌사회 사람들의 내세관을 이해할 수 있는 자료이다.

그리고 유적의 지세가 상당히 폐쇄적인 곳에 자리한 동풍 용두산, 대양 1호, 조추구 2호, 두가구 고인돌의 무덤방 가장자리에서는 나무의 나이테 흔적이나 의도적으로 만든 얕은 흙띠가 발견되었다. 이것은 무덤방 안에서 주검을 화장하기 위하여 만든 하나의 구조물로 여겨지며, 지금까지 다른 지역에서는 조사 보고된 자료가 없고, 고조선 지역의 고인돌에서만 조사된 유일한 예이다. 보고된 자료를 보면 이러한 무덤방의

---

24) 하문식, 〈中國 東北地域 고인돌의 한 研究〉, 《韓國先史考古學報》 7, 2000, 118~119쪽.

구조나 독특한 묻기 방법은 고인돌 사회의 장례 습속에 관하여 일러 주는 바가 많다.

개석식 고인돌의 무덤방 구조 가운데 좀 특이한 것으로는 개천 묵방리 고인돌을 들 수 있다. 이 고인돌의 무덤방 구조를 보면, 양쪽의 긴 벽과 한쪽의 짧은 벽 등 3벽은 벽돌 크기의 납작한 돌을 가지고 반듯하게 쌓았지만, 나머지 한 벽은 넙적한 돌을 세워 놓았다. 이렇게 3벽은 돌쌓기를 하고, 나머지 1벽은 넓적한 돌을 세워서 무덤방을 만든 것이 묵방리 유적 이외에는 평원 원암리 8호, 숙천 다복동, 평양 오산리 1호 고인돌에서만 조사되었는데, 이런 것이 북한 서쪽 지역에만 있는 독특한 유형이어서 '묵방리식 고인돌'이라고도 부른다.[25]

북한 서쪽 지역 고인돌의 무덤방을 보면 하나의 무덤방을 여러 칸으로 나눈 것이 특징이다. 이러한 무덤방의 칸 나누기는 고인돌의 형식과는 관계가 없지만, 탁자식 고인돌에서 훨씬 많이 나타난다. 무덤방을 3칸이나 4칸으로 나누었으며, 바닥은 여러 가지이다. 또한 대부분 무덤방 안에서는 사람뼈가 발견되었는데, 특히 연탄 송신동 22호에서는 여러 개체의 사람뼈가 있었다. 그리고 송신동에 있는 고인돌 3기를 비교하여 보면, 서로 조금씩 차이가 있다. 31호는 바닥에 넓적한 돌을 1장 깔아 무덤 칸 사이를 연결시키고 있지만, 나머지 20호와 22호는 바닥 처리를 따로 하여 독립적인 의미를 지니게 하였다. 또한 22호는 사람뼈 여러 개체가 발견되어 집단 무덤의 성격을 지닌 것으로 여겨진다.

이 지역의 고인돌에서만 독특하게 나타나는 이러한 무덤방의 칸 나누기는 일정한 묘역을 형성하여 여러 기의 고인돌이 한 유적에 집단적으로 있는 이 곳의 집체무덤과 비교된다.[26]

하나의 무덤 영역에 여러 기의 무덤방이 있어 서로 친연성(親緣性)

---

25) 박진욱, 《조선고고학전서 : 고대편》, 과학백과사전종합출판사, 1988, 42~43쪽.
26) 장호수, 〈청동기시대와 문화〉, 《북한 선사문화 연구》, 백산문화, 1995, 243~244쪽.

이 강한 점, 무덤방의 크기로 보아 대부분 바로 펴묻기보다는 굽혀묻기
나 두벌묻기를 하였을 가능성 등이 공통점이다. 그러나 무덤방의 칸 나
누기는 주로 탁자식 고인돌에서 나타나며, 집체무덤은 개석식 고인돌
에서 보이는데, 1차적으로 이런 무덤방의 구조적인 차이가 고인돌의 형
식에 따라 나타나는 차이점으로 생각된다. 하지만 개석식인 평촌 9호의
경우는 집체무덤을 이루고 있으면서 무덤방도 칸 나누기가 된 독특한
것으로, 앞의 2가지 특징을 함께 가지고 있어 주목된다. 이런 무덤방 구
조의 특징은 축조에 따른 문화나 집단(주민)보다는 당시에 유행한 장례
습속과 관련이 있는 것으로 해석할 수 있다.

그리고 동풍 조추구 1·2호와 은천 약사동 고인돌에서는 무덤방의
바닥에 숯을 깐 흔적이 있어 주목된다. 이렇게 바닥에 숯이 깔려 있는
것이 불탄 흙과 같이 발견되어 묻기의 일종인 화장과 직접적인 관련이
있을 것으로 여겨지며 무덤방의 배수 문제와도 연관시켜 볼 수 있을 것
같다.

한편 북한 서쪽 지역의 고인돌에서는 주변에 돌을 쌓아 묘역을 이루
고 있는 것이 있다. 묘역을 이룬 고인돌은 탁자식과 개석식에서 모두
발견된다. 탁자식에서는 무덤 수가 1기만 있어 '개별 무덤'을 이루며, 개
석식에서는 개별 무덤도 있지만 한 묘역에 여러 기의 무덤이 있는 '집
체무덤'도 있다. 묘역을 이룬 형태는 대부분 강돌이나 막돌을 쌓은 돌
무지이나, 평원 원암리 7호와 8호나 상원 귀일리 2호처럼 돌을 깔아 놓
은 것도 있다. 그리고 묘역의 가장자리는 큰 돌을 놓아 구획을 지어 놓
았고, 무덤방 가까이에는 돌을 쌓은 정도가 촘촘하지만, 무덤방에서 멀
어지면 점차 돌이 드문드문 놓여 있는 모습이다. 탁자식 고인돌인 증산
용덕리 5호는 묘역을 돌로써 구획하지 않고 고인돌 주변에 진흙을 깐
다음 다져 놓은 점이 다른 유적과 구분된다.

이처럼 같은 묘역에 여러 기의 고인돌이 있는 것은 무덤의 속성상
서로 친연관계를 지닌 것으로 해석된다. 이러한 친연관계는 핏줄을 바

탕으로 한 가족관계일 가능성이 높으며, 가족 단위의 공동 무덤(묘역)
이 아닐까 생각된다.[27]

2. 고인돌의 껴묻거리

고인돌의 중심적인 기능을 무덤이라고 해석할 때, 무덤은 새로운 문
화가 들어와도 쉽게 변화를 일으키지 않는다. 이런 점에서 고인돌의 껴
묻거리[副葬品]는 당시 사회를 이해하는 데 좋은 자료가 되고 있다.

지금까지 조사된 고인돌을 보면, 축조 과정에 소요된 많은 노동력에
비겨 껴묻거리가 적게 발견되고 있어 고인돌의 성격을 밝히는 데 어려
움이 많다.

고조선 지역의 고인돌 조사에서 발견된 껴묻거리는 대부분 토기와
간석기이고 청동기는 매우 드물며, 가끔 꾸미개와 짐승뼈 등이 있다.

1) 고조선의 질그릇, 미송리형 토기

고조선 지역의 고인돌에서 발견된 토기 가운데 미송리형 토기로 분
류할 수 있는 단지가 있다. 이 토기는 고조선 지역 고인돌문화의 성격
을 가늠해 볼 수 있는 중요한 자료가 된다. 이 토기는 보란점 쌍방 6호,
봉성 동산 7호와 9호 그리고 서산 1호에서 발견되었다. 북창 대평리 5
호, 개천 묵방리 24호, 평양 석암 2호와 10호, 상원 매미골 1호와 방울뫼
4호, 장연 용수골 1호에서는 미송리형 토기가 발달한 '묵방리형 토기'가

---

27) 김원룡 외, 《靑銅器時代와 그 文化》, 삼성문화문고 89, 1977, 40쪽 ; 최몽룡, 〈全南地
方 支石墓社會와 階級의 發生〉, 《韓國史硏究》 35, 1981, 1~14쪽 ; 하문식, 〈금강과
남한강 유역의 고인돌 문화 비교 연구〉, 《孫寶基博士停年紀念考古人類學論叢》, 지
식산업사, 1988, 563~564쪽.

발견되었다.

미송리형 토기는 표주박의 양쪽 끝을 자른 모양으로 목이 있는 단지이다. 외형의 특징은 단지 양쪽에 손잡이가 달렸으며, 몸통 가운데 부분이 부르다가 위쪽으로 올라가면서 오므라든다. 그리고 몸통과 목 부분에 묶음식 줄무늬가 있다.[28] 이러한 생김새와 특징에 따라 박수장경병(薄手長頸甁), 현문호(弦紋壺), 곡경호(曲頸壺), 쌍방-미송리 도호(雙房-美松里陶壺), 평저표형장경호(平底瓢形長頸壺) 등 여러 가지로 불린다.[29]

지금까지 미송리형 토기가 출토된 지리적인 범위를 보면, 비교적 넓은 지역인데, 한반도에서는 대동강 유역의 이북인 서북 지역이고, 중국 동북에서는 주로 요하 이동 지역에서 집중적으로 발견된다. 즉 남쪽으로는 평안 지역이고 북쪽으로는 철령 지역까지로, 고조선의 강역과 밀접한 관계가 있음을 알 수 있다. 고인돌에서 미송리형 토기가 발견된 것은 대부분 개석식 고인돌이라는 공통점이 있다. 이것은 요령 지역의 경우 지금까지 청동 유물이 개석식 고인돌에서만 나오고 있는 것과 관련이 있는 것으로 이해된다. 비파형동검 분포권과 미송리형 토기의 출토 지역이나 유구가 거의 같다는 것은 서로가 문화적인 맥락을 같이 하고 있다는 사실로 파악된다.

미송리형 토기의 특징을 잘 나타내는 무늬는 덧띠무늬와 줄무늬가 있다. 덧띠무늬는 쌍방 고인돌에서만 보였는데, 하나는 초승달처럼 가늘게 휜 반달모양이고 다른 것은 세모꼴이다. 줄무늬는 3~4줄을 한 묶음으로 주로 목과 몸통 부분에 있으며, 동산 9호와 서산 1호의 것은 토기 전체에 걸쳐 아홉 곳에 있다. 대평리 것은 목과 몸통에 3~5줄의 묶

---

28) 임병태, 〈韓國 無文土器의 硏究〉, 《韓國史學》 7, 한국정신문화연구원, 1986, 96~99쪽.
29) 정한덕, 〈美松里土器의 生成〉, 《東北アシアの考古學》 1(天池), 깊은샘, 1990, 87~90쪽 ; 송호정, 〈遼東地域 靑銅器文化와 美松里型土器에 관한 考察〉, 《韓國史論》 24, 서울대 국사학과, 1991, 27~34쪽.

음 줄무늬가 있지만 묵방리 것은 몸통에 평행 줄무늬가 양쪽에 있고, 그 사이에 W자 모양의 무늬가 새겨져 있어 좋은 대조를 보이고 있다.

이와 같은 몇 가지 특징으로 보면 요령 지역의 고인돌에서 나온 미송리형 토기는 띠 모양 손잡이가 있고 몸통 부분이 부른 점 그리고 줄무늬가 토기 전체에 있는 점으로 보아, 초기 형식인 본계 장가보 A동굴 34호나 묘후산 산성자 동굴에서 나온 것보다는 발전된 것으로 해석된다. 그리고 짧은 목을 지닌 점과 손잡이가 몸통의 밑쪽에 있고 줄무늬가 전체에 있는 점 등은 의주 미송리 동굴에서 발견된 것보다 이른 시기의 것으로 여겨진다. 또 동산과 서산의 고인돌에서 나온 미송리형 토기는 쌍방 6호 고인돌과 이도하자 돌널무덤의 것보다는 약간 이른 시기에 해당되는 것 같다. 그 이유는 이도하자나 쌍방 유적에서는 청동기가 나왔지만, 동산과 서산유적에서는 석기와 토기만 나왔기 때문이다.

그리고 장하 대황지와 수암 태노분 고인돌에서도 미송리형의 토기조각이 발견되어 앞으로 고인돌에서 이런 토기가 출토될 가능성이 높은 것으로 보인다.

2) 지도자의 상징, 달도끼와 별도끼

고조선 지역의 고인돌에서 나온 석기는 여러 종류이며, 돌도끼를 비롯하여 화살촉, 가락바퀴, 자귀, 칼, 끌, 송곳, 그물추 그리고 쓰임새를 알 수 없는 간석기와 뗀석기 등이 있다.

특히 북한 서쪽 지역의 고인돌에서 발견되는 돌창, 달도끼, 별도끼, 반달돌칼 등은 팽이형 토기와 관계있는 유적에서 함께 나온 것이다.

별도끼는 탁자식인 연탄 송신동 5호에서 나왔다. 이곳에서 나온 것은 미완성품으로 반쯤 깨어졌으며, 여러 가닥의 가지를 만들기 위하여 홈을 낸 자국이 있고, 가운데에는 구멍(지름 2~3cm)이 파여 있다. 이러한 석기가 와방점 화동광에서도 출토되어 비교된다.

증산 용덕리 7호에서만 나온 달도끼는 화강암을 돌감으로 이용하였다. 전체의 5분의 1쯤 되는 조각이 발견되었는데 가운데에 구멍(지름 13cm)이 뚫려 있으며, 이런 것이 서북 지역의 청동기시대 집터 유적에서 많이 발견되고 있다.

한편 탁자식 고인돌에서만 발견되는 별도끼와 달도끼의 쓰임새는 무기나 지휘봉이라는 설이 있지만, 그 크기나 생김새로 보아 실제 사용하였다기보다 상징적인 의미가 더 강한 것으로 여겨진다. 이런 점에서 고인돌에 묻힌 당시 사람은 강력한 힘을 소유한 집단의 지도자도 있었을 것이다.

3) 기술의 정화(精華), 청동기

청동기는 고인돌에서 드물게 발견되는데 비파형동검, 비파형 투겁창, 청동 화살촉, 청동 꾸미개 등이 있으며, 가끔 거푸집, 검자루 끝 장식[劍把頭飾]이 조사된다.

비파형동검은 청동기의 표지적인 유물로, 보란점 쌍방 6호와 수암 백가보자 12호, 개주 패방 고인돌 등 대부분 요령 지역에서 발견되었다.

현재 동검의 전체적인 생김새를 알 수 있는 것은 쌍방 6호뿐이며, 나머지는 일부가 파손되었다. 쌍방 6호에서 나온 동검은 검 날의 양쪽에 있는 마디 끝[節尖]이 검 끝과 가까이 있고, 마디 끝 아래쪽은 좀 밋밋하다. 그리고 검 끝에서 마디 끝까지 등대 단면은 6각형이고 슴베 부분은 원형이다. 이 동검은 이런 고졸한 느낌과 특징 때문에 초기 동검의 성격이 강하다.

패방 고인돌의 동검은 검 끝이 부러져 현재 남은 길이는 20.2cm이다. 날이 비교적 넓은 편이며(너비 4cm), 많이 휜 모습이다. 등대의 단면은 6각형이며, 슴베 부분은 4각형이다. 현재 이 동검에 대한 정식 보고 자료가 없어 전체적인 것을 가늠하는 데에는 어려움이 있지만, 마디 끝의 위치가 검 끝 쪽으로 있고, 날의 너비와 휜 정도로 보아 전형적인 비파형동검에 속할 가능성이 높다.

백가보자 12호에서 나온 동검은 가운데의 등대가 뚜렷하고 자루 부분은 잘 남아 있지만 검 끝과 양쪽의 날 부분은 파괴되어 없다. 현재 남아 있는 상태로 전체적인 생김새나 크기는 알 수 없지만 완형은 상당히 큰 것 같다. 등대의 단면은 6각형이고, 슴베 부분은 원형이다.

비파형동검의 등대 단면은 6각형이나 원형에 가까운 8각형 등이 있는데, 6각형인 동검의 경우 대부분 등대 돌기가 있으며, 이른 시기의 비파형동검에서 나타나는 특징이다.30) 이런 점에서 쌍방 6호 동검을 비롯한 요령 지역 고인돌에서 나온 동검은 이른 시기의 것으로 여겨진다. 그리고 검 날의 양쪽에 있는 마디 끝의 위치에 따라 비파형동검의 시기를 결정한 연구가 있는데, 검 끝에 가까이 있을수록 이른 시기의 동검으로 해석하고 있다. 이에 따르면, 쌍방 6호 동검 등은 모두 검 끝에 마디의 끝이 있어 시기를 해석하는 데 도움이 된다.

이런 점에서 요령 지역의 고인돌에서 조사된 비파형동검 3점은 이른 시기의 것으로 해석되며, 그 생김새가 뚜렷한 쌍방 6호 것은 초기에 해당하는 것 같다.

거푸집 2점은 모두 도끼 거푸집으로, 보란점 쌍방 6호와 벽류하 21호 고인돌에서 나왔다. 쌍방 6호의 거푸집은 활석에 흑연이 조금 섞인 것을 돌감으로 하였으며, 2조각이 1쌍이다. 생김새는 사다리꼴이고, 서로 합하면 주물을 부어 넣는 구멍이 생긴다. 그리고 위와 아래쪽에는 쉽게 맞출 수 있도록 선과 기호를 새겨 놓았다. 거푸집에 새겨진 도끼를 보면 날 쪽이 길고 허리가 잘록한 부채꼴이며, 몸체는 투겁이고 위쪽에 13줄의 볼록한 줄이 있다. 벽류하 21호 거푸집은 2조각이 1쌍을 이루는 것이지만 부서진 한쪽만 발견되었다. 거푸집의 앞과 뒤쪽에 모두 도끼

---

30) 이영문, 〈한국 비파형동검문화에 대한 고찰〉, 《韓國考古學報》 38, 1998, 67~70쪽.

가 새겨져 있다. 그리고 주물을 부어 넣던 구멍을 합하였을 때 끈으로 묶었던 자취가 남아 있다. 이러한 활석의 거푸집은 중국이나 일본에서 발견되는 것과 견주어 볼 때 비파형동검문화권인 고조선 지역에서 주로 발견되고 있어 문화권에 따른 특징으로 일러 주는 바가 많다.

또한 거푸집을 합할 때 쉽고 정확하게 하기 위하여 만들어 놓은 기호(줄, *)나 끈으로 묶었던 흔적은 당시 사람들의 지혜를 엿볼 수 있는 자료이다.31) 이 거푸집에 새겨진 부채꼴 모양의 도끼는 앞의 비파형동검과 마찬가지로 이른 시기의 것으로 여겨져 쌍방 6호 고인돌의 연대를 가늠하는 데 도움이 된다.

청동기 제작의 밑바탕이 되는 거푸집을 껴묻기하였다는 점에서, 고인돌이 축조되던 당시 청동기 제작의 보편화 정도 또는 이 고인돌에 묻힌 사람의 신분이나 직업을 추측해 볼 수도 있을 것 같다.32) 이러한 거푸집은 비파형동검이나 청동 꾸미개처럼 개석식에서 출토되고 있어 주목된다.

이밖에 청동단추를 비롯하여, 고리, 팔찌 등이 조추구 2호와 보산촌 동산, 상원 방울뫼 고인돌 등에서 발견되었다. 이러한 청동기들은 모두 거칠게 만들어진 것으로 정연함을 찾아 볼 수 없다. 이런 유물은 발달된 주조 기술을 가진 사람들에 따라 만들어진 것이 아닌 것으로 여겨진다.

청동 화살촉은 은천 약사동 고인돌에서 나왔는데, 슴베가 있는 것으로 몸통의 끝 부분과 양쪽 날의 일부가 깨어진 것 이외에는 완전하다. 전체적인 느낌은 슴베 부분이 좀 긴 것 같으며, 날 부분은 꽤 예리하다. 이런 청동 화살촉은 비파형동검문화에 속하는 것이지만, 시기적으로는 좀 늦은 단계에서 발견되고 있으므로 고인돌의 연대를 가늠하는 데 참

---

31) 하문식, 〈遼寧地域 고인돌의 出土遺物硏究〉, 《先史와 古代》 11, 1998d, 67쪽.
32) 김정희, 〈동북아시아 지석묘의 연구〉, 《崇實史學》 5, 1988, 116쪽.

고가 된다. 특히 지금까지 고인돌에서 청동 유물이 나온 경우 대부분 개석식이었지만, 약사동 고인돌은 그 형식이 탁자식으로 밝혀져 주목된다.

4) 주검과 함께 묻은 꾸미개

꾸미개로는 대롱구슬을 비롯하여 옥 치레걸이, 굽은 옥, 뼈와 돌구슬, 팔찌 등이 있다.

대롱구슬은 동풍 타요촌, 보산촌, 조추구 2호 등에서 발견되었다. 녹송석, 공작람석, 백석 등을 이용한 대롱구슬의 크기는 조금씩 차이가 있다. 출토 모습을 보면, 녹송석과 공작람석이 번갈아 놓여 있어 끈으로 서로 꿰어 치레걸이로 이용한 것 같다. 한편 이러한 대롱구슬은 북한 지역 고인돌에서 집중적으로 발견되고 있는 대롱옥과 비교해 볼 수 있을 것 같다.

이밖에 뼈송곳과 뼈바늘, 짐승뼈, 조개껍질이 발견되었다. 짐승뼈는 금현 소관둔 북쪽 고인돌에서 발견되었지만, 정확한 보고 내용이 없어 짐승의 종(種)이나 출토 상황은 알 수 없다. 하지만 고인돌에서 이러한 짐승뼈가 발견되는 것은 고인돌 사회의 제의(祭儀)와 밀접한 관련이 있는 것으로 여겨진다.

5) 껴묻거리와 고인돌의 장제

고인돌에서 발견된 껴묻거리를 보면, 당시의 장례 습속이나 묻힌 사람의 머리 방향 등을 살펴볼 수 있다.

먼저 묻힌 사람의 머리 방향은 껴묻거리의 위치와 방향으로 알 수 있는데, 개주 화가와보, 동풍 조추구와 보산촌 그리고 황주 긴동 3호와 북창 대평리 2호 고인돌에서 확인이 가능하다.

　동풍 타요촌, 보산촌, 조추구 고인돌은 무덤방에 묻힌 사람의 머리나 목 부분으로 추정되는 곳이나 그 바로 옆에 치레걸이로 이용된 대롱구슬이 놓여 있어, 실제 사용되었던 모습을 연상시킨다. 그리고 조추구 2호와 보산촌 동산에서는 머리 부분에 청동 고리와 청동단추가 놓여 있었다.

　대평리 2호 고인돌은 발굴 조사 당시 무덤방 안에서 사람뼈의 희미한 흔적이 있었는데, 머리뼈가 동쪽에 놓여 있었다. 그리고 치레걸이인 대롱구슬의 위치가 머리뼈 바로 아래의 턱 부분으로 밝혀져, 머리뼈의 위치와 일치됨을 알 수 있다.

　껴묻거리의 위치가 밝혀진 길림 지역의 고인돌은 모두 개석식으로 무덤방 안에서 화장을 실시한 흔적이 있어 주목된다. 이들 껴묻거리는 화장을 하기 전에 놓은 것인지, 아니면 화장을 한 다음 묻기의 절차에 따라 껴묻기를 하였는지 분명하지 않지만, 완전한 항아리가 있는 점으로 미루어 보아 화장을 한 다음에 갖다 놓았던 것 같다. 그러나 개주 패방 고인돌에서 나온 비파형동검은 불의 영향으로 휘어졌기 때문에, 이곳에서는 껴묻거리를 넣은 다음 무덤방 안에서 직접 화장을 하였던 것 같다.

Ⅲ. 고인돌의 연대와 축조 방법

1. 고인돌은 언제, 어떻게 만들었을까

고인돌이 언제 만들어지기 시작하였는지는 지금까지 여러 의견이 제시되고 있으나 뚜렷하게 통일된 의견은 없다. 무엇보다 상당한 견해 차이를 보여 주는 이유는, 절대연대 측정 자료가 부족하고 또한 고인돌에서 출토되는 껴묻거리에서 지역성이 강하게 나타나고 있으므로, 기준 설정에 문제가 많기 때문이다.

고조선 지역의 고인돌이 축조된 시점은 연구 결과 지역에 따라서 조금씩 차이가 있다. 따라서 여기에서는 요령 지역, 길림 지역, 북한 서쪽 지역으로 구분하여 살펴보고자 한다.

1) 기원전 15세기에 만들어진 요령 고인돌

요령 지역의 고인돌에 대한 연대 문제는 일찍부터 많은 사람들이 여러 견해를 밝혀 왔지만 상당한 차이를 보이고 있다. 여러 견해가 나오게 된 것은, 고인돌 유적에 대한 절대연대 측정 자료가 없고 껴묻거리가 적었기 때문에, 유적 주변의 자료나 사회 발전 단계와 관련시켜 연대를 설정한 것이 주된 요인이다. 연대 설정에 대한 이러한 문제를 해결하기 위한 하나의 방안으로, 최근 고인돌과 관련되는 자료—고인돌이 있는 곳의 유적 연대와 비교 자료, 껴묻거리, 고인돌의 축조 기술—를 종합적으로 검토·분석하려는 연구가 이루어지고 있다.[33]

---

33) 許玉林, 앞의 책, 1994, 74쪽.

요령 지역의 많은 고인돌은 소재지가 바로 유적인 경우가 있다.

대표적으로 장하 양둔의 탁자식 고인돌은 많은 토기와 석기가 발견되는 유적 위에 축조되었다. 이곳에서 나온 토기는 겹입술의 깊은 바리와 항아리 그리고 단지 등이며, 그물무늬·덧띠무늬·점무늬 등이 그어져 있다. 석기는 가장자리를 간단히 뗀 것과 끝이 납작하고 평평한 버들잎 모양의 화살촉이 나왔다. 이런 유물들은 요동반도의 장해 소주산 유적 상층에서 나온 토기나 석기와 비슷하여 거의 같은 시기로 해석하고 있다. 그런데 소주산 유적의 상층 연대는, 같은 시기의 곽가촌 상층과 상마석 중층의 방사성 탄소연대 측정 자료로 보아 4,000 B.P.(기원전 20세기) 안팎으로 추정하고 있다.

또 탁자식 고인돌이 있는 장하 대황지, 보란점 유둔, 금현 소관둔, 수암 백가보자, 와방점 유수방 유적의 옆에서도 토기와 석기가 발견되어, 이곳이 바로 유물 산포지인 것으로 밝혀졌다. 이런 유물들은 상마석 상층에서 발견된 토기나 석기들과 비슷하여, 같은 시기로 해석하고 있다. 상마석 상층은 방사성 탄소연대 측정 결과 기원전 15~14세기에 해당하는 유적이다.

이렇게 탁자식 고인돌이 자리한 소재지의 유물 산포지에서 발견된 자료를 보면, 요령 지역의 고인돌은 기원전 20세기 이전부터 축조되었을 가능성이 있으므로 일부 연구자들은 신석기 후기부터 고인돌이 축조되었던 것으로 여기고 있다.

그리고 보란점 쌍방 2호 탁자식에서는 짧은 목과 낮은 굽의 배부른 단지가 나왔는데, 몸통에는 그물무늬와 점무늬가 새겨져 있었다. 이러한 단지는 여대 쌍타자 유적 3기 문화층에서 나온 토기의 생김새와 무늬가 비슷하여 비교된다. 쌍타자 3기 문화층의 연대는 방사성 탄소 연대 측정 결과 3,135±90 B.P.로 밝혀졌고 교정 연대는 1,375±155 B.C.가 되어 기원전 14세기 안팎이다.

이러한 연구 결과에 따르면 요령 지역의 고인돌은 기원전 15~14세기 무렵에 축조된 것으로 해석되며, 초기 비파형동검의 연대도 이 시기에 속하는 것 같다.

이와 같이 기원전 15세기 전후가 요령 지역 고인돌 축조의 상한연대는 아니며, 앞에서 설명한 것처럼, 청동기가 출토되지 않은 초기의 탁자식 고인돌과 고인돌이 위치한 소재지의 연대 등을 연결시켜 보면, 초기 연대는 올라갈 가능성이 높다. 현재까지 요령 지역의 고인돌에서 조사된 자료로 상한연대를 설정하기에는 어려움이 많지만, 기원전 20세기의 가능성도 상정해 볼 수 있을 것 같다.

2) 요동반도에서 전파된 길림 고인돌

길림 지역의 고인돌도 다른 지역처럼 절대연대 측정이 이루어진 곳은 한 곳도 없으므로, 껴묻거리를 중심으로 상대적인 연대를 알 수 있다.

길림 지역에서 고인돌이 많이 발견된 합달령 남쪽의 산간 지역과 높은 구릉지대는, 지금까지의 조사나 연구 결과, 길림 중부 지역의 대표적인 청동기문화로 알려진 서단산문화와는 다른 점이 많다. 서단산문화는 주요 무덤이 돌널무덤이고 홑묻기가 성행하였으며, 목이 길고 밑쪽이 부른 항아리, 부채꼴 모양 청동도끼가 대표적인 유물이다.

길림 지역의 고인돌에서 발견된 토기와 석기에서 나타나는 특징 가운데 토기의 생김새나 간석기 등은 고인돌이 집중적으로 조사된 지역의 대표적인 청동기문화인 보산(寶山)문화와 비슷한 점이 많다.[34] 이러한 점에서 길림 지역의 고인돌은 보산문화와 같은 시기로 가늠되며, 기원전 10세기 안팎의 것으로 잠정적인 해석을 할 수 있을 것 같다.

그리고 길림 지역의 고인돌은 있는 곳의 주변 지세가 산간 지역이고,

---

34) 金旭東, 〈1997年 吉林東豊南部蓋石墓調査與淸理〉, 《遼海文物學刊》 2, 1991, 22쪽.

탁자식의 경우 대부분 작아 요령 지역보다 약간 늦은 시기가 아닌가 여겨진다. 그렇다면 고조선 지역의 고인돌은 서쪽에서 동쪽으로, 남쪽에서 북쪽으로 발전해 나갔을 가능성이 많다.

3) 팽이형 토기가 껴묻기 된 북한 서쪽 지역의 고인돌

북한 서쪽 지역의 고인돌 연대에 관하여 여러 의견이 제시되고 있지만, 그 견해차가 너무 커 현실적으로 이를 극복하는 데 상당한 어려움이 뒤따른다.

이 지역의 고인돌에서 발굴된 껴묻거리 가운데 팽이형 토기를 중심으로 축조 시기를 검토하는 것이 합리적일 것으로 여겨진다. 북한 서쪽 지역의 고인돌에서 많이 나온 것은 팽이형 토기이다. 이 가운데 완전한 것은 나오지 않았지만, 팽이형 토기의 특징을 살펴볼 수 있는 아가리와 밑 부분이 조사되어 전체적인 성격을 추론해 볼 수 있다.

안악 노암리, 황주 천진동 6호, 평촌 10호에서 나온 팽이형 토기의 아가리 부분은 평양 남경 유적의 팽이형 토기 출토 1기 집터와 영변 구룡강 유적에서 조사된 것과 접혀진 아가리에 빗금무늬가 새겨진 모습이 비슷하여 비교된다. 그리고 노암리 유적의 팽이형 토기 가운데 납작밑은 남경 유적의 2기 집터에서 조사된 토기와 비슷하다. 남경 유적의 청동기시대 층은 집터의 유형과 팽이형 토기 등의 출토 유물에 따라 3시기로 구분된다. 이 가운데 1기의 36호 집터에서 출토된 숯을 가지고 방사성 탄소연대를 측정한 결과 2,890±70 B.P.로 밝혀져, 이것을 다시 계산하면 기원전 13~9세기에 해당된다. 그리고 구룡강 유적도 방사성 탄소연대 측정 결과 2,740±70 B.P.로 나와 다시 계산하면 기원전 11~8세기가 된다.[35]

---

35) 김용간·석광준, 《남경 유적에 관한 연구》, 과학백과사전출판사, 1984, 78~82쪽.

이와 같이 남경과 구룡강 유적의 연대 측정 자료와 팽이형 토기가 나오는 북한 지역의 고인돌 유적을 비교해 보면, 대략적으로 기원전 10세기 무렵에는 고인돌이 만들어지고 있었던 것 같다. 그런데 이것이 고인돌 축조의 상한연대는 아니며, 현재까지의 자료를 가지고 상한연대를 설정하는 데에는 어려움이 많다.

이러한 지역에 따른 고인돌의 연대는 현재 상황으로 보아 잠정적인 결정을 할 수 밖에 없으며, 고인돌의 껴묻거리나 축조에 따른 사회 발전 단계 그리고 고인돌의 지역성 등을 고려해 볼 때 보편적으로 널리 만들어진 그 중심연대는 청동기시대인 것으로 해석된다.

4) 고인돌 축조, 대역사의 시작

고인돌의 축조 과정은 당시 사회의 여러 문화 요소들이 총체적으로 모아져 이루어진 것으로 이해되며, 무엇보다도 많은 노동력이 필요한 하나의 역사(役事)였을 것이다. 이런 대역사인 고인돌의 축조는 단순한 건축이나 역학적인 관점뿐만 아니라 축조에 필요한 노동력의 동원 문제 등 당시 사회의 구조와 그 성격을 이해하는 데 중요한 의미를 지니고 있다. 고인돌을 축조하기에는 땅 고르기, 덮개돌 마련과 운반, 축조 등 몇 가지의 과정이 있으며, 이 과정마다 발달된 고인돌 사회의 기술이 동원되었다.

고인돌을 만들 때 맨 먼저 세울 자리를 골랐는데, 이것은 전통적으로 내려오는 방위 개념인 지세와 밀접한 관련이 있어, 자연숭배 사상과 연관이 있는 것 같다.

고인돌을 축조하는 과정에서 중심적인 것은 덮개돌이다. 먼저 덮개돌을 채석하여 다듬고, 고인돌을 만드는 곳까지 운반에 많은 노동력이 필요하였을 것이다. 먼저 큰 바위에서 돌을 떼어내는 방법은 크게 2가지가 이용되었던 것 같다. 하나는 쐐기의 팽창력을 이용한 방법이고,

다른 하나는 쐐기에 따른 채석법이다. 첫째 방법은 바위에 있던 틈이나 돌끌을 이용하여 한 줄의 작은 홈을 판 다음, 나무쐐기를 박아서 물에 계속 불리면 쐐기의 팽창에 따라 의도한 대로 돌이 떨어진다는 것이다. 다른 방법은 바위의 표면에 작은 구멍을 내고 뾰족한 쐐기를 박은 다음 돌을 깨뜨리는 방법이다.[36]

이러한 큰 돌의 마련에 관한 실험고고학적 연구 결과가 있는데, 마야 문명의 유적 자료에서 밝혀진 결과 한 사람이 하루에 1.5톤 크기의 돌을 떼어낼 수 있다고 보고되었다.[37]

다음에는 이렇게 마련한 큰 돌을 옮기는 문제인데, 이러한 운반 방법에 관하여는 몇 가지 실험고고학적 연구 결과가 있다. 먼저 큰 돌 밑에 나무를 넣어 옮기는 지렛대식, 돌을 묶어서 사람들이 메고 옮기는 목도식, 지렛대식에 사람들이 끌어 옮기는 끌기식, 강물이나 바닷물을 이용하여 뗏목으로 옮기는 뗏목식, 겨울철에 눈이나 미끄러운 얼음을 이용하는 나무썰매식 등이 있다.[38]

위와 같은 여러 가지 방법 가운데 고조선 지역에서는 지렛대식이나 추운 겨울철 미끄러울 때 나무썰매 같은 것이 이용되었을 가능성이 높다는 연구가 있다. 특히 이러한 근거로는 요남지구의 많은 고인돌 유적이 강 옆이나 평지 그리고 구릉지대에 자리하고 있다는 입지 조건이다. 그리고 북한 지역에서는 강물을 이용하여 뗏목으로 옮기는 방법이 이용되었을 가능성이 높다는 연구 보고가 있다. 실제로 연탄 오덕리 고인돌 유적에서 1.5km쯤 떨어진 '천랑'이라고 부르는 강 옆에는 고인돌의 덮개돌과 같은 큰 돌을 떼어낸 자국이 뚜렷하게 남아 있으며, 이 강 언저리에는 이런 큰 돌이 많이 흩어져 있어 강물을 이용하여 옮겼을 가능성이 많은 것으로 보고 있다.[39]

---

36) 손진태, 앞의 책, 1948, 29쪽.
37) 하문식, 앞의 글, 1988, 554쪽.
38) 손진태, 앞의 책, 1948, 29~30쪽.

다음으로는 이렇게 마련된 큰 돌을 옮기는 데 필요한 노동력 문제가 있다. 지금까지의 연구 결과, 하루에 1톤을 1.6㎞ 옮기는 데 16명이 필요한 것으로 밝혀졌다. 큰 바퀴나 도르래가 없었던 옛사람들이 이렇게 큰 돌을 먼 거리까지 옮겼던 것은 당시 사람들의 슬기와 지혜를 살펴볼 수 있게 한다. 한편 고조선 지역에서 조사된 고인돌 가운데는 덮개돌의 가장자리에 여러 줄의 홈이 있는 것이 관찰되었다. 대석교 석붕욕의 덮개돌을 보면, 남쪽에 너비 10㎝, 깊이 5㎝ 되는 홈이 3줄 있고 북쪽 끝에도 2줄의 홈이 있으며, 와방점 대자 고인돌의 덮개돌에도 2줄의 홈이 있다. 이러한 줄 홈은 덮개돌을 마련하여 축조할 곳까지 옮길 때 효율적으로 옮기기 위한 하나의 방법으로 이용되었다는 해석을 하고 있어 주목된다.[40]

그리고 고조선 지역의 고인돌 유적에서 발견되는 특징의 하나는 축조할 곳에 미리 단(壇)을 만들어 주변의 다른 곳보다 좀 높다랗게 한 다음 고인돌을 건립한 몇 곳이 조사되어 관심을 끈다. 이렇게 단을 만든 다음 축조한 것은 조망을 좋게 하여 어디서나 바라볼 수 있도록 한 것으로 여겨져 고인돌 사회의 사람들이 축조할 때 주변의 지세에 얼마나 많은 관심을 가졌는가 짐작해 볼 수 있다. 대표적인 유적으로는 금현 소관둔, 대석교 석붕욕, 장하 백점자, 은율 관산리, 강동 문흥리 고인돌 등이 있다.

단을 만든 다음 축조된 고인돌은 모두 탁자식이며, 유적의 주변 지세는 좀 높다란 구릉지대나 낮은 산마루이다. 그리고 축조 방법에서 굄돌이 안쪽으로 기운 점, 덮개돌이 비교적 큰 것 등으로 보아 고인돌의 축조 기술이 어느 정도 발전한 단계에서 나타나는 것으로 해석된다.[41]

---

39) 석광준, 앞의 글, 1979, 112~113쪽.
40) 許玉林, 앞의 책, 1994, 71쪽.
41) 하문식, 앞의 글, 1988, 66~67쪽.

그리고 덮개돌과 굄돌, 굄돌과 마구리 돌을 튼튼하게 맞추기 쉽도록 고인돌을 축조할 때 굄돌에 홈을 파거나 줄을 새긴 자료가 조사되어 주목된다. 굄돌과 마구리 돌을 튼튼하게 맞추기 위하여 굄돌에 홈을 판 것은 해성 석목성 고인돌을 비롯하여 장하 백점자와 대황지, 개주 석붕산 고인돌에서 발견되었다. 또 대석교 석붕욕 고인돌에서는 덮개돌과 굄돌을 맞추기 쉽도록 축조 과정에서 새긴 것으로 보이는 불그스름한 선[紅色刻線]이 서로 맞닿는 부분에서 조사되었다는 보고가 있다.[42] 이것은 고인돌의 축조가 치밀한 계획을 세워 체계적인 과정에 따라 이루어졌을 가능성을 일러 준다.

한편 고조선 지역의 고인돌 가운데에는 축조 과정과 관련된 설화가 전해지고 있어 당시 사람들의 생각을 엿볼 수 있다.

자연숭배 관념과 관련된 이런 설화가 전하는 유적은 개주 석붕산·앙산촌, 와방점 유수방의 탁자식 고인돌인데, 이들은 서로 가까운 거리에 있으며 다음과 같은 전설이 전하고 있다.

> 이 일대에는 삼소신녀(三宵神女)가 있었는데, 어느 날 밤에 세 곳에서 석붕(탁자식 고인돌)을 만들기로 하고, 먼저 만든 사람이 하늘에 올라가기로 약속을 하였다. 그런데 석붕산 위의 신녀는 먼저 다 만든 다음 천계(天界)로 가고 유수방과 앙산촌의 신녀는 한을 품고 작은 새로 변하여 울고 있다.

현재 석붕산 고인돌은 축조 당시의 모습으로 있지만, 유수방과 앙산촌 고인돌은 쓰러져 있어 이런 설화의 내용을 잘 반영하고 있다.

위와 같은 전설을 자세히 살펴보면, 우리는 탁자식 고인돌을 만든 집단이 천신(天神)과 관련이 있다는 것을 알 수 있다. 즉, 고인돌은 보통

---

42) 許玉林, 앞의 책, 1994, 46쪽.

집단의 사람들이 만든 것이 아니고 천신이 신력(神力)으로 축조하였기에 그 이름도 '신석(神石)', '선석(仙石)'으로 변한 다음 신화(神化)했고, 오늘날까지 숭배를 받고 있다는 것이다.[43]

이와 비슷한 내용의 설화가 요령 지역의 해성 석목성, 와방점 대자, 장하 대황지 고인돌에도 전해 온다.

2. 왜 고인돌을 만들었을까

고인돌의 기능에 관하여는 탁자식 고인돌을 중심으로 일찍부터 여러 의견들이 제시되어 왔다. 특히 요령 지역의 고인돌은 조사가 시작된 초기 단계부터 그 기능에 대하여 많은 사람들이 의견을 밝혔다.

먼저 옛 기록인 《삼국지(三國志)》〈위서(魏書)〉의 '공손탁조(公孫度條)'에 나오는 "…… 延里社生大石 ……"에서 '社'는 토지신을 의미하므로, 토지신을 제사하는 곳으로 여겼던 것 같다.[44] 또 《백호통(白虎通)》〈사직(社稷)〉에 "…… 封土立社, 示有土也 ……"라는 기록이 있다. '土'는 'ㅗ'와 같은 의미이며, 땅 위에 돌을 세워 놓은 것으로 토신(土神)이나 사신(社神)에게 제사를 지내는 곳이라는 해석이 있다. 이처럼 신을 제사지내고 받드는 곳에는 큰 돌을 세웠는데, 이것이 고인돌(탁자식)일 가능성이 매우 높다는 것이다.[45]

이와 같이 고인돌에 대한 정식 조사가 실시되기 이전에는, 주로 옛 기록에 따라, 고인돌의 기능이 제사와 관련이 있다고 보았다.

한편, 고조선 지역에 집중 분포하고 있는 탁자식 고인돌의 기능에 대하여 여러 의견이 제시되었다.

---

43) 許玉林, 앞의 책, 1994, 78쪽.
44) 肖兵, 〈示與'大石文化〉, 《遼寧大學學報》 2, 1980, 65~66쪽.
45) 武家昌, 〈遼東半島石棚初探〉, 《北方文物》 4, 1994, 14~15쪽.

첫째는 고인돌 그 자체를 신비한 상징의 대상으로 여기면서, 기념이나 종교적인 성격을 지닌 종교 제사 기념물이라는 의견이고, 둘째는 선사시대 사람들이 집단적으로 공공활동을 하는 집회 장소라는 것이며, 셋째는 선조 제사 장소라는 의견이고, 넷째는 무덤이라는 것이다.

고인돌의 이러한 여러 기능은 크게 제단과 무덤의 기능으로 구분할 수 있다.

1) 고조선의 종교 행사지

고인돌을 축조하였던 당시 사람들에게는 급격한 환경 변화에 따른 적응을 위하여 공동체 나름의 결속력을 다지기 위한 노력이 필요하였을 것이다. 이러한 집단적인 욕구의 일환으로 거족적인 협동심을 가지고 추진할 수 있는 효과적인 대상이 상징적인 기념물이며, 고인돌은 이런 상징적인 의미에서 축조되었을 가능성이 있다.

실제로 사람들은 신비함을 상징하는 제단이 바로 고인돌이라 여기고 있으며, 옛 사람들이 이러한 고인돌에서 종교행사를 하였다고 믿고 있다. 이런 뜻에서 종교 행사를 하던 장소인 고인돌은 천지일월(天地日月)을 상징하며, 큰 것은 태양이고 작은 것은 달, 또는 하나는 위에 있고 다른 하나는 아래에 있다는 생각을 갖고 있었다. 이것은 오늘날 요령 지역의 고인돌 가운데 한 곳에 탁자식 고인돌이 짝을 이루고 있으면서 하나는 대석붕(大石棚), 다른 하나는 소석붕(小石棚)이라고 현지 사람들이 부르고 있는 것과 관련이 있지 않을까 한다. 더군다나 짝을 이루고 있는 고인돌의 입지 조건을 보면 대부분 1기는 좀 높다란 곳이나 산비탈에 있는데, 대표적인 유적은 금현 소관둔, 해성 패루, 수암 홍륭 고인돌이다.

이러한 상징적인 의미를 지닌 제단 기능의 고인돌은, 먼저 있는 곳의 입지 조건과 분포 상황 그리고 외형적인 크기에서 다른 고인돌과 차이가 있는 것 같다.

무엇보다 제단과 같은 상징성을 가진 고인돌은, 어디에서나 사람들이 쉽게 바라볼 수 있도록, 주변보다 높은 곳에 자리잡고 있어 1차적으로 외형적인 웅장함을 나타낸다. 또 고인돌이 떼를 이루고 있는 것보다는 독립적으로 1기만 일정한 범위에 분포하고 있는 경우가 많으며, 1기 이상 있을 경우에는 다른 고인돌과 일정한 거리를 유지하거나 규모가 월등하게 큰 모습을 하고 있어 외형적인 특징을 보여 준다. 요령 지역의 탁자식 고인돌 가운데 이러한 몇 가지 특징을 지닌 것이 많은데, 대표적인 유적으로는 금현 소관둔 남쪽 고인돌, 개주 석붕산, 대석교 석붕욕, 와방점 대자, 해성 석목성 고인돌을 예로 들 수 있다.

한편 고조선 지역 탁자식 고인돌 가운데, 실제로 후대에 종교 장소로 이용된 것이 있어, 제단 기능에 대하여 시사하는 점이 많다.

와방점 대자 고인돌은 산기슭에 있는 탁자식이며, 덮개돌은 처마를 이루고 있어 웅장함을 느끼게 한다. 특히 주변보다 높은 곳에 있어 어디서나 쉽게 바라볼 수 있으며, 이웃에는 복주하(復州河)와 대자하(臺子河)가 흐르고 있어 조망이 좋다. 이 고인돌은 축조된 다음, 뒷날 묘우(廟宇)로 이용되어 고인돌에 채색한 그림이 있고 신상대좌(神像臺座)도 마련되었다. 마을 사람들은 대자 고인돌을 '석묘자(石廟子)', '석붕묘(石棚廟)'라고 부르고 있어 종교 장소로 이용한 의미를 새겨 볼 수 있다.

또 개주 석붕산 고인돌도 어디서나 바라볼 수 있는 조망이 좋은 편평한 대지 위에 있다. 덮개돌은 고조선 지역 고인돌 가운데 가장 크며, 웅장한 처마를 이루고 있다. 이 고인돌이 있는 곳은 뒷날 고운사(古雲寺)라는 절로 변하여 종교 장소로 이용되었으며, 석붕산 고인돌도 대자 고인돌처럼 '석붕묘', '석묘자'라고 부르고 있다. 특히 이 고인돌의 굄돌과 덮개돌에는 기호와 신상(神像)이 새겨져 있는데 이것은 종교 장소로 이용되면서 생긴 것 같으며 고인돌의 기능과 관련이 있을 것 같다.

이와 같이 고조선 지역 탁자식 고인돌의 기능을 살펴볼 때 현재까지는 고인돌 축조 당시부터 제단의 기능이 일부 있었던 것으로 해석되며, 이러한 기능은 후대에 와서 더욱 강화된 것 같다.

북한 서쪽 지역의 탁자식 고인돌 가운데에는 서해 바다와 가까운 산마루나 능선 위에서 무덤 이외의 기능을 가진 것으로 해석되는 고인돌이 있어 관심을 끈다. 이런 고인돌은 중국 동북 지역처럼 입지 조건이나 분포 상황에서 다른 고인돌과 차이를 보이고 있다. 어디서나 사람들이 쉽게 바라볼 수 있도록 주변보다 높은 곳에 자리하면서, 굄돌 위에 큰 덮개돌이 얹혀 있어 외형적으로 웅장하다. 또한 고인돌이 1기만 독립적으로 분포하고 있어 떼를 이루고 있는 고인돌과는 차이를 보여 준다. 위와 같은 고인돌이 은율 관산리와 운산리, 배천 용동리, 용강 석천산에서 조사되어 주목된다. 이 고인돌 가운데에는 무덤방에서 껴묻거리가 나온 것도 있어, 무덤으로써의 기능도 함께 지니고 있었던 것 같다. 특히 이 고인돌들은 서해 바다에 인접한 요동반도의 해성 석목성, 개주 석붕산, 장하 대황지의 탁자식 고인돌과 둥글게 분포하고 있어 주목된다.

2) 고조선의 공동 무덤

고인돌의 기능 가운데 중요한 것은 무덤이다. 지금까지 고조선 지역에서 조사된 고인돌 가운데 개석식은 무덤이고, 탁자식 고인돌의 몇 기는 입지 조건, 분포 상황 등을 볼 때 제단의 기능도 있는 것으로 여겨지지만 대부분은 무덤으로 판단된다.[46]

고인돌의 주요 기능을 무덤으로 해석하는 근거는 다음과 같다.

첫째, 고인돌은 한 곳에 떼를 지어 분포하고 있으며 둘째, 무덤의 가장 직접적인 자료인 사람뼈가 나오고 셋째, 무덤 축조 과정에 묻은 껴

---

46) 하문식, 〈中國 東北地域 고인돌 硏究의 成果와 現況〉, 《白山學報》 39, 1992, 17~18쪽.

묻거리가 발견되고 있다는 점이다.

고조선 지역의 탁자식 고인돌 가운데 한 유적에 떼를 지어 있는 것이 많다. 지금까지 요령 지역에서 조사된 탁자식 고인돌 유적 가운데 수암 백가보자(11기), 개주 하북(7기), 보란점 소둔(10기), 개주 화가와보(5기), 개주 추둔(4기), 보란점 석붕구(4기) 등이 대표적으로 한 곳에 떼를 지어 있다. 특히 보란점 쌍방, 수암 백가보자, 무순 산용 유적은 개석식 고인돌이 탁자식 고인돌과 한 곳에 있어 주목된다.

사람뼈가 나온 대표적인 유적은 장하 양둔 1·2호, 대황지, 백점자, 개주 화가와보 1·5호, 청원 대변구, 보란점 쌍방 2호, 무순 산용 1·2호를 비롯하여 길림 지역 대부분의 유적이다.

또한 북한 서쪽 지역의 일부 탁자식 고인돌의 무덤방을 칸 나누기한 점이나, 개석식에서 묘역이 설정되어 한 묘역 안에 여러 기의 고인돌이 함께 있는 점 등은, 무덤으로써 고인돌이 가지는 성격을 뚜렷하게 보여주고 있다. 그리고 이 지역의 고인돌 가운데 마을 사람들이 별칭으로 부르는 것이 있다. 은천 약사동 고인돌은 '석전장', 개천 묵방리 고인돌은 '되무덤'·'대무덤'이라고 부른다. 이러한 되무덤[胡墳]은 도무덤[都墳]이 잘못 해석된 것이며, 이 도무덤은 여러 사람이 함께 묻힌 어울무덤이었다는 견해도 있다. 이 도무덤의 해석은 고인돌의 기능은 물론 그 성격을 가늠하는 데 참고가 된다.

Ⅳ. 고조선의 고인돌 장제

1. 영혼 숭배와 두려움의 탈피, 화장

사람의 일생은 통과의례에 따라 여러 절차를 거치게 되며, 묻기[葬制]는 이런 통과의례의 마지막 과정이다. 선사시대 사람들은 살림살이를 해 나가는 과정에서 자연의 영향을 많이 받았으므로 언제나 죽음이 가까이 있었다. 그리고 죽음 그 자체의 두려움으로부터 벗어나기 위하여 주검의 처리 과정인 묻기에 대하여 그들 나름대로의 절차와 과정이 필요하였을 것이다. 이러한 환경 변화에 적응하기 위하여, 고인돌 사회의 사람들은, 사회적 기능 유지의 차원에서 고인돌을 축조할 때, 당시 사회에 널리 퍼져 있던 일정한 장례 습속에 따라 의식을 치렀던 것 같다.[47]

묻기 방법은 먼저 무덤방의 크기와 그 과정에 따라서 바로 펴묻기, 굽혀묻기, 옮겨묻기(두벌묻기), 화장으로 나눌 수 있다.

이러한 여러 가지의 묻기 방법 가운데 다른 지역의 고인돌에서는 찾아보기 힘든 화장이 고조선 지역에서는 상당히 유행한 장례 습속이었던 것으로 밝혀지고 있다. 지금까지 조사된 대표적인 유적으로는 보란점 쌍방, 개주 화가와보, 수암 태노분, 유하 통구, 동풍 와방정자산과 조추구와 대양, 두가구, 삼리, 상원 귀일리, 사리원 광성동 고인돌 등이 있다. 특히 길림 지역의 동풍, 유하 지역의 고인돌 유적에 집중된 것으로 밝혀지고 있어 주목된다.[48]

---

47) 이융조, 앞의 글, 1980, 290~291쪽.
48) 하문식, 〈고인돌의 장제에 대한 연구(Ⅰ)〉, 《白山學報》 51, 1998e, 5~33쪽.

중국 동북지방에서는 화장이 일찍부터 유행하였다. 주검을 보존하기 위한 하나의 수단인 화장에 관한 기록은 《열자(列子)》, 《여씨춘추(呂氏春秋)》, 《신당서(新唐書)》에 나타나고 있다.[49]

왜 화장을 하였는가? 이것은 당시의 장례 습속과 밀접한 관련이 있을 것으로 여겨지며, 영혼에 대한 숭배, 죽은 사람의 영혼에 대한 두려움, 지리적인 환경 요인 등 여러 견해가 있다. 그리고 무덤방 안에서의 화장 행위는 뼈의 보존과 연관이 있지 않을까 생각된다. 무덤방 밖에서 화장을 하면 불에 탄 뼈는 잘 부서지기 때문에 옮기는 데 상당히 어려웠을 것이므로 무덤방에서 직접 화장을 하였을 것이다. 요령이나 길림 지역 고인돌의 무덤방 가운데 두벌묻기의 무덤방보다 큰 것이 있어, 이러한 사실을 뒷받침하여 준다. 특히 길림 지역의 조추구 유적을 비롯하여 용두산, 대양, 두가구, 삼리 고인돌에서는 무덤방 안에서 화장을 한 흔적이 있어, 그 당시의 특이한 장례 습속을 알 수 있다.[50] 이들 무덤방 안에서는 불탄 재와 많은 양의 숯은 물론 덜 탄 나무 조각을 비롯하여 화장에 필요한 나무를 쌓았던 나무의 나이테 흔적이 발견되기도 하였다.

한편 조추구, 두가구, 삼리 고인돌에서는, 화장이 끝난 다음 사람뼈를 부위별로 모아 무덤방의 일정한 곳—이를테면 갈비뼈와 사지뼈는 가운데, 머리뼈는 주로 산마루 쪽—에 쌓아 놓는 간골화장(揀骨火葬)이 조사되었는데, 고인돌에서 이러한 집단적인 성격의 화장과 장례 습속이 고조선 지역에서만 발견되고 있어 이것이 문화나 지역적인 특징인지, 당시의 시대적인 상황에 따라 일시적 유행이었는지는 앞으로 연구해야 할 것이다.

---

49) 강인구, 〈中國地域 火葬墓 硏究〉, 《震檀學報》 46·47, 1979, 85~87쪽.
50) 金旭東, 앞의 글, 1991, 20~22쪽.

2. 고인돌 사회의 제의

누구에게나 찾아오는 죽음은 경외심을 불러일으켰고, 사회와 문화적인 환경에 따라 여러 가지 의식이 치러졌다. 고인돌 사회에서도 많은 노동력을 동원하여 고인돌을 축조하였으므로 공동체 속에서 그에 따른 의식이 있었을 것이다. 무엇보다 힘든 일을 마친 다음, 고인돌 축조에 동원된 사람들을 위한 제연(祭宴)이나 잔치가 있었을 것이다. 이런 풍습은 인도 아삼 지방에서 오늘날까지도 이어 내려오고 있다.

고인돌 유적에서의 제의(祭儀) 흔적은 무덤방 곁에서 나오는 토기 조각들이나 짐승뼈 등으로 알 수 있다. 조사된 자료가 제한적이지만 토기를 의도적으로 깨뜨려 뿌린 것은 당시 장례 의식의 한 단면을 알려 주는 것이며, 고조선 지역의 고인돌에서 이런 것이 널리 보이고 있다. 특히 토기를 의도적으로 깨뜨려 무덤방 주위에 뿌린 것은 고인돌 사회의 사람들이 죽음의 공포(위협)로부터 벗어나기 위하여 무덤방에 묻힌 사람의 죽음을 사회적으로 공인시키는 행위로 해석되기도 한다.

3. 이승과 저승의 연결 고리, 새

금현 소관둔 고인돌의 무덤방에서는 짐승뼈가 있었고, 보란점 벽류하 24호에 껴묻기된 항아리 안에는 새의 뼈가 들어 있었다. 이것도 장례 의식의 한 자료이며, 알려 주는 바가 많다. 새는 하늘[天界]과 땅[地界]을 연결하는 영적인 존재를 의미하며, 옛 기록과 고고학적 조사 자료에서도 장례 의식과 관련 있는 것으로 밝혀지고 있다.《삼국지》〈위지 동이전(魏志 東夷傳)〉에 보면, 변한에서는 죽은 사람과 함께 새털을 넣는 습속이 있었다.

이렇게 고인돌의 축조 과정에서 주검을 보호하기 위하여 화장을 하고 토기 조각을 뿌려 죽음을 사회적으로 인정시키며, 새 뼈를 껴묻기하여 영적인 존재로 남기를 바랐던 것이 고조선 지역에서 고인돌을 만들었던 사람들의 바람이었던 것 같다.

또 보산촌 동산 유적에서 발견된 껴묻거리 가운데에는 실제 살림살이에 이용된 것이 아니라, 일부러 껴묻기 위하여 만들었던 것으로 해석되는 명기(단지)가 있어 고조선의 장제를 이해하는 데 도움을 주고 있다. 그리고 동풍 조추구 3호에서 발견된 안팎에 붉은 칠을 한 항아리는 장례 의식에 이용된 붉은색의 의미를 살펴볼 수 있는 자료이다.

고인돌이라는 무덤에서 이렇게 붉은색 토기가 나온 것은 무슨 의미가 있을까? 지금까지 고인돌의 무덤방에서는 붉은 간토기를 비롯하여, 붉은 흙이 뿌려지거나 붉은색 돌을 놓았던 흔적이 보고되었다. 이런 점에서 보면 붉은색의 의미는 장례 의식과 관계가 있을 것으로 여겨진다.

붉은색은 고인돌 사회의 사람들이 죽은 사람을 위한 장례 의식에 이용하였으며, 죽음에 대하여 지녔던 사유의 한 모습으로 영생을 바라는 의미로 해석된다. 아울러 살아 있는 사람이 죽은 사람으로부터 예기치 않게 받게 될 위험을 멀리 하여 주는 벽사(辟邪) 의미도 함께 지닌 것으로 여겨진다.[51] 이런 점에서 조추구 3호에서 나온 붉은색 토기는 영생을 바라던 고인돌 사회의 묻기에 대한 한 모습을 상징적으로 나타낸다고 할 수 있다.

---

51) 이은봉, 앞의 책, 1984, 219쪽.

V. 고인돌이 없는 요서 지역

대표적인 유물과 유적을 고고학적 관점에서 살펴 고조선의 강역 문제를 이해할 수 있다. 지금까지 우리는 여러 연구와 조사 결과로 비파형동검을 비롯한 미송리형 토기, 고인돌 등을 고조선의 강역이나 문화상을 이해하는 고고학적 자료로 여겨 왔다.

비파형동검의 이름이 곡인청동단검, 요령식 동검, 고조선식 동검 등 여러 가지로 불리는 것에서 알 수 있듯이, 그것이 만들어진 시기와 분포 지역이 고조선과 요령 지역임을 상징적으로 보여주고 있다. 아울러 비파형동검은 지역에 따라 그 형태가 다르고 시간의 흐름에 따라 일정한 형식 변천이 있어, 그것은 고조선 연구에 하나의 기준이 되는 표지유물(標識遺物)이다. 이런 표지유물이 조양을 중심으로 한 요서 지역의 조양 십이대영자 유적, 삼도양자 유적, 금서 사아보 유적, 북표 풍하 유적, 흑성자 유적, 영성 남산근 유적, 전자 유적, 건창 토성자 유적, 객좌 남동구 유적, 화상구 유적, 능원 삼도하자 유적, 건평 노관지 유적에서 발견되고 있다. 또한 하북성의 승덕, 청용, 탁현 그리고 내몽고의 오한기 금장구량 유적에서도 비파형동검이 발견되어 고조선의 강역을 이해하는 데 일러 주는 점이 많다.

그런데 지금까지의 조사 결과 고인돌 유적은 요하를 경계로 하여 요동 지역에만 있을 뿐 요서 지역에는 1기도 발견되지 않았다. 요동 지역의 구릉지대나 산기슭에서 조사되고 있는 고인돌이 같은 고조선의 강역인 요서 지역에는 왜 없는 것일까? 요동 지역에서 고인돌이 축조되던 시기에 요서 지역에는 어떤 무덤들이 조영되고 있었을까? 이러한 의문점은 지금도 많은 고고학자들이 간직하고 있는 숙제이다.

이러한 숙제 해결을 위해서는 먼저 요서 지역의 지세에 깊은 관심을 기울일 필요가 있다. 이 지역은 요동 지역과 다르게 야산이나 구릉지대가 펼쳐져 있으며, 어디를 둘러봐도 큰 돌이 없고 대부분 황토가 쌓여 있다. 이런 지질 조건은 1차적으로 고인돌의 축조에 많은 영향을 미칠 수밖에 없다.

고인돌을 축조하여 무덤으로 이용하던 고조선 사람들은 요서 지역에 큰 돌이 없기 때문에 당시의 중심적인 묘제였던 고인돌을 만들 수 없었다. 고인돌의 축조에는 가장 먼저 상징적인 표지의 의미를 지니고 있는 큰 덮개돌이 필요하였다. 그러나 황토가 주로 퇴적된 요서 지역에는 이러한 큰 돌을 구할 수 없기 때문에, 당시 사람들은 다른 형식의 무덤을 만들 수밖에 없었을 것이다. 세계적으로 고인돌의 분포 관계를 살펴보면 덮개돌과 같은 큰 돌을 구할 수 없는 건조한 기후 지역에서 고인돌이 발견되지 않는 점도 요서 지역과 비슷하다.

그렇다면 요서 지역의 고조선 사람들은 어떤 무덤을 만들었을까? 그들은 주변의 지세가 고려된 무덤을 축조하였는데 대표적인 것이 움무덤[土壙墓]과 돌널무덤[石棺墓]이다. 이들 무덤은 축조 과정에 돌이 필요 없거나 그렇게 큰 돌을 사용하지 않아도 되기 때문에 요서 지역에서 축조하기에 대체로 알맞은 무덤으로 판단된다.

한편, 요서 지역의 움무덤이나 돌널무덤에서 출토되는 청동 유물 가운데에는 거의 대부분 비파형동검이나 이와 관련 있는 청동기가 발견된다. 이것은 고인돌을 비롯한 요동 지역의 무덤에서 발견되는 청동기와 그 성격이 비슷하기 때문에 청동 유물을 가지고 고조선의 강역을 살펴볼 때에는 비파형동검이 출토되는 요서 지역을 포함시키는 것이 합리적일 것이다.

〈사진 자료 : 고조선의 고인돌〉

〈사진 1〉 개주 석붕산 고인돌. 평평한 대지 위에 있는 고조선 지역의 최대 고인돌이다. 덮개돌은 길이가 8.6m이며 굄돌 밖으로 나와 처마를 이루고 있어 웅장한 느낌을 준다.

〈사진 2〉 개주 연운채 고인돌. 산 아래의 평지에 35m쯤 떨어져 탁자식 고인돌 2기가 있다. 요동 지역에서 흔히 보이는 쌍을 이룬 고인돌이며 마을 사람들은 '동석붕', '서석붕'이라고 부른다.

〈사진 3〉해성 석목성 고인돌. 산비탈에 있는 탁자식 고인돌로 '고수석(姑嫂石)'
이라고 부르는 2기가 있었지만 지금은 이 고인돌만 남아 있다. 덮개돌이 굄돌 밖
으로 나와 처마를 이루고 있어 외형적으로 웅장함을 느끼게 한다.

〈사진 4〉유하 태평구 고인돌. 산 위에 있는 유적으로 탁자식과 개석식 고인돌이
섞여 있다. 고조선 지역의 고인돌 가운데 상당히 내륙 지역에 있는 유적 가운데
하나이다.

〈사진 5〉 안악 노암리 고인돌. 들판에 있는 탁자식 고인돌이며 대형이다. 양쪽 굄돌이 안기울임을 하여 안정되게 덮개돌을 받치고 있어 훌륭한 축조 기술을 알 수 있다.

〈사진 6〉 용강 석천산 고인돌. 석천산 기슭은 300여 기의 고인돌이 분포하고 있는 대규모 유적지이다. 이 탁자식 고인돌은 굄돌이 잘 남아 있는 특이한 형태이다.

〈사진 7〉 보란점 소둔 1호 고인돌. 산 능선을 따라 탁자식 고인돌이 분포하고 있으며 이곳의 고인돌은 굄돌의 높이가 낮은 것이 특징이다.

〈사진 8〉 은율 관산리 고인돌. 봉화산 능선에 있는 대형 탁자식 고인돌로 서해 바다가 한눈에 보이는 조망이 좋은 곳에 위치한다. 덮개돌의 길이가 8.7m이고 높이는 2.5m쯤 되며 뛰어난 축조 기술을 보여 준다.

〈사진 9〉 대석교 석붕욕 고인돌. 산꼭대기에 있는 탁자식 고인돌이며 주변의 조망이 아주 좋아 일찍부터 알려졌다 고조선 지역의 어느 고인돌보다 견고하게 축조되었다.

〈사진 10〉 보란점 쌍방 6호 고인돌의 무덤방과 껴묻거리. 덮개돌이 파괴된 개석식 고인돌이며 판자 돌로 무덤방을 만들었다. 껴묻거리는 초기 형태의 비파형동검[1], 활석으로 만든 도끼 거푸집[2], 미송리형 토기[3], 깊은 바리[4]가 있다.

〈사진 11〉 봉성동산 고인돌 출토 껴묻거리. 개석식 고인돌에서 상당히 여러 가지의 많은 유물이 나왔다. 석기는 돌도끼와 돌끌, 반달돌칼[1] 등이 있으며 토기는 항아리[2]나 목이 있는 단지[3]와 줄무늬가 있는 단지[4]다. 특히 줄무늬 단지는 고조선의 대표적인 미송리형 토기로 주목된다.

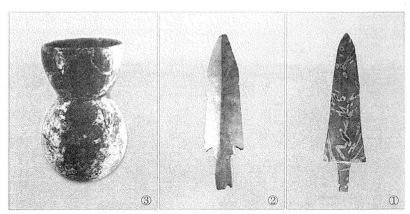

〈사진 12〉 개천 묵방리 고인돌 출토 껴묻거리. 돌창[1], 슴베가 있는 화살촉[2] 그리고 미송리형 토기가 발달된 묵방리형 토기[3] 등이 나왔다. 특히 묵방리형 토기는 목과 몸통의 경계가 뚜렷하고 고리 모양 손잡이가 달렸다. 줄무늬와 그 안에 새겨진 W자 무늬는 독특하다.

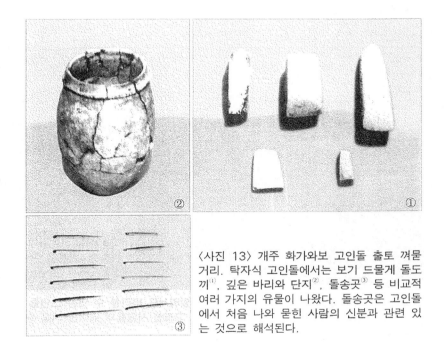

〈사진 13〉 개주 화가와보 고인돌 출토 껴묻거리. 탁자식 고인돌에서는 보기 드물게 돌도끼[1], 깊은 바리와 단지[2], 돌송곳[3] 등 비교적 여러 가지의 유물이 나왔다. 돌송곳은 고인돌에서 처음 나와 묻힌 사람의 신분과 관련 있는 것으로 해석된다.

〈사진 14〉보란점 쌍방 2호 고인돌. 구릉지대에 있는 탁자식 고인돌. 덮개돌은
파괴되고 양쪽 굄돌만 남아 있다.

〈사진 15〉수암 홍릉 고인돌. 산기슭에 있어 멀리서도 바라볼 수 있는 고인돌.
덮개돌과 굄돌을 다듬은 솜씨가 아주 매끈하여 고조선 사람들의 뛰어난 기술 수
준을 알 수 있다.

〈사진 16〉와방점 대자 고인돌. 산기슭에 있는 탁자식 고인돌이며 멀리서 보면
웅장한 모습이다. 축조에 이용된 돌을 잘 손질하여 다듬었고 돌방에는 짐승 토제
품과 목주(木柱)가 있어 최근까지도 제의를 지냈음을 알 수 있다.

〈사진 17〉 평양 만경대 고인돌. 야산의 능선에 있는 고인돌이며 주변에 수백 기의 고인돌이 분포하고 있다. 얇은 점판암으로 만든 무덤방은 돌널무덤과 고인돌의 관계를 이해하는 데 중요하다.

〈사진 18〉 신빈 선인당 고인돌. 평지에 있는 상당히 작은 탁자식 고인돌로 마을 사람들은 '선인당(仙人堂)', '비래석(飛來石)'이라고 부른다. 지금도 정월에 마을에서 제사를 지내며 바로 옆에 제당이 있다.

〈사진 19〉 봉성 동산 고인돌 유적. 야산 기슭과 평지에 있는 대규모의 개석식 고인돌이 발굴 조사된 유적. 무덤방은 맨땅을 파거나 돌을 쌓아서 만들었으며, 꽤 많은 껴묻거리가 나왔다.

〈사진 20〉 강동 문흥리 고인돌. 단군릉 옆에 있는 능선에 자리한 대형 고인돌. 고인돌을 축조할 곳에 미리 단(壇)을 만든 점, 굄돌을 세우기 위하여 기초 홈을 판 점, 안기울임을 한 점 등은 고조선 사람들의 축조 기술이 우수하였다는 것을 말해 준다.

〈사진 21〉 상원 용곡 고인돌. 평지에 수십 기의 탁자식과 개석식 고인돌이 분포한다. 고인돌의 분포로 보아 이곳은 가족무덤이 있었던 것 같으며, 비파형 창끝 등이 발굴되어 주목을 받고 있다.

〈사진 22〉 상원 장리 고인돌. 평지에 있는 고인돌이며, 주변에는 50여 기의 고인돌이 분포하고 있다. 바로 이웃 고인돌에서 청동방울, 청동끌, 청동 교예 장식품 등 훌륭한 청동 유물이 출토되어 이곳 고인돌의 성격을 이해하는 데 도움이 된다.

〈사진 23〉 개천 묵방리 고인돌 유적. 산기슭과 들판에 40여 기의 고인돌이 분포한다. 마을 사람들은 이곳의 고인돌을 '되무덤', '대무덤'이라고 부른다. 무덤방은 작은 돌을 쌓아서 만든 독특한 형식이고 뚜껑돌이 있는 점이 특이하여 묵방리형 고인돌이라고도 한다.

찾아보기

264

266

268

우리 고대사, 상상에서 현실로

윤내현 지음/신국판/반양장 232쪽/책값 12,000원

　　우리 고대사 분야에서 독보적인 학자로 인정을 받고 있는 윤내현 교수가 우리 고대사의 여러 논쟁적인 문제를 알기 쉽게 풀이한 책이다. 철저하게 객관적인 자료와 증거들을 바탕으로 단군신화가 '신화'가 아닌 '역사'임을 보여 주고, 고조선을 중심으로 한 우리 고대사의 위대하고 당당한 실체를 드러내고 있다.

단군과 고조선 연구

단군학회 지음/신국판/636쪽/30,000원

　　남쪽의 단군학회와 북쪽의 조선력사학회가 단군과 고조선의 역사적 실체를 밝히기 위하여 수행한 공동의 연구와 학술회의에서 발표된 논문들을 모은 책으로 남측 학자 7명의 논문 9편과 북측 학자 14명의 논문 22편이 실려 있다. 반세기 이상 단절되어 온 남북의 학계가 '공동연구'라는 형식으로 단일한 주제에 합의하여 연구하고 토론을 진행한 결과를 북측의 양해 아래 남측에서 간행한 최초의 책이다.

한국 고대 복식 - 그 원형과 정체 -

박선희 지음/신국판/양장 760쪽/책값 38,000원

　　고대 우리 민족의 복식문화를 학문적인 엄밀한 고증을 거쳐 그 정체성과 우수성을 확립해 놓은 책이다. 우리 고대 복식의 원형이 중국이나 북방계통의 영향이라는 잘못된 논리를 지적하면서, 한민족의 복식이 갖는 고유한 원형은 고조선시대에서 유래하였고, 그때부터 이어 온 우리 고유의 복식의 재료와 형태, 그리고 특징들을 우리나라와 중국의 방대한 사료들을 꼼꼼하게 비교 분석하여 풍부한 사진자료와 함께 제시하고 있다.

대륙의 주먹도끼 -중국선사 학술기행-

이융조, 임병무, 하문식 지음/신국판/반양장 244쪽/15,000원

　　제2차 세계대전의 종전 이래 외국인들에게 접근이 금지되었던 요령성 일대의 방문이 허가되고, 요령성 문물고고연구소(소장:辛占山)와 충북대학교 선사문화연구소(소장:이융조) 사이에 학술교류협정을 맺게 됨에 따라, 아시아뿐만 아니라 세계적으로 중요한 의미를 지닌 중국대륙의 구석기 연구가 한국에서도 본격적으로 이루어질 수 있게 되었다. 《대륙의 주먹도끼》는 이러한 일련의 한국과 중국 사이의 학술교류를 바탕으로, 선사시대에 있었던 대륙과 한반도 사이의 문화교류에 관해 기록한 책이다.